AF656072

गाँव से बीस पोस्टकार्ड

डॉ. शिव बालक मिसरा विश्व में ख्याति पा चुके भारतीय भू-वैज्ञानिक, लेखक और सामाजिक कार्यकर्ता हैं। आपका जन्म 1939 में उत्तर-प्रदेश के एक सुदूर गाँव में हुआ। अपने छियासी साल के जीवन में आपने गाँव का संघर्षपूर्ण लेकिन संतोष से भरा जीवन भी जिया, खेती-किसानी भी की, विदेश में भारत का नाम ऊँचा किया, दशकों तक एक लोकप्रिय अध्यापक के रूप में विश्वविद्यालय के बच्चों को पढ़ाया और गाँव में एक स्कूल 'भारतीय ग्रामीण विद्यालय' शुरू करके अपना बचपन का सपना पूरा किया।

अपनी पत्नी निर्मला मिसरा के साथ मिलकर आपने हज़ारों बच्चों की ज़िंदगी बदली। वर्ष 1967 में, डॉ. मिसरा ने 'एडिएकरन फ़ॉसिल्स' नाम के ऐसे जीवाश्मों की खोज की जो पृथ्वी पर जीवन पनपने की कहानी में एक महत्वपूर्ण कड़ी बने। डॉ. मिसरा ने जहां जीवाश्म खोजे, उस इलाक़े को 1984 में 'मिस्टेकन पॉइंट इकोलॉजिकल रिज़र्व' के रूप में संरक्षित किया गया और 2016 में यूनेस्को द्वारा एक विश्व धरोहर स्थल के रूप में घोषित किया गया। फ़ॉसिल्स को 2007 में डॉ. मिसरा के नाम पर 'फ्रैक्टोफ़्यूसस मिसराई' के रूप में नामित किया गया।

1969 में अपने गाँव में एक स्कूल शुरू करने के लिए डॉ. मिसरा कनाडा छोड़कर भारत वापस आ गए।

स्लो इंप्रिंट की अन्य किताबें

मैं अक्सर सोचता हूँ

कालजयी: कहानियां वेदों पुराणों से

जंगली फूलों सी लड़की

मैजिक बॉक्स

नीलेश मिसरा की दुनिया से जुड़ने के लिए स्कैन करें
नीचे दिया गया QR कोड

नीलेश मिसरा की प्रस्तुति

गाँव से बीस पोस्टकार्ड

शिव बालक मिसरा

eka | SLOW IMPRINT

eka | SLOW IMPRINT

Published in Hindi as *Gaon Se Bees Postcard* in 2024 by Eka, an imprint of Westland Books, a division of Nasadiya Technologies Private Limited, in collaboration with Gaon Connection Pvt. Ltd

No. 269/2B, First Floor, 'Irai Arul', Vimalraj Street, Nethaji Nagar, Alapakkam Main Road, Maduravoyal, Chennai 600095

B-36, First Floor, Flat no. 2, Panchsheel Vihar, Malviya Nagar, Behind Community Centre, New Delhi 110017

Westland, the Westland logo, Eka and the Eka logo are the trademarks of Nasadiya Technologies Private Limited, or its affiliates.

The Slow Imprint is a publishing initiative by Gaon Connection Pvt. Ltd

Copyright © Gaon Connection Pvt. Ltd, 2024

S.B. Misra asserts the moral right to be identified as the author of this work.

ISBN: 9789360451561

10 9 8 7 6 5 4 3 2 1

The views and opinions expressed in this work are the author's own and the facts are as reported by him, and the publisher is in no way liable for the same.

All rights reserved

Edited by Anulata Raj Nair

Typeset by Lingo Solution Private Limited

Printed at Nutech Print Services, India

No part of this book may be reproduced, or stored in a retrieval system, or transmitted in any form or by any means, electronic, mechanical, photocopying, recording, or otherwise, without express written permission of the publisher.

मेरी पत्नी निर्मला मिसरा को समर्पित।

उनके बिना गाँव की सेवा करने की यात्रा अधूरी रह जाती।

अनुक्रम

प्रस्तावना

गाँव को दूर से देखा, पास से भी देखा। अब भी गाँव में हूँ। उत्तर-प्रदेश के एक छोटे से गाँव में पला-बढ़ा और वहीं पढ़ाई की। फिर कई साल एक भू-वैज्ञानिक की हैसियत से कनाडा में रह कर काम किया। वहां का जीवन बेहतर था। धन-दौलत, शोहरत की असीम संभावनाएं, पर उन सबने मुझे कभी अपनी ओर खींचा नहीं। आख़िर सब छोड़ कर वापस अपने गाँव आया और अब भी वहीं हूँ और लगातार काम में जुटा हुआ हूँ। हर सुबह मेरे गाँव के स्कूल, 'भारतीय ग्रामीण विद्यालय, कुनौरा' की घंटी बजने के पहले मैं वहां हाज़िर रहता हूँ।

मैंने और मेरी पत्नी श्रीमती निर्मला मिसरा ने सालों ये ज़िम्मेदारी बहुत प्रेम से निभाई। अब उनके बाद मैं निभा रहा हूँ।

बचपन में ख़ुद बारह किलोमीटर दूर पढ़ने जाया करता था, क्योंकि पढ़ाई करने की भूख थी, लोभ था, तो लगा कि गाँव के बच्चों को उतना संघर्ष न करना पड़े, इसलिए मैंने और मेरी पत्नी ने 1972 में ये स्कूल शुरू किया। पचास साल हो गए और आज भी जब स्कूल के गेट से यूनीफ़ॉर्म में सजे-धजे, पीठ पर बस्ते लटकाए बच्चे आते हैं, तो बेहद ख़ुशी और संतोष महसूस करता हूँ।

मैंने जीवन के हर पड़ाव से गाँव को देखा है। कई खट्टे, मीठे, कड़वे अनुभवों को समेट कर लिखी हैं, ये बीस चिट्ठियां। आप तक पहुंचें, तो जवाबी ख़त ज़रूर लिखिएगा।

शिव बालक मिसरा

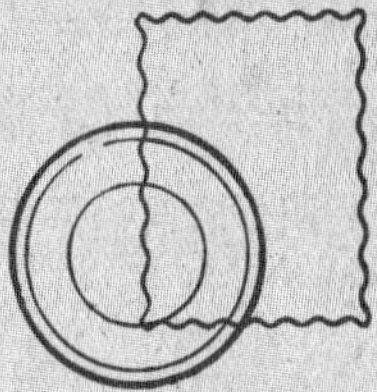

सत्तर बरस पहले

उन दिनों घर से बाहर बिना ताला लगाए चले जाना सामान्य था। पैसा ज़ेवर सब कुछ टीन या लकड़ी के बक्सों में रखते थे या घड़ों में रखकर ज़मीन के अंदर गाड़ देते थे।

अब से सत्तर साल पहले तक गाँव वालों के लिए दुनिया बहुत बड़ी थी और उनकी दुनिया अपना गाँव ही हुआ करता था। गाँव के काम-काज, तीज-त्योहार, सुख-दुख, प्रेम या बैर सब गाँव के लिए होते थे। कुछ लोगों को बाहरी दुनिया देखने का मौक़ा मिलता था, लेकिन अधिकांश तो जिस गाँव में पैदा होते थे, वहीं जीवन बिता देते और वहीं अंतिम सांस लेते। अब दुनिया छोटी हो गई है। देश-विदेश के ग़रीब-अमीर, किसान-मज़दूर, धनी-निर्धन सभी के बारे में जानकारी रहती है। आज के पढ़े-लिखे लोग हमारे गाँवों की तुलना चीन, जापान और इज़राइल के गाँवों से करते हैं, जो लगभग उतनी ही पुरानी सभ्यता वाले देश हैं जितना कि भारत, और जो उतने ही पहले आज़ाद हुए जितना हमारा देश। लेकिन हम भूल जाते हैं कि अपनी तरक़्क़ी के लिए उन देशों ने कितनी क़ीमत चुकाई है। उनके संसाधन, टेक्नोलॉजी और जीवन शैली हमसे बहुत अलग थे। हमारा समाज शांत और संतोषी रहा है और बाहर के आक्रमण करने वालों ने इस भारतीय मानसिकता का लाभ उठाकर इसे लूटा। भारत के लोगों में भौतिक संसाधनों से लगाव और सुविधाओं के लिए जुझारू स्वभाव भी उतना नहीं था। इसलिए हम अपने गाँवों को विदेशी गाँवों के सापेक्ष नहीं देख सकते।

जातिकर्म से बंधी और रूढ़ियों में जकड़ी हमारी आबादी एक तरफ़ संतोषी और शांत थी, तो दूसरी तरफ़ बिखरी हुई और कमज़ोर थी। इन सब के बावजूद गाँवों का मसला गाँव में ही सुलझा लिया जाता था। जातियों के लोगों में प्रतिस्पर्धा का द्वेषभाव नहीं था। यदि कोई गुनाह करता था, तो उसी

जाति की पंचायत बैठती थी। उसे 'टाट बैठना' कहते थे। पंचायत एक दिन में फ़ैसला सुना देती थी। दंड होता था दावत, पूरे समाज को कच्ची (दाल, चावल, सब्ज़ी, दहीबड़ा आदि) या पक्की (पूड़ी, सब्ज़ी, बूरा यानी पिसी शक्कर)। यदि बड़ा अपराध हुआ, तो कच्ची-पक्की दोनों सज़ाएं सुनाई जाती थीं। यदि पंचायत में फ़ैसला न हो सका, तब पुलिस तक मामला जाता था, अन्यथा लोग पुलिस-कचहरी से दूर ही रहते थे।

मुझे याद है गाँव के लोगों के पास जो कुछ था, उसी से काम चलाते थे, दूसरों से न तो बराबरी करने की आदत थी और न अपने को बेहतर करने का जुझारू स्वभाव। 'संतोषम् परमम् सुखम्' का आदर्श था। मेरे बचपन तक यात्राएं केवल तीर्थ जाने के लिए या फिर धर्मप्रचार और अध्ययन के लिए होती थीं। भारी सामान ढोने या बड़ी संख्या में लोगों का बारात जैसे मौक़े छोड़कर आना-जाना नहीं था। महिलाएं सवेरे उठकर गेहूं पीसती थीं, चावल कूटती थीं, खाना बनातीं और मुंगरी से पीट-पीट कर कपड़े धोती थीं। किसानों की पत्नियां घर का काम निपटाकर खेतों में निराई, कटाई के लिए जाती थीं। कपड़े धोने के लिए धोबी आता था और बड़े कपड़े अपने घर से धोकर लाता था, उसे बदले में अनाज मिलता था। महिलाओं को कभी बेहतर जीवन के लिए इच्छा प्रकट करते नहीं देखा था।

शौच के लिए गाँवों के पुरुष और महिलाएं सभी खेतों में जाते थे, यह उनके लिए सामान्य बात थी। लेकिन शहर वालों के लिए नहीं। जब 1972 में ऐसी लड़की से मेरी शादी हुई, जिसने गाँव कभी देखा नहीं था और उसे पहली बार शहर से गाँव आना पड़ा, तो परिवार की महिलाओं ने भोर के समय उन्हें शौच जाने के लिए साथ चलने को कहा। इस तरह खुले में जाना उनके लिए असंभव था। उन्होंने वर्षों बाद यह बात मुझे बताई थी।

चालीस के दशक तक गाँवों में ज्वार, बाजरा, रागी, काकुन, सावां और कोदो जैसे कम सिंचाई में उगने वाले मोटे अनाज ख़ूब होते थे। दालों के लिए अरहर, उड़द, लोबिया और चने का उपयोग होता था और रस्सी बनाने के लिए पटुआ, सनई, कुश, कांस और कई पेड़ों की छाल काम में

आती थी। गाँव के छप्परों और छतों पर फैली लौकी, कद्दू और तरोई की बेलें और खेतों में आलू, प्याज़, घुइयां आदि अपनी ज़रूरत के अनुसार बोई जाती थीं। मौसम सूखा होता था और मैंने साठ के दशक तक बाढ़ नहीं देखी थी। किसान वही फ़सलें बोता था, जो असिंचित खेतों में हो जाती थीं अथवा साधारण सिंचाई की ज़रूरत होती थी। किसान जो बोता था, वही खाता था। गेहूं की रोटी, पूड़ी, परांठे या तो त्योहार के दिन या मेहमानों के आने पर बनते थे। बच्चे कम ही स्कूल जाते थे और कुछ महिलाएं स्कूल जाने वाले अपने बच्चों को ताज़ा खाना खिलाकर भेजती थीं, लेकिन अधिकांश बच्चे पिछली रात का बचा खाना, दूध या मट्ठे के साथ खाकर जाते थे।

लोगों का गाँव से बाहर बहुत कम जाना होता था। मेरे बाबा यानी दादा जी अपने ससुराल जगदीशपुर, ज़िला सीतापुर, साल में एक-दो बार जाते थे। दस कोस यानी बत्तीस किलोमीटर की दूरी एक ही दिन में पैदल तय करनी पड़ती थी। पचास के दशक में, जब मैं बारह-तेरह साल का था, कई बार उनके साथ गया था। सवेरे चार बजे चल देना और शाम को छः बजे तक पहुंच जाना होता था। यह दूरी कब समाप्त हो जाती, पता ही नहीं चलता था। बाबा थक जाते होंगे, लेकिन मैं नहीं। रास्ते में वह धार्मिक बातें, पौराणिक कथाएं और अपने जीवन के अनुभव बताते चलते थे। बाबा के झोले में एक लोटा और डोर रहती थी। जब प्यास लगती, रास्ते में किसी कुएं से पानी निकाल लेते थे। जब मुझे भूख लगती थी, तो बाबा अपने झोले से निकाल कर कुछ खाने को देते थे, जैसे गुड़, भूंजा, चबेना, आटा या लाई के लड्डू आदि। उनके झोले में कभी पूड़ी, तो कभी सत्तू भी रहता था, जो हम दोनों दोपहर के समय कहीं बैठ कर खाते और पानी पीते थे। एक बार बाबा ने मुझे सुदामा की कहानी सुनाई थी कि किस तरह वह चावल की पोटली लेकर अपने मित्र कृष्ण से मिलने गए थे। इसका आशय था किसी से मिलने ख़ाली हाथ नहीं जाते। ऐसी ही अंतर्कथाएं वह रास्ते भर सुनाते रहते थे।

गाँव के कुछ लड़के हमसे भी दूर तक गए थे, लेकिन पैदल नहीं, रेलगाड़ी से। मेरे सहपाठी गिरिजाशंकर का ननिहाल कानपुर के ग्वालटोली

मुहल्ले में था और वह कभी-कभार वहां जाया करते थे। लौटकर आते, तो स्कूल जाते समय शहर के क़िस्से बताते थे। गाँव से बाहर जाने की ज़रूरत तब भी पड़ती थी, जब गाँव में कोई मर जाता, कई परिवार तो उसे गाँव में ही जला देते थे पर कई बैलगाड़ी में रखकर अट्ठारह किलोमीटर दूर गोमती नदी तक ले जाकर प्रवाह कर आते थे, उनके साथ महिलाएं नहीं जाती थीं। कई समुदायों के लोग गाँव के खेतों में ही शव दफ़ना देते थे। अभी भी कुछ लोग यही करते हैं।

गाँव से बाहर जाने का दूसरा अवसर तब आता था, जब दूर के गाँव में लड़के की शादी तय होती थी और बारात लेकर सब लोग बैलगाड़ियों से जाते थे। दूल्हा पालकी में बैठकर जाता और वापसी में दुल्हन उसी पालकी में बिठाकर लाई जाती थी। बैलगाड़ी कई प्रकार की होती थी और छोटी बैलगाड़ी को अद्धा कहते थे। एक बार हमारे गाँव से तीस किलोमीटर दूर, अतरौली के पास भरावन को बारात जा रही थी। मैं बारह साल का रहा होऊंगा और एक अद्धे पर बैठा था, जिस पर मेरे ही गाँव के बाबू बाजपेई भी बैठे थे। वह मुझे खिझा रहे थे और परेशान कर रहे थे। बारात हल्ला-गुल्ला करती हुई जा रही थी, इसी बीच गाँव कुंवरपुर के पास बैलगाड़ियों में रेस चालू हो गई। मैं और बाबू बाजपेई जिस अद्धे में बैठे थे उसके बैल बहुत तेज़ भागने वाले थे और एक मोड़ पर अद्धा पलट गया। मैं छोटा था, छिटक कर दूर जा गिरा, लेकिन बाबू उसी अद्धे के नीचे ढक गए, अंदर से चिल्ला रहे थे, "दौड़ो-दौड़ो, निकालो-निकालो।" मैंने कहा "रुके रहो थोड़ी देर" क्योंकि, मैं उनसे दुखी और नाराज़ था, इसलिए उनकी तकलीफ़ मुझे तसल्ली दे रही थी। ख़ैर, वो मेरा बचपना था, लोगों ने उन्हें जल्दी से निकाल लिया।

उन दिनों गाँव का कोई भी काम मिल-जुल कर होता था। किसी का छप्पर चढ़ाना हो, तो गाँव भर के लोग इकट्ठा किए जाते और जब तक छप्पर ठीक से चढ़ नहीं जाता, रुके रहते थे। हमारे गाँव से करुवा गाँव तक क़रीब एक किलोमीटर की कच्ची सड़क सब ने मिल कर दो दिन में बना ली थी। नहर की नाली खोदनी हो या शादी-ब्याह की व्यवस्था, सब मिल-जुल कर करते थे,

बिस्तर या बर्तन कुछ भी किराए पर नहीं आता था। गाँव के लोग जब बाज़ार या मेले में जाते, तो कई लोग एक साथ जाते थे। सुरक्षा की समस्या नहीं थी, लेकिन मुझे लगता है बात करते हुए और अपने अनुभव बांटते हुए जाते थे। कभी किसी मंदिर में किसी बच्चे के मुंडन या अन्नप्राशन के सिलसिले में महिलाएं जातीं, तो गाते और ढोल बजाते हुए पैदल ही जातीं। कोई मंदिर या कुआं बनवाता, तो गाँव के सब लोग यथासम्भव आर्थिक और शारीरिक मदद करते थे। यदि किसी का घर छोड़कर कई दिनों के लिए बाहर जाना हुआ, तो साथ में काफ़ी पूड़ियां और सब्ज़ी ले जाते थे। एक बार बाबा के पिता अधारी महाराज दो दिन के लिए मेले में जा रहे थे, तो दादी ने उनके साथ क़रीब दो किलो आटे की पूड़ियां बनाकर दे दीं। गाँव के बाहर निकले, तो क़रीब दो किलोमीटर की दूरी पर एक बड़े पीपल के पेड़ के नीचे बैठकर सारी पूड़ियां खा डालीं, यह सोचते हुए कि पेट का बोझ सिर पर कौन लादे। उनकी ख़ुराक बहुत थी। मेले से वापस आ रहे थे, तो रास्ते में मार-पीट हो गई और उन्होंने घायल अवस्था में आकर उसी पीपल के पेड़ के नीचे प्राण त्याग दिए। आज भी लोग कहते हैं उस पेड़ पर बरम राकस यानी ब्रह्म राक्षस रहता है।

आवागमन के लिए बैलगाड़ी और घोड़े के अलावा उस समय केवल दो तरह की साइकिलें प्रचलित थीं – एक फ़िलिप्स और दूसरी हरक्यूलिस। मेरे पिता जी ने एक पुरानी फ़िलिप्स साइकिल ख़रीदी थी। मैं उसके पीछे कैरियर पर बैठकर अपने ननिहाल मिसिरपुर से अपने गाँव देवरा तक आया था। बाद में एटलस और एवॉन भी आ गई थीं, जिनकी मांग कम थी। उस समय साइकिल होना प्रतिष्ठा की बात थी और मेरे गाँव में केवल तीन लोगों के पास साइकिलें थीं, उनमें से एक मेरे पिता जी के पास थी। आगे चलकर जब मेरे पास अपनी साइकिल आई, तो मैं लखनऊ के जुबिली इंटरमीडिएट कॉलेज में पढ़ाई करते हुए कभी-कभी अपने गाँव तक पचास किलोमीटर साइकिल चलाकर जाया करता था। बहुत लोग तीर्थ यात्रा पर साइकिल से या घोड़े पर बैठकर जाया करते थे। पंडित नेहरू अपने भाषणों में कहते थे हमारा देश 'साइकिल युग से गुज़र रहा है'।

घोड़े की पीठ पर बैठने और सामान लादने की परंपरा बहुत थी। हमारे परिवार में अतरौली गाँव से तीस किलोमीटर से रामभरोसे बाजपेई घोड़े पर बैठकर आया करते थे। हमारे गाँव के ठाकुरदीन बाजपेई, जिन्हें लोग झगड़ू महाराज कहते थे, वह घोड़े पर गुड़ लादकर बाज़ार जाया करते थे। बाक़ी दो-तीन लोग लछमन, भारत और बाबू बाजपेई भी घोड़े की पीठ पर गुड़ की भेलियां लादकर इटौंजा और सिधौली के बाज़ारों को जाते थे और किसानों के घरों से अनाज ख़रीद कर घोड़े पर ही लाते थे। घोड़ा गाड़ी का चलन गाँवों में नहीं था, क्योंकि रास्ते नहीं थे। गलियारों में केवल बैलगाड़ी चल सकती थी।

आज़ादी के बाद मैं बाबा के साथ कोटेदार की दुकान से नमक और बोतल भर मिट्टी का तेल लाने क़रीब आठ किलोमीटर पर जमुआ गाँव जाता था। घर में अगर नमक गिरा देते थे, तो डांट पड़ती थी। कहा जाता था भगवान के घर में पलकों से नमक बीनना पड़ेगा। कोटा की दुकान पर चीनी भी मिलती थी, लेकिन सब लोग लाते नहीं थे, गुड़ का उपयोग अधिक था। वैसे ही चूल्हा जलाने के लिए माचिस तो थी नहीं, पड़ोसी के घर से आग मांग कर लानी होती थी। होलिका दहन से लाई गई आग साल भर चलती थी, बुझ गई तो कंडे या तवे पर रखकर पड़ोसी से मांगनी पड़ती थी। आमतौर पर घर में कभी आग बुझती ही नहीं थी।

पूर्वजों के सम्मान में पितृपक्ष बड़ी संजीदगी से मनाया जाता था। श्राद्ध खाने के लिए दसों किलोमीटर तक पैदल जाते थे और वहां अच्छे पकवान खाने को मिलते थे। क्योंकि, मान्यता थी कि जो कुछ इन दिनों ब्राह्मणों को खिलाओगे, वह पितरों यानी पूर्वजों की प्रेतात्माओं को मिलेगा। बड़े लोगों के साथ मैं भी जगदीशपुर, मिसिरपुर और अटरिया श्राद्ध खाने जाया करता था। यानी अच्छे भोजन का अवसर या तो शादी-ब्याह या त्योहारों के समय अथवा श्राद्ध के दिनों में आता था।

लोगों को यानी पुरुषों को 1954 के पहले तक ज़मींदार के घर बेगार करने जाना पड़ता था, यानी वो काम जिसकी मज़दूरी भी नहीं मिलती थी। परंपरा थी

कि जिस किसान के घर के बाहर वाले छप्पर पर घास का एक मुट्ठा रखा हुआ मिलता था, वह जान जाता था कि उसे ज़मींदार के घर बेगार के लिए जाना है। जब दलितों के मुहल्ले से होकर सवर्ण निकलते थे, तो चारपाई पर बैठे दलित खड़े हो जाते थे। खेतों में काम करने दलित आते, तो उन्हें पानी के साथ गुड़ दिया जाता था। लेकिन उसे पानी अंजली से पीना होता था, लोटे से नहीं। भजन-कीर्तन सब एक साथ बैठकर करते थे, लेकिन खाना एक साथ नहीं होता था। ये अस्सी साल पहले की बात है, उस समय का भारत एक अलग भारत था, हालांकि ऐसी बहुत सी कुरीतियां आज भी मौजूद हैं।

उन दिनों घर से बाहर बिना ताला लगाए चले जाना सामान्य था। पैसे, ज़ेवर सब कुछ टीन या लकड़ी के बक्सों में रखते थे या घड़ों में रखकर ज़मीन के अंदर गाड़ देते थे। वैसे तो चोरी-डकैती कम होती थीं, लेकिन कभी-कभी गाँवों के कच्चे घरों की दीवार में नकब या सेंध काटकर कोई चोर रात में घर के अंदर घुस जाता था और एक या दो चोर बाहर निगरानी करते थे। अंदर गया आदमी वहां से सामान उसी सेंध, यानी आदमी के निकलने भर के गोल निकास, से बाहर करता रहता था। बर्तन, अनाज, कपड़े और ज़ेवरात जो कुछ भी काम का दिखा, बाहर कर देता था। घर के लोग जाड़े के दिनों में कोठरी के अंदर या गर्मी में छत पर अथवा बाहर सोते रहते थे। पुलिस की कार्यप्रणाली तब भी मुख़बिर के सहारे चलती थी। गाँवों के कुछ लोग लाती यानी पदचिह्नों के सहारे चोर के घर तक पहुंच जाते थे।

गोवंश का सम्मान था। यदि किसी के हाथ से गोवंश की हत्या हो जाती थी, तो उसे एक महीने तक गाँव-गाँव जाकर भीख मांगकर खाना होता था और बाद में हत्याहार नहाना पड़ता था। यानी प्रायश्चित करना होता था। लोग कोशिश करते थे गोवंश रक्षा की। मेरे गाँव के भगवंत यादव, जो गायें चराते थे, उन्होंने एक बार गाय को डंडा मार दिया था और वह मर गई। उन्हें पूरा दंड झेलने के बाद, पूरे गाँव की दावत के बाद ही समाज में दुबारा शामिल किया गया था। न तो बिना प्रयोजन यात्राएं होती थीं और न पर्यटन करने आनंद के लिए जाते थे। कुछ लोग अपने पूर्वजों की अस्थियों का विसर्जन करने बिहार में गया

अथवा उत्तर प्रदेश के इलाहबाद या हरिद्वार जाते थे। किसी लंबी तीर्थयात्रा पर जाने के पहले गाँव के सभी लोगों के साथ भोजन करने और वापस आने पर भी पूरे गाँव के साथ मिलकर भोजन करने की परंपरा थी।

उन दिनों प्राकृतिक विपदाओं से लड़ने के उपाय नहीं थे। यदि हैजा, मलेरिया, चेचक या प्लेग फैल गया, तो गाँव के गाँव वीरान हो जाते थे। सबसे घातक था प्लेग, जिसमें सबसे पहले चूहे मरने आरंभ होते थे। तब लोग घरों को छोड़कर जंगल में चले जाते थे और गाँव को आग लगा देते थे, जब पक्का कर लेते थे कि रोग फैलाने वाले पिस्सू और उन्हें शरीर में रखने वाले चूहे, सब मर गए, तब घरों की सफ़ाई की जाती और उसके बाद लोग घर लौटते। यानी बीमारियों से लड़ने की जगह पलायन करते थे। दोष चिकित्सा सुविधाओं का जितना था, उससे अधिक अशिक्षा और अज्ञानता का था। पढ़ाई-लिखाई का महत्त्व नहीं था, चिट्ठी-पत्री लिख लें और रामायण बांच लें, काफ़ी था। लड़कियों के लिए वह भी ज़रूरी नहीं था।

गाँवों से शहरों को पलायन कम था, क्योंकि शहरी सुविधाएं गाँव के लोगों को आकर्षित नहीं करती थीं। तब गाँव के लोग अपने गाँव में ही संतुष्ट जीवन बिताना चाहते थे। जब 1962 में पूरे इलाक़े में मैं पहला व्यक्ति एम.एस.सी. पास करने के बाद ओ.एन.जी.सी. में नौकरी करने गुजरात के शहर बड़ौदा जा रहा था और अपने घर से विदा लेने गाँव आया था, तो मेरे पिता जी बहुत चिंता और पसोपेश में पड़ गए थे। यह तो कह नहीं सकते थे कि न जाओ, क्योंकि गाँव में मेरे लिए कुछ बेहतर करने को नहीं था और गाँव के लिए यह बड़ी नौकरी थी। वह मन से भेजना भी नहीं चाहते थे और मेरी इच्छा को मारना भी नहीं। अंततः यह कहकर भेजा था कि मन न लगे तो वापस आ जाना।

साठ के दशक में विकास हुआ और बड़े कस्बों और शहरों में स्कूटर आ गए थे। वेस्पा, जो बाद में बजाज कहलाया और लम्ब्रेटा, जो काफ़ी समय तक प्रचलित रहा। चार पहिए की गाड़ियों में एंबेसडर और फियट ही देखने में आती थीं या फिर गाँवों में चुनाव प्रचार अथवा पुलिस गश्त में जीप

दौड़ती थी। एक बार 1954 में बाबागंज के एक पुराने साहूकार ने तब के मुख्यमंत्री गोविन्द वल्लभ पन्त को आमंत्रित किया था और पूरे इलाक़े को भोजन पर बुलाया था। बड़ों के साथ मैं भी गया था, तब अनेक गाड़ियां देखी थीं। जब 1962 में ओ.एन.जी.सी. में नौकरी मिली, तो अधिकारपूर्वक जीप में बैठने का अवसर मिला था।

तब लोगों में पराई संपत्ति के लिए लालच नहीं था। बिना मांगे कुछ नहीं लेते थे। मैं समझता हूं तब ग़रीबी के बावजूद अच्छे दिन थे और अब प्रगति के बाद भी बुरे दिन हैं। खेतों में वही चीज़ें पैदा की जाती थीं, जो अपने जीवनयापन के लिए अनिवार्य होती थीं। अब मेंथा, अफ़ीम आदि पैदा करते हैं, जिसका स्थानीय उपयोग कुछ नहीं है। तब खेती को उत्तम और नौकरी को भीख समान मानते थे। उद्योगों के नाम पर गुड़ बनाने, लकड़ी के हल, माची और बैलगाड़ी बनाने, तख़त और चारपाई बनाने, चमड़े का सामान, रस्सी और टोकरे बनाने, मिट्टी के बर्तन और खिलौने बनाने जैसे काम होते थे, जिनमें सीमित पूंजी लगती थी, लेकिन कम ही लोगों को रोज़गार मिलता था। इन सामानों को बाज़ार या मेलों में बेचा जाता था। खाने की चीज़ें जैसे बेसन, दलिया, तरह-तरह के लड्डू, बड़ी-मुंगौड़ी, कच्चे आम की खटाई, पके आम का अमरस, सिरके में सब्ज़ियां और फल संरक्षित करना और जुलाहों द्वारा 'गाढ़ा गज्जी' जैसे मोटे कपड़े बनाना भी होता था। मेरे गाँव में गंगू जुलाहा कुछ दूर के गाँव ढिलवांसी से कपड़ों की गठरी पीठ पर लादकर जब-तब आता था। कांच का सामान और चूड़ियां बेचने वाले मनिहार आते थे, लेकिन बनाते नहीं थे, क़स्बों से ख़रीदकर लाते थे। गाँवों का कच्चा माल प्रयोग करके कुटीर उद्योग धंधों में व्यावसायिक सामान, न तो तब बनता था और न अब बनता है। महात्मा गांधी का ग्राम स्वराज का सपना केवल सपना ही रह गया।

राजनीति करने वालों ने गांधी के कुटीर उद्योग के सुझाव नहीं माने, जिनके बिना ग्रामीण बेरोज़गारी बरक़रार है। आज जो औद्योगीकरण के प्रयास हो रहे हैं, उनसे उत्पादन बहुतायत में होगा, परंतु बहुसंख्य आबादी द्वारा नहीं। रोटी, कपड़ा, मकान, शिक्षा, चिकित्सा और सुरक्षा की बातें

आज़ादी के सत्तर साल बाद भी करनी पड़ रही हैं। प्रांतीय सरकारें कुपोषण से इंकार नहीं करतीं और स्कूलों में दोपहर को घी, दूध देने की बातें होती रहती हैं, लेकिन यह व्यवस्था परिवार में होनी चाहिए थी। पौष्टिकता के लिए पुराने ज़माने में हिंदुओं के घर में गाय, भैंस, बकरी का दूध रहता था और मुसलमान तालाबों से बिना पैसे ख़र्च किए मछली पकड़ लाते थे और पूरा समाज स्वस्थ रहता था। तब किसानों को कुछ भी ख़ैरात में नहीं मिलता था और गाँव के लोग अपेक्षा भी नहीं करते थे।

उन दिनों इंसानों की अपेक्षा जानवरों की आबादी अधिक थी, खेतों में खाद की कमी नहीं रहती थी, पूरी तरह ऑर्गेनिक खेती होती थी। मिट्टी की जांच और कृषि परामर्श जैसी सुविधाएं नहीं थीं, लेकिन मिट्टी की उर्वरा शक्ति के विषय में सोचना नहीं पड़ता था। चकबंदी, रेवेन्यू, रजिस्ट्री आदि विभागों में तालमेल कम था और अब भी कम ही है। ज़मीन पर ज़मींदारों का स्वामित्व था और ज़मीदार से पूछ कर जहां चाहें क़ाबिज़ हो जाते थे, बस 'पड़ती' होनी चाहिए। अदालतों के चक्कर कम ही लगाने पड़ते थे। गाँवों के पास-पड़ोस में चरागाह और फ़सल से अनाज तैयार करने के लिए खलिहान के लिए ज़मीन उपलब्ध रहती थी। संपन्न और विपन्न का भोजन और जीवन भिन्न रहता था, लेकिन ज़रूरत पड़ने पर ग़रीबों को गाँव में ही उधार मिल जाता था, जिसका आसानी से भुगतान हो जाता था, कोई आत्महत्या नहीं करता था। कुछ व्यक्तिगत आचरण, जैसे मेहनत, ईमानदारी, सहयोग-भावना अब से बहुत बेहतर थे।

गाँव में किसी एक पर संकट आता, तो पूरा गाँव उसके निवारण में जुट जाता था। यदि महामारी फैल गई, तो उससे निबटने में वैद्य लोग असमर्थ थे, उसे दैवीय प्रकोप मानकर कुछ प्राकृतिक उपाय और कुछ टोना-टोटका करते थे। आजकल यदि किसानों की फ़सल पर प्राकृतिक आपदा आती है, तो बैंक से लिया गया उनका क़र्ज़ माफ़ कर दिया जाता है और किसानों में क़र्ज़ चुकाने का संकल्प कमज़ोर पड़ता जा रहा है। मुआवज़े या नुक़सान की भरपाई के लिए मुफ़्त में बिजली और पानी दी जाती है, तो किसानों ने समझा

'मुफ़्त की है, तो कटिया लगाकर बिजली ले लो'। तब ऐसी मानसिकता नहीं थी और किसान अधिक दरों पर भी क़र्ज़ चुकाते रहते थे।

पुराने ज़माने में अनाज रखने के लिए इतने बड़े पैमाने पर सरकारी भंडारण की न तो सुविधा थी और न ही आवश्यकता। ख़रीद स्थानों या रेलवे स्टेशनों पर अथवा सरकारी गोदामों में अनाज सड़ने की नौबत नहीं आती थी। पैसे की आवश्यकता हुई, तो आवश्यकतानुसार अनाज बाज़ार में बेच आते थे। किसान के सामने बड़ी समस्या तब आती थी, जब घर में अनाज समाप्त हो जाता था। जब तक अन्न की कमी नहीं होती थी, किसान सुखी था।

लेकिन कुछ समस्याएं थीं जिनका निदान अभी होना था, जैसे महिलाओं को प्रतिदिन सवेरे शौच के लिए खेतों में ही जाना होता था। और सबसे अधिक कठिनाई होती थी बरसात में। एक बार हमारे रिश्तेदार सूर्य प्रसाद मिश्रा, जो हमारे गाँव में कुछ दिन रहने आए थे, बरसात के दिन थे, अभी वह पूरी तरह फ़ारिग भी नहीं हो पाए थे कि चिल्लाना शुरू कर दिया कि उन्हें बिच्छू ने डंक मार दिया। लोग बार-बार पूछ रहे थे कहां मारा, तो वह बताते भी तो कैसे? लोग साठ साल बाद आज भी उस घटना की बात करके उनका उपहास करते हैं और मौज लेते हैं। लेकिन उस मज़ाक के परोक्ष में एक बड़ी समस्या छिपी हुई थी, जिसका निदान आज भी नहीं हो पाया है।

खेतों में शौच करना जहां अपने देश की अहितकर परंपरा है, वहीं गाँवों में सूअर पालने और उन्हें खेतों में चराने की भी उतनी ही पुरानी और हानिकारक परंपरा है। सूअर पालने के लिए ज़मीन खोद कर एक लंबा कोठरीनुमा दड़बा बना लेते थे और उसमें सूअरों को घुसाकर मुंह बंद कर देते थे। सवेरे कोई लड़का या आदमी उन्हें बाहर निकालता था और खेतों में चराने ले जाता था, जैसे दूसरे जानवरों को चरागाह ले जाते थे। तालाबों का पानी पीकर और खेतों में शौच के बाद पड़ा मल खाकर, ये सुअर जीवित रहते थे और इनका मांस खाने वालों के पेट में तरह-तरह के टेपवॉर्म जैसे कृमि हो जाते। मुसलमान इनका मांस नहीं खाते और हिंदुओं में कुछ ख़ास जातियों के लोग ही खाते थे। अब मानसिकता बदल गई है और सूअर पालन उतना गंदा नहीं रहा, वह पिगरी कहलाता है।

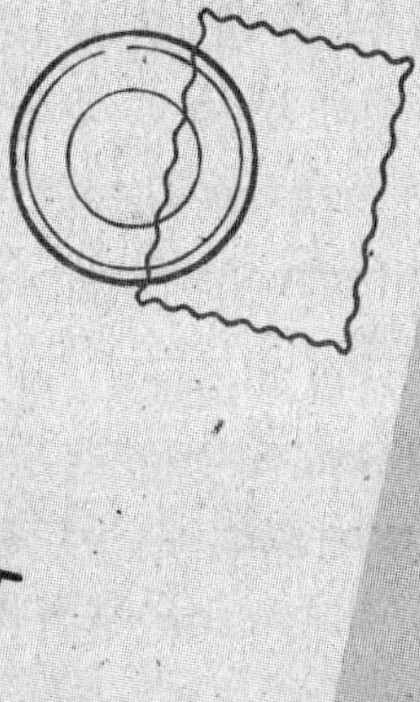

गाँव बदलते देखा

मुझे याद है आम से लदी अमराई और टेसू के फूल, खलिहानों में काम करते किसान, आम की चटनी और सत्तू का भोज, छतों पर मच्छरदानी या बिना मच्छरदानी में रात भर एक नींद सोना और गाँव के बिना ख़र्च वाले खेल खेलना।

वह बैलगाड़ी का गलियारा जिस पर गिरता-पड़ता मैं बारह किलोमीटर पैदल चलकर इटौंजा स्कूल रोज़ जाता था, अब पक्की सड़क में बदल चुका है। वो पगडंडियां, जो जंगल से होकर कुनौरा स्कूल तक हमें पहुंचाती थीं, अब खेतों की मेड़ें बन चुकी हैं। वे किसान जो नहर के पानी के इंतज़ार में फ़सल नहीं बचा पाते थे, उनके लिए नलकूप और ख़ुद के बोरिंग कूप बने हैं। जो लोग इटौंजा रेलवे स्टेशन या बस अड्डे तक पैदल जाते थे, उनके लिए ऑटो और टेंपो की सुविधा उपलब्ध है और जिनके पास टूटी-फूटी साइकिल हुआ करती थी, अब वे मोटर साइकिल से चलते हैं। इस सब के बाद भी क्या गाँवों में पुराना अमन-चैन यानी सुख-शांति बढ़ी है? बिल्कुल नहीं।

पिछले सत्तर सालों में बहुत कुछ बदल गया है, गाँवों में धीमी गति से बदलाव आया है। पहले जहां रौशनी के लिए सरसों के तेल के दीये या मिट्टी तेल की कुप्पी जलाकर पढ़ते थे, वहां बिजली के बल्ब चमक रहे हैं, सिंचाई के लिए जहां कुएं से पानी निकालने के लिए बैलों से चलाए जाने वाले रहट या पुर का प्रयोग होता था, वहां आज नहरें और नलकूप बने हैं, हर गाँव में स्कूल और हर इलाक़े में कुछ न कुछ दवाई-इलाज की सुविधा उपलब्ध है। जहां पंद्रह दिन में पत्नी के पास मेरी चिट्ठी पहुंचती थी, वहां आज एक मिनट में मोबाइल फोन पर बात कर लेते हैं। लेकिन, आपसी प्रेम भाव और गाँव का परिवार भाव नहीं बचा। भौतिक विकास तो हुआ है, लेकिन मन की उदारता, सरलता और स्नेह चले गए हैं।

मेरे गाँव देवरा में जहां तालाब की मिट्टी से बनी दीवारों पर खर-फूस के छप्पर चढ़ते थे, वहां अब पक्के मकान और मकानों में शौचालय बन गए हैं।

कीचड़ और धूल वाली गलियां पक्की सड़क में बदल गई हैं। फिर भी गाँव के लोग इस प्रगति का सुख नहीं भोग पाते हैं, क्योंकि शहरी व्यवस्था को गाँव के लिए आदर्श मान लिया गया है, जो चकाचौंध तो दे सकता है, लेकिन सुख और शांति नहीं दे सकता। गाँव अब प्रकृति-सुंदरी की गोद में खेलता हुआ शिशु नहीं रहा है। अब शहरी लोग गाँव इसलिए नहीं जाते कि वहां शीतल, मंद सुगंध वाली बयार है, पेड़ों की हरियाली और ताज़ी सब्ज़ियां हैं, बल्कि अक्सर इसलिए जाते हैं, ताकि सस्ती ज़मीन ख़रीदकर फार्म-हाउस बना सकें, और अपना काला धन कृषि-आय बताकर टैक्स बचा सकें।

भारतीय वैज्ञानिकों और शिल्पकारों ने गाँव की नींव पर सुख शांति देने वाला ग्राम नहीं बनाया, कच्चे मकानों को टिकाऊ बनाने का कोई प्रयास नहीं किया। पर्यावरण संरक्षण के लिए ईंटें पकाने में लकड़ी के ईंधन से धुआं निकालने के बजाए काश कच्ची ईंटें प्रयोग में लाने का कोई प्रयास किया होता। गाँव के लिए मकानों की नई डिज़ाइन बनाने में बिल्डरों और आर्किटेक्टों की रुचि का अभाव तो समझ में आता है, परंतु शोध संस्थानों और समाजसेवी संस्थाओं तथा सरकारों ने भी विशेष रुचि नहीं दिखाई।

मुझे याद है आम से लदी अमराई और टेसू के फूल, खलिहानों में काम करते किसान, आम की चटनी और सत्तू का भोज, छतों पर मच्छरदानी या बिना मच्छरदानी में रात भर एक नींद सोना और गाँव के बिना ख़र्च वाले खेल खेलना। गर्मी की छुट्टियां ख़ूब आराम से बीत जाती थीं।

गर्मियों में पहनने के लिए कपड़ों की चिंता नहीं रहती थी, जो कुछ मिला, पहन लिया, लेकिन जाड़ों में बड़े-बूढ़े बंडी पहनते थे (जिसकी जगह अब इनर आ गया है) और ऊपर से कुर्ता पहन लेते थे और चादर ओढ़ लेते थे। कानों को गमछा ढक देता था। ये सब मिलकर शरीर को ठंड से सुरक्षा प्रदान करते थे। गाँव में तापने के लिए आग या अलाव जलाए जाते थे। अब पेड़ कटते जा रहे हैं, इसलिए लकड़ी के अभाव में ग़रीबों का वह सहारा भी चला गया। सोते समय ओढ़ने के लिए ख़ूब मोटी रज़ाई हुआ करती थी। आजकल बदलते समय में लड़कों को जैकेट, विंडचीटर, स्वेटर, कार्डिगन, कोट, पैंट, कैप और मोज़े चाहिए होते हैं, जो गाँव के ग़रीब आदमी की

पहुंच के बाहर हैं। बच्चे पुरानी डिज़ाइन के कपड़े पहनेंगे नहीं और बड़े लोग नए डिज़ाइन के कपड़ों की व्यवस्था नहीं कर पाएंगे, नतीजा है ठिठुरन भरी ज़िंदगी। आज के लड़के पैंट-शर्ट पहन कर, खेतों में निराई, रोपाई और थ्रेशिंग का काम करते हैं, पर ये शहरों की पोशाक की नक़ल के अलावा और कुछ नहीं है। काम करने के लिए सुविधाजनक पोशाक होनी चाहिए।

जाड़े के दिनों में गाँव वालों के भोजन का स्वरूप भी बदल जाता था। मक्का, ज्वार, बाजरे की रोटियां, ताज़ा गरम गुड़ और इसके साथ बथुआ, सरसों का साग और विविध मौसमी सब्ज़ियां शरीर को ऊर्जा प्रदान करती थीं। गुड़ बनाने का समय जाड़ों में ही होता था और गुड़ की भट्टी के पास बैठकर आग तापने का आनंद ही कुछ और होता था। मूंगफली, गुड़, तिल और विविध दालों का प्रयोग अच्छी ऊर्जा देता था और आग में आलू, शकरकंदी भूनकर बहुत स्वाद से खाया जाता था। अब ग्रामीण नौजवानों को इन सब में रुचि नहीं रही, उन्हें भी शहरी स्टाइल में फ़ास्ट फ़ूड चाहिए, जो जाड़े से लड़ने के लिए ऊर्जा नहीं दे सकता। गाँव में आज भी ग़रीबों को बिछावन के लिए धान का पैरा ही उपलब्ध है, जिस पर कुछ कपड़े या बोरी डालकर वे लोग रातें बिताते हैं। लेकिन गाँव से पलायन करके जो ग़रीब शहरों में जाड़े के दिनों में जाते हैं, उनके पास तो यह सुविधा भी नहीं होती। सरकारी रैनबसेरे या तो बंद पड़े रहते हैं, या बिल्कुल पर्याप्त नहीं होते हैं। शहरों में सड़कों के डिवाइडर पर अथवा पुलों की फुटपाथ पर ठिठुरन भरी रातों में लेटे हुए ग़रीबों को देखकर लगता है, क्या ये ग्रामीण बेरोज़गार इसी की तलाश में शहर आए थे? यह आज़ाद भारत की व्यथा है, जो शहरी पलायन की देन है।

गाँव से शहर को पलायन की असली तस्वीर कोरोना वायरस के समय सामने आई, जब करोड़ों मज़दूरों को उनके गाँव तक पहुंचाना आरंभ किया गया, क्योंकि उनकी रोज़ी-रोटी की व्यवस्था शहरों में नहीं बची थी। यह समस्या आज़ाद भारत को 70 साल में मिली है, क्योंकि गाँवों को स्वावलंबी बनाने और स्थानीय रोज़गार सृजन के उपाय ईजाद हुए ही नहीं। हमारे नेताओं

ने शिक्षित बेरोज़गारों को 1000 रुपए प्रति माह बेरोज़गारी भत्ता दिया तो है, परंतु बेरोज़गारी भत्ते की रकम में गुज़ारा नहीं हो सकता है और यदि गुज़ारा करना सीख लिया, तो बेहतर जीवन के लिए संघर्ष करना भूल जाएंगे। हमारा देश तभी आगे बढ़ सकेगा, जब जुझारू युवाओं में स्वाभिमान जगेगा और वे ख़ैरात को ठुकरा कर काम की मांग करेंगे। अपनी योग्यता और क्षमता के हिसाब से देशहित में काम करेंगे और काम का पूरा दाम मांगेंगे। आज की व्यवस्था में, शिक्षित बेरोज़गारों को मनरेगा (MGNREGA) से भी कम बेरोज़गारी भत्ता देना उनका सरासर अपमान है। यदि बैंकों से भ्रष्टाचार और दफ़्तरों से सुविधाशुल्क हट जाए, तो उद्यमशील और स्वाभिमानी युवा अपना रोज़गार स्वयं खड़ा कर लेंगे, किसी ख़ैरात का इंतज़ार नहीं करेंगे। बेरोज़गारी का प्रमुख कारण यह है कि हमारी सरकारें मैकाले की शिक्षा नीति पर चलती रही हैं और इस चक्कर में गाँव का नौजवान न तो घर का रहा न घाट का। खेती की मेहनत अब उससे होगी नहीं और सफ़ेद-कॉलर नौकरी मिलेगी नहीं, नतीजा - बेरोज़गारी।

पिछले 25-30 सालों में ट्रैक्टरों ने बैलों को खेती से बाहर कर दिया है, जिस से किसानों को पहले मुफ़्त में मिलने वाली यांत्रिक ऊर्जा अब भारी मूल्य चुका कर मिलती है। खेतों से हल-बैल ग़ायब होने के बाद छोटे से छोटा किसान भी खेतों की जुताई, फ़सल की कटाई-मड़ाई और सामान की ढुलाई किराए के ट्रैक्टर से करता है, जिसके लिए उसके पास पैसे नहीं होता है। पहले के ज़माने में, गाँव के लोग ऊर्जा के लिए डीज़ल, पेट्रोल या बिजली के मोहताज नहीं थे। अब तो पेट्रोल, डीज़ल और खाना पकाने की गैस पर जीवन निर्भर हो गया है। वैकल्पिक ऊर्जा विशेष योगदान नहीं दे रही है और न ही व्यावहारिक साबित हो रही है। जिस परिवार में कम से कम एक व्यक्ति नौकरी करता है, उस परिवार पर क़र्ज़ा नहीं होता और उसमें कोई आत्महत्या भी नहीं होती। शहरी पलायन का यह प्रमुख कारण है।

गाँव में अब महिलाएं चक्की-चूल्हा नहीं करना चाहती हैं। रहन-सहन, साज श्रृंगार में भी कृत्रिमता दिखती है। खेती का काम, जो महीनों में होता

था अब किराए के ट्रैक्टर से घंटों में समाप्त हो जाता है और साल भर के लिए कोई काम नहीं बचता। गाँव के नौजवान शहरों की तरह हाथ में मोबाइल लेकर, चश्मा लगाकर मोटर साइकिल से चलना चाहते हैं, लेकिन आमदनी के नाम पर कुछ नहीं होता है। नतीजा - चोरी, डकैती और बेईमानी। अपराध अब सवर्णों में अधिक बढ़ रहा है, अनुसूचित जाति में घट गया है। इसका कारण सरकार को ज़रूर पता होगा। गैस कनैक्शन मुफ़्त में मिल गया है, लेकिन गैस ख़रीदने के लिए पैसे चाहिए, पहले के समय में ईंधन पर ख़र्च नहीं होता था। बिजली कनैक्शन मुफ़्त में मिल रहा है, लेकिन बिजली ख़रीदने को पैसे नहीं है, इसलिए कटिया लगाते हैं यानि बिजली की चोरी। गाँव को छोटा शहर बनाना चाहते हैं, लेकिन जेब में अठन्नी भी नहीं है। किसान को अठन्नी के बजाए रुपया मिल सकता था, यदि सरकारों ने ग्रामीण उपयोग के लिए कुटीर उद्योग लगाए होते।

खनिज उर्जा की बढ़ती खपत और तेज़ रफ़्तार वाली गाड़ियों की चाहत गाँव में भी महंगाई बढ़ाती रहेगी और आमदनी का जो हाल है, वह बदतर होता रहेगा। खनिज ईंधन हमेशा नहीं रहेगा। कोयला, जिससे बिजली बनती है, समाप्त होने के कगार पर है और ऊर्जा के पारंपरिक स्रोत चाहे लकड़ी हो या उपले, स्वास्थ्य के लिए हानिकारक रहे हैं और निर्वनीकरण तथा घटती पशु आबादी के कारण आसानी से उपलब्ध भी नहीं होते हैं। इस बात पर विचार ही नहीं हुआ कि इन स्रोतों से क्लीन एनर्जी बन सकती है या नहीं। अच्छा होता यदि मुफ़्त में गैस सिलिंडर बांटने के बजाए सोलर कुकर बांटे गए होते और गोबर गैस और पवन उर्जा की तरफ़ किसान का रुझान बढ़ाया गया होता, तो सार्थक रहता।

सौर ऊर्जा से चलने वाले उपकरण और चूल्हे प्रचलित नहीं हो रहे हैं, क्योंकि उनके रखरखाव के लिए गाँव में कारीगर उपलब्ध नहीं हैं। अब कुछ समय से सोलर पावर पर ज़ोर दिया जा रहा है और इसके चलते स्थिति में शायद सुधार आ जाए। लेकिन जब तक सोलर मेकैनिक तैयार होंगे, शहरों में उनकी मांग बनेगी और वे गाँव से पलायन कर जाएंगे। गाँव के अच्छे दर्जी, अच्छे नाई, प्लंबर और हलवाई तक शहरों को पलायन कर जाते हैं।

अभी हाल ही में हमारे गाँव के पास का एक इलेक्ट्रीशियन तालिब, अच्छा काम करता था, लेकिन वह अब शहर जाने वाला है। राजमिस्त्री, बढ़ई और लोहारों को काम तो मिलता है, लेकिन उचित मज़दूरी देने की गाँव वालों के पास क्षमता नहीं होती, जिसके कारण वे शहर चले जाते हैं।

गाँव में परिश्रम से भागने की नियत, आसान कमाई और रहन-सहन तथा खान-पान में बिगाड़ ही नहीं आया, बल्कि मनोरंजन और ख़ुशी मनाने के तौर-तरीक़े भी बदल गए हैं, जिनको रचनात्मक सुधार नहीं कहा जा सकता। जहां पुराने ज़माने वाले नाटक, रामलीला, रास, नौटंकी और लोकनृत्य, और हुड़ुक की थाप सुनाई देती थी, वहां अब डीजे, फ़िल्मी डांस का ज़माना आ गया है। नटों और बाज़ीगरों के करतब बिल्कुल विलुप्त हो रहे हैं। यह सब बिना पैसे के उपलब्ध रहते थे; बस घरों से कुछ अनाज दिया जाता था। समय बदल गया और मनोरंजन के नए-नए साधन उपलब्ध हो गए। किसान को अब मनोरंजन के वही सब साधन जुटाने पड़ते हैं, जो शहरों में प्रचलित हैं और गाँव के नौजवानों को पसंद हैं।

किसान का जीवन बहुत महंगा हो गया है। क़रीब 50 साल पहले, शादी-ब्याह के लिए किसान 5 क्विंटल गेहूं बेचकर 10 ग्राम सोना ख़रीद सकता था, लेकिन अब उतना ही गेहूं बेचने से उसे केवल ढाई ग्राम सोना मिलेगा। उसे मकान बनाने के लिए ईंटें, सीमेंट और लोहा ख़रीदने के लिए अब पहले का कई गुणा गेहूं बेचना पड़ रहा है। शादी-ब्याह के अवसर पर शहरी चकाचौंध अब हैसियत की पहचान बन गई है, चाहे उसके लिए खेत ही क्यों न बेचना पड़े या क़र्ज़ा लेना पड़े। अब दहेज और दिखावा सवर्णों तक सीमित नहीं रहा, बल्कि सभी जातियों में फैल गया है। मैंने बहुत बार देखा है कि अनुसूचित जातियों में लड़की वाले बारात लेकर पैपुज्जी करने आते थे और ख़र्चे का बोझ लड़के वाले उठाते थे। अब सवर्णों की नक़ल करने में, सभी जातियों में लड़के वाले बारात लाते हैं और लड़की के माता-पिता पर ख़र्चे का बोझ बढ़ाते हैं।

किसानों के हमदर्द कहे जाने वाले नेता भी नहीं सोचते कि किसान का गेहूं पन्द्रह रुपए प्रति किलो गाँव में बिकता है, लेकिन उसी से बना ब्रांडेड

आटा शहरों में तीस रुपये प्रति किलो और दलिया 40 रुपये प्रति किलो बिकता है। यही हाल बाक़ी अनाजों का है। महंगाई से किसान को कोई लाभ नहीं मिलता, उल्टे उसकी लागत बढ़ती है। किसान और बाज़ार के बीच में बिचौलियों की दुनिया है, जो पूरा लाभ उठाते हैं। स्थानीय स्तर पर कृषि उपज की खपत बढ़ाने से और किसानों को रोज़गार देने से लाभ होगा; चाहे कुटीर उद्योगों में अथवा स्किल विकास द्वारा।

किसान की उपज बाक़ी चीज़ों की तुलना में सस्ती हुई है, जिस से उसे अपनी पैदावार सस्ती बेचकर बाक़ी चीज़ें महंगी ख़रीदनी पड़ती हैं। मुझे याद है, 1954 में जब रफ़ी अहमद किदवई देश के खाद्य मंत्री थे, तो मेरे घर से एक रुपए का 4 सेर गेहूं (उन दिनों किलोग्राम नहीं चलता था)बिका था और अब 17 रुपए किलो बिक रहा है, यानी 68 गुणा दाम बढ़े हैं। लेकिन तब जो सोना 100 रुपए तोला यानी क़रीब 12 ग्राम मिलता था, वही अब 37000 रुपए में मिलता है, यानी 370 गुणा महंगा हुआ है। यही हाल कपड़ा और बाक़ी चीज़ों का भी है। इस तरह किसान को जो सामान बेचना है वह सस्ता बिकता है और जो ख़रीदना है, वह महंगा मिलता है।

गाँव के जीवन में आर्थिक तंगी तो पहले भी थी, लेकिन अब मानसिक तनाव अधिक है। कभी दूसरों से बराबरी करने की होड़ लगी होती है, तो कभी ख़ुद के गुज़ारे की व्यवस्था करने का तनाव होता है। इस तनाव के कारण गाँव का आदमी अपना रक्तचाप बढ़ा रहा है। यह समस्या पहले नहीं थी। मेरे बचपन में खेतों में गोबर की खाद और हरी खाद डाली जाती थी, लेकिन सत्तर के दशक के बाद लालच के कारण किसान खेतों में यूरिया डालकर जल्दी ही अधिक फ़सल उगाने लगा और दुधारू जानवरों को इंजेक्शन लगाकर ज़्यादा दूध निकालने लगा। इस तरह वह अपने साथ-साथ जानवरों और खेतों दोनों का स्वास्थ्य भी ख़राब करने लगा। जानकारों का मानना है कि इंजेक्शन वाले दूध का सेवन करने से पुरुषों का पुरुषत्व घट रहा है और गाँव वालों का आर्थिक उतावलापन पूरे देश को अधीर बना रहा है।

गाँव की जो ख़ूबियां थीं, वह गाँव के नौजवानों को पता ही नहीं और वे शहरों की चकाचौंध गाँव में ढूंढ़ रहे हैं। गाँव की सरलता, सौम्यता, संतोष,

परस्पर प्रेम भाव और सहयोग की भावनाएं घट रही हैं। मुझे याद है, गाँव में शादी-ब्याह और पार्टियों में पत्तलों और मिट्टी के कुल्हड़ों से काम चल जाता था, लेकिन अब उसी गाँव में प्लास्टिक की प्लेट और ग्लास प्रयोग में लाए जाते हैं, जो शहरों में पहले से ही प्रदूषण फैला रहे हैं। प्राकृतिक संसाधनों के प्रति ग्रामीण दृष्टिकोण अब पर्यावरण सम्मत नहीं रहा, भोगवादी हो गया है। हम गाँव की विशेषताएं खो कर शहर की सुविधाएं तलाशने में लगे हैं; न घर के रहे न घाट के। साइकिलों की जगह मोटर साइकिलें प्रचलित हो रही हैं और चार पहियों वाली गाड़ियां भी ख़ूब दौड़ रही हैं।

किसान अच्छे दिनों का इंतज़ार कर रहा है, जब वह भूखा नहीं सोएगा, उसको आत्महत्या नहीं करनी पड़ेगी, पानी के बिना फ़सल नहीं सूखेगी, दवाई के बिना मरीज़ नहीं तड़पेंगे, सब का अपना मकान होगा, तन ढकने को कपड़े होंगे, गाँव में ही कुछ रोज़गार मिलेगा, जान-माल सुरक्षित होगा, फ़सल का उचित दाम मिलेगा और अच्छे स्कूल खुलेंगे जिससे कोई अंगूठा टेक (अनपढ़) नहीं बचेगा। गाँव के सरल जीवन में इतना मिल जाए, तो समझ लीजिए अच्छे दिन आ गए। आज के गाँव में, लोगों को संपन्नता दिखाने के लिए टीवी, फ्रिज, पक्के मकान और दिखावे का साज़-ओ-सामान जुटाने की चिंता है। इस से नहीं आएंगे अच्छे दिन। रोटी, कपड़ा, मकान, शिक्षा, चिकित्सा और सुरक्षा पर ध्यान ही नहीं है।

नदियों को परस्पर जोड़ने की दशकों पुरानी योजना अधर में लटकी हुई है। ग्रामोदय योजना के अंतर्गत ठेकेदार भारी भरकम मशीनों की मदद से ग्रामीण सड़कों की मरम्मत करते हैं। इस तरह ग्रामोदय योजना का पैसे गाँव में न रहकर शहरों के बड़े-बड़े ठेकेदारों के पास जा रहा है। मनरेगा (MGNREGA) का पैसे तो गाँव में आ रहा था, परंतु इस योजना को प्रधानों द्वारा वैसे ही चलाया गया जैसे ठेकेदार चलाते हैं। अब यदि पैसे सीधे मज़दूरों के खाते में जाएगा, तो पता चल जाएगा कि भुगतान करने में कितनी देरी हुई है। भीख की तरह ख़ैरात बांटकर वोटर को रिझाने के आगे हमारे नेता कुछ नहीं सोच पाते। आवश्यकता है गाँव वालों की जेब में उनकी कमाई से पैसे आए, सरकारी ख़ैरात और दया से नहीं।

काम के अधिकार की गारंटी वाला अधिनियम होने के बावज़ूद गाँव के मज़दूरों को काम की तलाश में रोज़ शहर जाना पड़ता है। मनरेगा (MGNREGA) के अंतर्गत 100 दिनों के काम की गारंटी दी गई है। बाक़ी 265 दिन क्या करना होगा? अब खेती मशीनों से होती है, जिस में समय बहुत कम लगता है, किसान के पास बिना काम वाले दिन बहुत होते हैं।

ग्रामोदय की एक योजना, मिड-डे मील, सभी सरकारी और सहायता प्राप्त स्कूलों में लागू है। इसे भी ठेकेदारों के सुपुर्द कर दिया गया है। कितना अच्छा होता यह योजना प्रधानों के माध्यम से चलाई जाती और गाँव के सभी बच्चों के लिए होती; चाहे बच्चे सरकारी स्कूल में पढ़ते हों या प्राइवेट में।

बाक़ी योजनाओं में प्रधान की चलती है, लेकिन उसकी कोई जवाबदेही नहीं रहती। वह अपनी भलाई पहले देखता है; चाहे महात्मा गांधी आवास योजना हो या फिर इंदिरा आवास, अंबेडकर आवास अथवा लोहिया और जनेश्वर मिश्रा आवास या फिर भूमिहीनों को ज़मीन का पट्टा दिलाना हो। देखता हूं कि भू-माफ़ियाओं से ख़ाली कराई गई ज़मीन, जो ग्राम समाज में निहित की गई थी, उस पर बिना पट्टा किए ही क़ब्ज़ा करा दिया जाता है। इन सब कामों में किसान को रिश्वत देनी पड़ती है और वह क़र्ज़दार ही बना रहता है।

किसान पहले भी क़र्ज़ा लेता था, फिर वह सेठ, साहूकार, मोगलिया अथवा जहां कहीं से मिल जाए। ब्याज़ की दर भी अब की अपेक्षा कहीं अधिक थी, सालाना क़रीब 40 प्रतिशत। ऐसा होने पर भी, किसान आत्महत्या कर के अपनी जीवन-लीला समाप्त नहीं करता था। इसलिए किसानों का क़र्ज़ लेना नया नहीं है, उनका आत्महत्या करना नया है।

पुराने समय में क़र्ज़ा बांटने वाले लाला 9 रुपए देते थे और 10 लिखते थे, एक लिखाई का काट कर। साल भर तक एक रुपए प्रति माह लौटाना होता था। अंतर यह था कि, उधार देने वाले नियमित रूप से वसूली करने आते थे, जिस से रकम बढ़ नहीं पाती थी। अब तो बैंकों का क़र्ज़ा है, जिस पर ब्याज़ कम है और वसूली में ढिलाई है। किसान क़र्ज़ामाफ़ी की उम्मीद में क़र्ज़ा चुकाते नहीं हैं, धीरे-धीरे वह बढ़ जाता है और तब यदि कड़ाई

हुई, तो फिर आत्महत्याएं होती हैं। नहरों के पानी की उपलब्धता होने के बाद, खेत ख़ाली नहीं रहते थे। लेकिन खेती में जो सुधार आरंभ हुए थे, वह ज़्यादा दिन नहीं चल पाए। साठ के दशक में ही एक बार फिर बिहार जैसे क्षेत्रों में सूखा और अकाल ने किसान को बेहाल कर दिया था। तब भू-जल की तलाश आरंभ हुई और पता चला ज़मीन के नीचे पानी का अथाह भंडार है। किसान की मदद के लिए बौनी प्रजाति के गेहूं और धान की प्रजातियां मैक्सिको और थाईलैंड जैसे देशों से आईं। इन प्रजातियों को पानी की बहुत आवश्यकता होती थी, जिसके लिए पूरी तरह भू-जल पर निर्भरता हो गई। हमारी अर्थव्यवस्था एक आर्थिक मॉडल पर काम कर रही थी, जो सारी दुनिया में फेल हो रहा था, लेकिन हमारे नेता उसी से चिपके रहे। वह था नेहरूवियन मॉडल।

सत्तर के दशक में गाँव में बैंकों की शाखाएं खुलीं और खेती के लिए कम ब्याज़ पर आसानी से बैंक ऋण मिलने लगा। अब किसान को अच्छे बीज, सिंचाई के लिए पानी, खाद और उर्वरकों के साथ, बैंकों के माध्यम से, ट्रैक्टर भी उपलब्ध होने लगे थे। लेकिन अनुकूल परिस्थितियों का लाभ किसान नहीं उठा सका और विपन्न ही बना रहा। अस्सी के दशक में क़र्ज़ा माफ़ी, मुफ़्त पानी और बिजली, लगान माफ़ी, स्कूलों में फ़ीस माफ़ी का दौर आरंभ हुआ। किसानों में उधार चुकाने की पुरानी आदत समाप्त होने लगी। खेती के नाम पर क़र्ज़ा लेकर लड़कियों की शादी कराने लगे और मकान बनाने लगे।

किसानों को संकट से निकालने के लिए ख़ैरात की परंपरा काम नहीं कर सकी और स्थानीय स्तर पर स्थाई रोज़गार के अवसर मुहैया कराने का प्रयास भी नहीं हुआ। ऐसे उद्योग लगाए जाते, जहां किसानों द्वारा उगाई गई चीज़ों का कच्चे माल के रूप में प्रयोग होता और किसानों को उन उद्योगों में नियमित रोज़गार मिलता। गाँव वालों को ख़ैरात नहीं, आर्थिक स्वावलंबन चाहिए। गाँव की परंपरा में फ़ास्ट फ़ूड नहीं था, बल्कि सत्तू, विविध पकवान, बड़ी-मुंगौड़ी, अचार आदि मिलते थे, जो अधिक दिनों तक नहीं रखे जा सकते थे। कुछ दिन रखने के लिए सिरका, नमक और सरसों के तेल से

काम लिया जाता था। भारत में अब सत्तू का उपयोग भले ही घटा हो, लेकिन फ़ीजी, गयाना और मॉरीशस जैसे देशों के मित्रों से पता चला कि वहां रहने वाले भारतीयों द्वारा भोजन में ही नहीं, बल्कि बाज़ार में मिलने वाले बोतलबंद पेय की तरह सत्तू को प्रयोग में लाया जाता है। वहां गिरमिटिया मज़दूरों ने जा कर भारतीय परंपराओं को कायम रखा है। सत्तू का शरबत और अमिया का पना पीने से गर्मियों में लू से बचा जा सकता है।

आजकल गाँव में नौजवानों को पसंद आता है जंक फ़ूड यानी कचरा-भोजन, जिस में मैदे से बनी चीज़ें और उनके संरक्षण के लिए प्रयोग में लाए गए विषतुल्य केमिकल उनके शरीर के लिए बहुत हानिकारक हैं। शहरों में अब कुछ जागरूकता आई है, लेकिन गाँव के बाज़ारों में, चौराहों पर और घरों में भी नूडल्स, चाऊमीन और मैदे से बने दूसरे पदार्थ हैसियत की निशानी बन गए हैं। शादी-ब्याह में गाँव में अन्य व्यंजनों के साथ मैदे से बनी विदेशी चीज़ें बड़ी मात्रा में परोसी जाने लगी हैं। पुराने समय में सत्तू विविध स्वादों में फ़ास्ट फ़ूड का काम करता था। गर्मी के दिनों में सत्तू शरीर को शीतलता देता है, लेकिन आज के नौजवान इसे पसंद नहीं करते। इसी तरह जंक फ़ूड के साथ ही तेज़ाबी ड्रिंक्स भी ख़ूब प्रयोग में आती हैं। पहले गाँव में ठंडाई और नींबू डालकर शरबत पीने-पिलाने की परंपरा थी, जो शरीर के लिए लाभकारी है। इस प्रकार के खान-पान और जीवनशैली के आधार पर ही भारत के लोग कहते थे “जीवेम शरदः शतम्” यानी सौ साल तक जीना चाहिए। अब तो शहरों में पाए जाने वाले रोग, जैसे मधुमेह और उच्च रक्तचाप गाँव में भी फैल रहे हैं।

पहले के ज़माने में गाँव के नौजवान ख़ूब खेलते थे - कबड्डी, खो-खो, कोंडरा, मलखंभ और कुश्ती लड़ते थे। इन खेलों में पैसे नहीं लगता था, परंतु शरीर पसीने से तर हो जाता था, मधुमेह जैसी बीमारियों का डर नहीं होता था। अब महंगे खेल खेले जाते हैं, जिन्हें ग़रीब आदमी खेल नहीं सकता, जिसका परिणाम है कि गाँव में भी शहरों की बीमारियां जैसे मधुमेह, ब्लड प्रेशर, एड्स-एचआईवी, कैंसर और पेट की अनेक असाध्य बीमारियां

फैल रही हैं। पहले रेशेदार अनाज जैसे चना, जौ, छिलके वाली दालें और सब्ज़ियां ख़ूब प्रयोग में आती थीं, लेकिन अब जीवनशैली बदल चुकी है। पहले लोग ख़ूब पैदल चलते थे और उसके बाद के दिनों में साइकिल चलाते थे। अब मोटरसाइकिलें ख़ूब चलती हैं, जिस से शरीर को मेहनत नहीं करनी पड़ती। महिलाएं भी घरेलू काम नहीं करती और खेतों में जाने की तो आवश्यकता ही नहीं रही।

पुराने समय में ज़मीन का पट्टा ज़मींदार करता था। अब कुछ प्रतिबंधों के साथ ग्राम प्रधान करता है। गाँव का यह मुखिया ज़मीन की लूट का प्रमुख किरदार होता है। पंचायतों को अधिकार तो हैं, लेकिन उनके कर्तव्य परिभाषित नहीं हैं। पंचायतों के स्तर पर मिट्टी की जांच, कृषि-परामर्श की सुविधा, अनाज प्रसंस्करण, भंडारण और मार्केटिंग की स्थानीय व्यवस्था अपेक्षित है। चकबंदी, रेवेन्यू, रजिस्ट्री आदि विभागों में ताल-मेल की कमी है। किसानों के भूमि क़ब्ज़ा संबंधी अधिकार स्पष्ट हो, तो अदालत के कम चक्कर लगाने पड़े। ग्राम समाज की ज़मीन को सार्वजनिक उपयोग में लाया जाए और उस में क्रीड़ास्थल और चरागाहों की उचित व्यवस्था हो। प्रधानों को पंचायत प्रबंधन और कर्तव्यों की वैधानिक ज़िम्मेदारी न होने से नौजवान अपनी भूमिका नहीं तलाश पाते हैं।

ग्रामीण युवाशक्ति में स्वाभिमान जगाने की ज़रूरत है, ताकि वे ख़ैरात को नकार दें और काम की मांग करें। अपनी योग्यता और क्षमता के हिसाब से राष्ट्रहित में काम, और काम का पूरा दाम। यदि बैंकों से भ्रष्टाचार और दफ़्तरों से बाबूगिरी कम हो जाए, तो उद्यमशील और स्वाभिमानी युवा अपना रोज़गार स्वयं खड़ा कर लेंगे, ख़ैरात का इंतज़ार नहीं करेंगे।

कभी-कभी ख़रीद केन्द्रों पर, कभी रेलवे स्टेशनों पर तो कभी सरकारी गोदामों में अनाज सड़ता रहता है। इस नुक़सान से बचने के लिए प्रयास किए जाने चाहिए। पहला तो ये कि अनाज के उचित भंडारण की व्यवस्था हो और दूसरा इसे ज़रूरतमंदों को दे दिया जाए। तथाकथित सस्ते गल्ले की दुकानों से ग़रीब परिवारों को मिलने वाला अनाज पौष्टिक नहीं होता है। आश्चर्य की

बात है कि खाद्य सुरक्षा और गारंटी व्यवस्था में दालों की बात तक नहीं की गई है। यदि अन्न की गुणवत्ता पर ध्यान नहीं दिया गया, तो कुपोषण मिटाना तो दूर, यह पेट भराऊ व्यवस्था भी नहीं बन पाएगी।

साठ के दशक से अराजक आंदोलन होने लगे और 'घेराव', 'रास्ता रोको' तथा 'जेल भरो' आंदोलन आरंभ हुए। ऐसे आंदोलन रचनात्मक नहीं होते थे। राजनीति में अब भद्र पुरुषों का काम नहीं रहा और उस में उद्दंडता आ गई है। पहले तो राजनेताओं ने चुनाव जीतने के लिए गुंडों का सहारा लिया और बाद में गुंडों ने ख़ुद ही राजनीति करना आरंभ कर दिया। पहले किसी को थाने बुला लिया जाता था, तो पूरे गाँव को जिज्ञासा रहती थी, इस ने ऐसा क्या किया होगा, जो थाने जाना पड़ा। अब तो लोग जेल से चुनाव लड़ते और जीत भी जाते हैं।

देश की 70 प्रतिशत आबादी की ज़रूरतों के लिए आवश्यक था कि गाँव को एक सीमा तक स्वावलंबी बनाया जाता, लेकिन ऐसा हुआ नहीं। गांधी जी का नाम बेचा गया, सुझाव एक नहीं माना गया। आज भी जो औद्योगीकरण के प्रयास हो रहे हैं, उन में उत्पादन बहुतायत में होगा, परंतु बहुसंख्यक आबादी द्वारा नहीं होगा। पचास साल पुराना "ग़रीबी हटाओ" का नारा आज भी गाँव के लिए प्रासंगिक है। आज प्रांतीय सरकारें कुपोषण से इंकार नहीं करतीं और स्कूलों में दोपहर को घी, दूध देने की बातें करती हैं, लेकिन यह सब घरों में ही होनी चाहिए।

पुराने दिनों में गाँव में किस के बैल सबसे दमदार हैं, यही उसकी हैसियत की पहचान थी। बाज़ार तक खेती की उपज पहुंचानी हो या फिर लोगों को मेला, बाज़ार या बारात में जाना हो, वहां बैलगाड़ी ही काम आती थी। जहां-तहां आज भी भूसा लदी बैलगाड़ियां देखने को मिल जाती हैं। अब आबादी तैंतीस करोड़ की जगह सवा सौ करोड़ हो गई है और आदमियों की अपेक्षा जानवरों की आबादी घट गई है; खेतों में देशी खाद की कमी रहती है और अब ऑर्गेनिक खेती फिर याद आ रही है। तब गाँव के पास-पड़ोस में चरागाह और फ़सल से अनाज तैयार करने के लिए खलिहानों के लिए

ज़मीन उपलब्ध रहती थी, पर अब वो बची ही नहीं। आज की तरह आपा-धापी और कंपीटिशन की खेती पहले नहीं थी। अनाज भंडारण की व्यवस्था किसान को स्वयं करनी होती थी। अब सरकार द्वारा ख़रीदे गए अनाज का भंडारण सरकार करतीं है। अब के गाँव भूख से मुक्त हैं, लेकिन स्पर्धा से ग्रसित हैं। गाँव में बहुत कुछ बदल चुका है, परंतु कहना कठिन है कितना बना है और कितना बिगड़ा है।

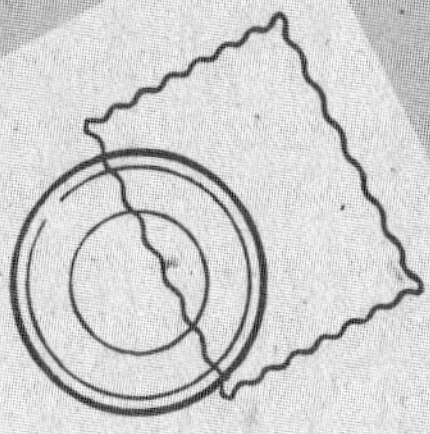

चलता रुकता सफ़र

किसान की कठिनाई यह है कि उसकी अर्थव्यवस्था चलाता है पानी का भगवान यानी इन्द्र देवता जो किसी विकास मॉडल को नहीं मानता।

2020 में कोरोना से त्रस्त होकर लाखों की संख्या में प्रवासी मज़दूर दिल्ली, मुंबई और चेन्नई जैसे दूर-दराज़ के शहरों से अपने घरों को वापस लौटे थे। सोचने का विषय है कि ये मज़दूर अपना घर-परिवार छोड़कर इतनी दूर गए ही क्यों और अब कई महीने धक्के खा कर गाँव वापस क्यों जा रहे थे? आज के प्रधानमंत्री कहते हैं कि, "लोकल को ग्लोबल" बनाने की आवश्यकता है लेकिन यह ज्ञान हमारी सरकारों को पिछले 70 साल में क्यों नहीं आया? यदि गाँव में स्थानीय स्तर पर उद्योग लगाए गए होते, तो गाँव के किसानों और मज़दूरों को अपने घर के पास-पड़ोस में ही काम मिल गया होता और ये मज़दूर पलायन करने को विवश नहीं होते। खोट हमारी आर्थिक नीतियों और विकास के मॉडल में है।

विपक्ष का एक तरफ़ सरकार पर अघोषित आपातकाल का इल्ज़ाम है और साथ ही संसद में सांप्रदायिक नारे लगाने की आज़ादी भी है, तो क्या जनता इसे आपातकाल मानेगी? लगता है, जनता का नज़रिया विपक्ष को क़ुबूल नहीं। मोदी ने अभिभाषण के धन्यवाद प्रस्ताव पर अपनी ही शैली में सरकारी पक्ष रखा था और जनता को धन्यवाद दिया था।

सरकार से विभिन्न वर्गों की अपेक्षाएं अलग-अलग होती हैं, जैसे मज़दूरों की अपेक्षाएं उद्योगपतियों से भिन्न हैं, लेकिन उनका समाधान तभी होगा जब संसद चलेगी। जब तक कोई सरकार ऐसे काम न करे, जो विधिसम्मत न हो और जिन्हें मनमाने ढंग से किया गया हो, तब तक आपातकाल जैसे शब्दों का प्रयोग अवांछनीय है।

शासक दल के नेताओं की अधीरता और कार्यकर्ताओं की उद्दंडता सरकारी एजेंडे को पूरा नहीं होने देती। पहले लगा था, मोदी सरकार का बजट भारत को 'कृषि प्रधान' से निकाल कर 'उद्योग प्रधान' बनाना चाहता है। विकसित देशों ने यही राह अपनाई थी, इस से गाँव वालों को भी दूरगामी लाभ की आस बंधी थी। परंतु चुनावी गणित ने बजट की दिशा बदल दी और खेती पर आकर सूई टिक गई। सड़कों का स्वर्णिम चतुर्भुज और नदियों को जोड़ने का काम पूरा होना बाक़ी है और नोटबंदी तथा जीएसटी जैसे आर्थिक सुधारों पर सवालिया निशान लग रहे हैं।

समय के साथ विकास का लक्ष्य, दशा और दिशा बदलती रहती है। पराधीन भारत में अंग्रेज़ों ने सड़कें, रेलें, बसें, पोस्ट ऑफ़िस, तारघर, समुद्री जहाज़, स्कूल, कॉलेज बनवाए थे। लक्ष्य था कि हुकूमत करने के लिए मज़बूत प्रशासनिक ढांचा खड़ा करना। एक बार 1977 में तब के राष्ट्रपति श्री नीलम संजीव रेड्डी ने स्वतंत्रता दिवस की पूर्व संध्या पर अंग्रेज़ों के प्रशासन और विकास योगदान की प्रशंसा कर दी थी। सरकार चलाने वाली जनता पार्टी में बहुतों को बुरा लगा था। लेकिन सच यह है कि चाहे अपने स्वार्थ के लिए ही सही, विकास मॉडल में उस योगदान की अनदेखी नहीं की ज़ा सकती।

जब हमारा देश आज़ाद हुआ था, उस समय दुनिया में जो मॉडल प्रचलित थे, उनमें प्रमुख थे रूस की साम्यवादी और अमेरिका की पूंजीवादी व्यवस्था। सारी दुनिया के देश इन्हीं दो खेमों में बंटे थे। भारत के सामने एक तीसरा विकल्प था गांधी जी का रामराज्य और ग्राम स्वराज का मॉडल। तत्कालीन प्रधानमंत्री नेहरू ने इस तीसरे मॉडल को अपनाने के बजाए दुनिया के विकासशील देशों के प्रमुख नेताओं के साथ मिलकर गुटनिरपेक्ष खेमा तैयार किया। ये सभी नेता पूंजीवाद के ख़िलाफ़ थे, इसलिए रूस से इनकी नज़दीकियां बढ़ती रहीं।

निरपेक्ष गुट में सम्मिलित हुए भारत के जवाहरलाल नेहरू, मिस्र के अब्दुल गमाल नासिर, यूगोस्लाविया के मार्शल टीटो, क्वामे एन्क्रूमाह

और इंडोनेशिया के राष्ट्रपति सुकर्णो। इनके बीच में समानता यही थी कि ये विकासशील ग़रीब देशों का प्रतिनिधित्व करते थे और सबका झुकाव रूस की तरफ़ था। नेहरू के अलावा अन्य कोई प्रजातंत्र देश से नहीं था और यह विडम्बना थी कि प्रजातांत्रिक देशों ने इस में सम्मिलित होना ठीक नहीं समझा था। परिणाम यह हुआ कि भारत में जो विकास का नेहरूवियन मॉडल बना, उसमें उत्पादन पर ज़ोर देने के बजाए वितरण पर अधिक ध्यान था और उद्योगपतियों के बजाए मज़दूरों पर विशेष ध्यान रहा।

एक समय आया, जब देश में अन्न का उत्पादन घटा और अमेरिका से पीएल-480 के अंतर्गत वह गेहूं मिला, जिसे वह समुद्र में फेंकने जा रहा था।

एक समय आया, जब सारी दुनिया में समाजवादी मॉडल फ़ेल हो गया था, रूस के 18 भाग हो गए थे, यूगोस्लाविया के तीन और अन्य तटस्थ देशों में ग़रीबी बढ़ती जा रही थी और अधिकांश देशों ने समाजवादी मॉडल छोड़ दिया था। यहां तक कि सत्तर के दशक में चीन ने भी अमेरिका के राष्ट्रपति निक्सन से समझौता करके उत्पादन पर आग्रह वाली नीति अपनाई। भारत अभी भी वितरण पर ज़ोर दे रहा था और नारा सुनाई देता था, "धन और धरती बंट के रहेगी"। भारत की सरकारों ने नेहरूवियन मॉडल का पल्लू नहीं छोड़ा। अंततः नब्बे के दशक में नरसिंह राव के शासन ने अर्थनीति में खुलापन आरंभ किया। आज भारत में नेहरूवियन मॉडल को त्यागा जा चुका है और पूंजीवादी व्यवस्था का ही बदला हुआ रूप चल रहा है, जिसे हम मोदी मॉडल कह सकते हैं। गाँव के संदर्भ में मॉडल का नाम कुछ भी दिया जाए, असली विषय है - विकास का उद्देश्य, उसकी प्राथमिकताएं और उनपर फ़ोकस।

नेहरूवियन मॉडल के बारे में स्वयं नेहरू ने कहा था "सोशलिस्टिक पैटर्न ऑफ सोसाइटी"। आगे चलकर यह मॉडल चलता रहा, लेकिन देश की प्रधानमंत्री इंदिरा गांधी ने कहा था कि, 'समाजवाद की मेरी अपनी परिभाषा है'। नेहरूवियन मॉडल में गाँव नज़रअंदाज़ किए गए, अन्न उत्पादन घटा और साठ के दशक में देश भूखा हो गया, अकाल पड़ गया और विदेशी अनाज से पेट भरना पड़ा।

नेहरूवियन मॉडल फ़ेल होने के बाद नरसिंह राव ने स्वतंत्र अर्थव्यवस्था का मार्ग चुना और फिर देश ने पीछे मुड़कर नहीं देखा। किसानों पर देश का ध्यान गया और भारत अन्न में आत्मनिर्भर हो गया। अटल जी की सरकार के समय तो देश ने गेहूं का निर्यात भी किया था। ऐसा लगा कि देश की अर्थव्यवस्था गांधी के विचारों पर चलेगी, लेकिन जब तक सोच नहीं बदलेगी, तंत्र भी नहीं बदल सकता। व्यवस्था तब बदली, जब विदेशों में पले-बढ़े लोगों को किनारे करके देश की मिट्टी में उपजे लोगों ने कमान संभाल ली। ज़रूरत है गाँव को ख़ैरात बांटने के बजाए वहां काम हो और रोज़गार बढ़े।

विकास का मॉडल विदेशी ज्ञान पर आधारित रहा, लेकिन उसे स्वदेश अनुकूल नहीं बनाया गया। देश का किसान नई विधियों को सहज रूप से स्वीकार कर लेता है, यदि वह उसकी मानसिकता के अनुरूप हो। विकास मॉडल की कसौटी होगी, स्वदेशी मॉडल प्रतिस्पर्धा में जीत सकेगा या नहीं और क्या वह ग़रीबों का दुख-दर्द दूर कर सकेगा? रामराज्य एक मॉडल है, जिसके विषय में कहा जाता है- "दैहिक दैविक भौतिक तापा, रामराज्य काहुहिं नहिं व्यापा"। इसलिए हमें देखना होगा कि क्या हमारा विकास का मॉडल भय, भूख और प्यास से सबको मुक्ति दे पाएगा और क्या सुख और शांति दे सकेगा?

वर्तमान समय में नरेंद्र मोदी ने जो विकास का मॉडल पेश किया है, उसकी पृष्ठभूमि में नरसिंह राव और अटल जी द्वारा आरंभ की गई उदारवादी आर्थिक सोच है। राष्ट्रवादी दृष्टिकोण का समावेश है। देश के लिए यह आदर्श व्यवस्था हो सकती है, यदि प्रशासनिक तंत्र में जनता का विश्वास हो। गाँव का आदमी अभी भी परमिट-कोटा-लाइसेंस को भूल नहीं पाया है।

गुजरात में नर्मदा का पानी सौराष्ट्र के दूर-दराज़ के इलाक़ों तक पहुंचा है, लेकिन नदियों को परस्पर जोड़ने, सड़कों का स्वर्णिम चतुर्भुज पूरा करने, शिक्षा की गुणवत्ता सुधारने और रोज़गार के अवसर जुटाने के काम अभी भी बाक़ी हैं। अचानक कोरोना ने सारी व्यवस्था तहस-नहस कर दी है। दुनिया

में भारत की साख बरकरार है, लेकिन विकास दर को पटरी पर आने में बहुत समय लगेगा। स्वास्थ्य सेवाएं कुछ ग़रीबों तक पहुंची हैं, लेकिन गाँव में शिक्षा और स्वास्थ्य संबंधी नीतियों में कोई विशेष बदलाव नहीं दिखता। साथ ही, किसान का दर्द दूर करने की आवश्यकता है, जो ख़ैरात के कारण "मर्ज़ बढ़ता ही गया ज्यों-ज्यों दवा की" हो गया है। ग्राम विकास के मामले में जातीय खाई भरने के बाद ही शहर की खाई भर सकेगी।

गाँव में कुपोषण की समस्या जटिल नहीं थी, लेकिन अब बढ़ गई है। इसका कारण है कि गाँव का सारा दूध शहरों को चला जाता है और गाँव के बच्चे चाय पीते हैं। विज्ञान की भाषा में कहें, तो गाँव में पहले की अपेक्षा प्रति व्यक्ति अब कम कैलोरीज़ अर्थात ऊर्जा मिलती है। मैंने आठवीं कक्षा पास होने तक चाय नहीं पी थी, नाश्ते में शुद्ध दूध में रोटी मसल कर खा लेते थे। भोजन में दूध, मट्ठा, घी का ख़ूब प्रयोग होता था। दरवाज़े पर आए मेहमान को पहले दही या दूध का पेय देते थे। अब विकास के नए मॉडल में चाय और दालमोठ देते हैं। आज के विकास मॉडल में गोवंश का अनादर हुआ है। नेशनल डेयरी डेवलपमेंट बोर्ड द्वारा कराए गए सर्वेक्षण में पाया गया है कि गायों की आबादी घट रही है, जब कि भैंसों की आबादी बढ़ रही है। अब गाय पालना बहुत महंगा हो गया है, क्यूंकि मांग भैंस के दूध की अधिक है और इसलिए दाम भी उसी के अच्छे मिलते हैं। हार कर किसान गायों को छुट्टा छोड़ देता है, और वो जा कर किसान की फ़सल का नुक़सान करती हैं।

आज मनुष्य का स्वास्थ्य ख़राब हो रहा है, क्योंकि देश की मिट्टी का स्वास्थ्य ख़राब हो चुका है। इसका प्रमुख कारण है जानवरों की कमी और मृदा परीक्षण के प्रति जागरूकता का अभाव। खेती की बदलती पद्धति के कारण कामगारों को काम नहीं मिल रहा है, लकड़ी से हल बनाने वाले बढ़ई और हल की नसी यानी लोहे का नुकीला फार पीटने वाले लोहारों को दूसरे काम ढूंढ़ने पड़ रहे हैं। ग्रामीण आबादी का लगातार शहरों को पलायन हो रहा है, जहां वे मज़दूरी करके फुटपाथ पर सोते हैं। अब कोई नहीं कहता "उत्तम खेती मध्यम बान, निपट चाकरी भीख समान"।

गाँव-देहात में न तो कोई उद्योग लगे हैं और न ही मेहनत-मज़दूरी के अवसर हैं। इस कारण शहरों की ओर बड़े पैमाने पर पलायन होता रहता है। पलायन का मुख्य कारण है विकास के वर्तमान मॉडल में किसान की क्रय शक्ति और आत्मनिर्भरता न बढ़ी है और न बढ़ने की आशा है। गाँव में मज़दूरी का जो काम मिलता है, उसकी दिहाड़ी से गुज़ारा नहीं होता। अब से 50 साल पहले तक, ज़रूरत पड़ने पर किसान क़र्ज़ा लेता था और चुकाता भी था। मुझे याद है लखनऊ से स्थूल शरीर वाले लाला पन्नालाल क़र्ज़ा बांटने और वसूलने आते थे। वह कहते थे, "एक रुपए भी माफ़ नहीं करूंगा"। अब तो ख़ैरात और क़र्ज़ा माफ़ी सामान्य बात हो गई है।

मोदी सरकार ने किसानों की आय दोगुनी करने का वादा किया है, लेकिन यह तभी पूरा हो पाएगा जब किसान का आलू, टमाटर और प्याज़ उसके दरवाज़े से, लागत से दोगुने दाम पर बिकेगा। दालों के दाम बढ़े, तो किसान ने अरहर बोई। लेकिन अरहर की फ़सल कटने के पहले ही सरकार ने दाल का आयात कर लिया और दालों के दाम एक चौथाई के स्तर पर आ गए, किसान ठगा सा रह गया। प्याज़ महंगा हुआ, तो आयात कर लिया, ऐसे में किसान को क्या मिला? किसान मेंथा जैसी नक़दी फ़सलों की खेती करता है, लेकिन उसके तेल के दामों में भारी उतार चढ़ाव रहता है। किसान की उपज के मामले में कोई स्थाई नीति नहीं है, तात्कालिक निर्णय होते हैं, जिससे किसान अपना फ़सल चक्र बनाकर कोई योजना नहीं बना सकता।

ग्राम विकास के मॉडल का दूसरा कष्टप्रद पक्ष है कि अंधी दौड़ में गाँव का किसान लालची हो गया है और अंग्रेज़ी खाद और कीटनाशक, फफूंदनाशक और ज़हरीले पदार्थों का प्रयोग करके ज़मीन को अनुपजाऊ बना रहा है और शहरों के समझदार लोग ऑर्गेनिक सब्ज़ियां और फल ढूंढ़ते हैं, जो अमीर किसानों द्वारा उगाए जाते हैं।

खेतों की उर्वरा शक्ति की हालत यह हो गई है कि अंग्रेज़ी खाद का प्रयोग किए बिना पैदावार बहुत कम होती है। ग़रीब मजबूर है। पहले तो हमारे देश में, गोबर की खाद का प्रयोग करके केवल ऑर्गेनिक खेती होती

थी, अब परिस्थितियों ने सोच बदल दी है। अब तो जानवर को ख़ुश करके दूध निकालने के बजाए इंजेक्शन लगाकर थरथराते हुए जानवर का भी दूध निकाल लेते हैं।

वर्तमान मॉडल में किसान जो कच्चा माल पैदा करता है, उससे स्थानीय स्तर पर विविध उत्पाद बनाकर बेचने के लिए बाज़ार नहीं है। बिचौलिए पूरा लाभ कमाते हैं। यदि गाँव में छोटे उद्योग लगाकर, गाँव में ही विविध सामान बने जैसे तेल, दलिया, बेसन, चिप्स, पापड़, सॉस, चॉकलेट आदि और गाँव में ही किसान का कच्चा माल बिक जाए, तब जा कर किसान को ख़ाली समय में कुछ काम भी मिल जाएगा और हालात सुधर जाएंगे।

किसान गेहूं, चावल, दालें, सब्ज़ियां शहर भेजता है और उनसे बने टॉनिक और सॉस, ब्रेड, चॉकलेट, बिस्कुट, जैम, जैली अपने बच्चों के लिए महंगे दाम पर ख़रीदता है। हम आज़ादी के 70 साल बाद भी गाँव को आंशिक स्वावलंबन भी नहीं दे पाए हैं। आज भी किसान अपना गेहूं 18 रुपये प्रति किलो व्यापारी को बेचता है, जो उसका दलिया बनाकर दोगुने दाम पर किसान को ही बेचता है। किसान धान पैदा करके 12 रुपये प्रति किलो बेचता है और उद्योगपति उसके चावल को पॉलिश करता है, और इस प्रक्रिया में प्राप्त हुए राइस पॉलिश से चौगुना कमाता है। ग्रामीण लोग फल और सब्ज़ी उगाते हैं और सड़ने के डर से किसी भाव पर बेच देते हैं, उद्योगपति उन्हें डब्बों में बंद करके अथवा जैम, जैली या अचार बनाकर पूरा लाभ कमाते हैं। यह सभी काम गाँव में उचित प्रशिक्षण देकर गाँव वालों द्वारा कराए जा सकते हैं, गाँव को स्वावलंबी बनाया जा सकता है, लेकिन सामान के लिए बाज़ार भी खोजना होगा।

शहरी आबादी को संतुष्ट करने की चिंता छोड़ खाद्यान्नों का आयात बंद करना चाहिए, बाज़ार में जो कुछ जिस भाव में उपलब्ध हो, वही खाने के लिए प्रेरित करना चाहिए। जब तक हम बातें गांधी की करेंगे, लेकिन नेहरूवियन मार्ग पर चलेंगे, तब तक किसान मरता रहेगा और देश फिर से पीएल 480 के चक्रव्यूह में फंस जाएगा। यदि अन्नदाता किसान का हित

उपभोक्ता और व्यापारी के हितों से टकराए, तो सरकार को निर्णय लेना होगा कि प्राथमिकता किसे मिलनी चाहिए?

मोदी सरकार को कैशलेस और डिजिटल अर्थव्यवस्था लाने की जल्दी है, लेकिन तेज़ दौड़ में गिरने का डर भी रहता है। लक्ष्य वही ठीक है, जो प्राप्त किया जा सके। अमेरिका जैसे देशों ने कैशलेस तक पहुंचने में लंबा समय लगाया है। हमारे देश में तो साक्षरता भी कम है और प्रशासनिक ढांचा भी कमज़ोर है। प्रधानमंत्री मोदी विकास के अपने मॉडल में स्मार्ट सिटी, कम्प्यूटर शिक्षा, सैटेलाइट, वॉरशिप, हाईवे और आईवे, बुलेट ट्रेनें, मेक इन इंडिया आदि पर ज़ोर दे रहे हैं। इस मॉडल में गाँव का किसान यदि अपनी भूमिका तलाशेगा, तो वह शायद ही दिखाई देगी। मोदी सरकार द्वारा जीएसटी लागू होने के बाद सारे देश का बिक्री कर एक सा हो गया, प्रांतीय सरहदों पर समय बर्बाद नहीं होता है और यातायात पर डीजल की खपत घटी है। अब देश के किसी भी कोने में बिना रोक-टोक सामान ला रहे हैं, ले जा रहे हैं। तब तो प्याज़, आलू और टमाटर के दामों मे इतना उतार-चढ़ाव नहीं आना चाहिए था।

खाद्य पदार्थों को ढोने के लिए यदि अलग से किसानों के लिए रेलगाड़ियां होंगी, तो बहुत कम समय में सामान अंतरप्रांतीय बाज़ारों तक पहुंच सकेगा और महंगाई घटेगी। अभी तक खेती के आय कर-मुक्त होने का लाभ केवल सरकारी अधिकारी, इंजीनियर, डॉक्टर, सोने-चांदी के व्यापारी और नेता उठाते रहे हैं और काला धन सफ़ेद करते रहे हैं। खेती की आय कर-मुक्त उन्हीं के लिए होनी चाहिए, जिनके पास खेती के अलावा आय का कोई दूसरा स्रोत नहीं है। किसान की परिभाषा निर्धारित होनी चाहिए।

गाँव में सुख-शांति तभी आएगी, जब वहां के लोगों को रोज़गार के लिए शहरों को पलायन न करना पड़े, दवाई-इलाज के लिए शहरी अस्पतालों की ओर, और बच्चों की शिक्षा के लिए शहर के डिग्री कॉलेजों की ओर न भागना पड़े। जहां स्थानीय सामग्री का उपयोग करके भवन निर्माण होता हो, अपने उपयोग लायक कपड़े बनते हों, शुद्ध जल और प्राणवायु उपलब्ध हो,

वृक्षों की हरियाली हो, दूध-घी की बहुतायत हो, फ़सल के लिए पर्याप्त पानी तथा पशुओं के लिए पर्याप्त चारा हो; थोड़ा प्रयास करने से गाँव का किसान सही अर्थों में अन्नदाता बन सकता है।

ग्रामीण नौजवानों में अपने पारंपरिक व्यवसायों के प्रति हीन भावना पैदा हो गई है और वे मधुमक्खी पालन, डेयरी, मुर्गी पालन, मछली पालन जैसे कामों में अब रुचि नहीं लेते हैं। वर्तमान व्यवस्था में तथाकथित दलितों तक में दो वर्ग बन गए हैं। पहला, शहर का प्रगतिशील दलित और दूसरा, गाँव का पिछड़ा दलित। समाज से ग़ैर-बराबरी तभी जाएगी, जब शहर और गाँव की ग़ैर-बराबरी समाप्त होगी। इसके लिए गाँव को 70 प्रतिशत आरक्षण देना होगा; भले ही उस आरक्षण को जातीय आधार पर विभाजित कर दिया जाए। बिना प्रयास ही जातीय कोटा पूरा हो जाएगा। इसलिए विकास का नया मॉडल बनाकर केवल जातीय विसंगतियों को दूर नहीं करना है, बल्कि क्षेत्रीय असंतुलन को भी समाप्त करना है।

मिट्टी की उर्वरा शक्ति जानने के लिए यदि सरकार ज़िलेवार ऐसे मानचित्र प्रकाशित कर सके, जिनमें मृदा प्रकार और उनके लिए उपयुक्त फ़सलें दिखाई गई हों, तो किसानों का मार्गदर्शन हो सकेगा। किसान अपने स्वास्थ्य की सालाना जांच कराए या न कराए, लेकिन उसे मिट्टी की सही जांच करानी ही चाहिए। इसके लिए शिक्षित बेरोज़गारों को उपयुक्त प्रशिक्षण देकर पंचायत स्तर पर किसान मित्र नियुक्त किए जा सकते हैं और ऐसा करने से कृषि समस्याओं के निदान निकल सकते हैं। प्रत्येक पंचायत में एक छोटी प्रयोगशाला बन सकती है और जांच के लिए प्रत्येक सैंपल का कुछ पैसे लिया जा सकता है। कृषि मित्रों के रूप में नियुक्त नौजवानों को प्रशिक्षण देकर मिट्टी की जांच के अतिरिक्त अन्य काम भी दिए जा सकते हैं, जैसे खाद-बीज की उपलब्धता सुनिश्चित कराना, सिंचाई प्रबंधन के लिए तालाब, नदियां, झीलें और भूमिगत पानी की उपलब्धता देखना, कुटीर उद्योगों द्वारा उत्पादित पदार्थों की बिक्री देखना।

ग्रामीण जनस्वास्थ्य के लिए गाँव के स्कूलों में खेलकूद के लिए पंचायतों के पास प्लेग्राउंड होना तथा क्रीड़ा सामग्री भी आवश्यक है। गाँव

से बहुत कम खिलाड़ी प्रांतीय अथवा राष्ट्रीय प्रतियोगिताओं में भाग ले पाते हैं। खेल के मैदानों के लिए ज़मीन तो उपलब्ध हो सकती है, यदि ग्राम पंचायत में टुकड़ों में बिखरी पड़ी ज़मीन एक कर दी जाए। पहले ऐसी ज़मीन चरागाह, खेल का मैदान, स्कूल भवन, बागबानी, खलिहानों आदि के लिए आरक्षित की जाती थी, लेकिन अब ग्राम समाज की ज़मीन को चकबंदी से प्रथक कर दिया गया है, जिस पर प्रधानों की मिलीभगत से दबंग किसानों ने क़ब्ज़ा कर लिया है।

गाँव के ढांचागत विकास के लिए प्रधानमंत्री ग्रामोदय योजना में ग्राम सड़क योजना, राष्ट्रीय ग्रामीण रोज़गार गारंटी योजना, सम्पूर्ण ग्रामीण रोज़गार योजना, अंत्योदय अन्न योजना, प्रधानमंत्री रोज़गार योजना, सर्वशिक्षा अभियान, मिड-डे मील और कपार्ट जैसे कार्यक्रम होते हैं। सरकारें बदलने के साथ कार्यक्रमों के नाम और काम बदलते रहे, परंतु मूल भावना वही रही कि गाँव वालों को गाँव में ही काम मिले, उनके पास पैसे आए और उनकी क्रयशक्ति बढ़े। इनमें अर्थवर्क यानी मिट्टी का काम गाँव के मज़दूरों द्वारा ही होना था, परंतु ग्रामीण सड़क योजना के अंतर्गत सुदूर ग्रामीण सड़कों का रख रखाव तक ठेकेदारों को दे दिया गया, जो भारी भरकम मशीनों की मदद से सड़कों की मरम्मत कर रहे हैं। मरम्मत के इन कामों में भी गाँव के मज़दूरों को मौक़ा नहीं मिलता। इस तरह ग्रामोदय योजना का पैसे गाँव में रहने के बजाए, शहरों के बड़े-बड़े ठेकेदारों के पास जा रहा है।

मनरेगा (MGNREGA) योजना में मिट्टी का सारा काम मज़दूर करते हैं और गाँव का पैसे गाँव में ही रहता है, चाहे मज़दूर के पास, प्रधान के पास या ठेका शराब वाले के पास। यह कार्यक्रम साल में केवल 150 दिन काम की गारंटी देता है। इसके अलावा प्रधान ही गाँव वालों को मकान बनवाने, वृद्धावस्था और विधवा पेंशन मंज़ूर कराने, ज़मीन का पट्टा देने की पात्रता का निर्धारण करके ज़मीन दिलाने के काम करता है, इसलिए ग्रामीण प्रधान से कोई पंगा नहीं लेता और भ्रष्टाचार की शिकायत भी नहीं करता।

शहरों में 400 रुपए प्रतिदिन या अधिक मज़दूरी मिलती है और पैसे रोज़ मिल जाते हैं, तो शहर भाग जाना मज़दूर के लिए अभी भी फ़ायदे का

सौदा है। कितना अच्छा होता कि चाहे 200 की जगह 150 रुपए प्रतिदिन मिलते, परंतु पूरे साल काम मिलता, तब जा कर उसे साल भर में 54750 रुपए मज़दूरी मिलती। अभी 200 रुपए की दर से 150 दिनों में 30000 रुपए मिलेंगे। दुनिया का सबसे बड़ा सामाजिक सुरक्षा कार्यक्रम, केवल फावड़ा चलाने वाले करोड़ों मज़दूर पैदा कर रहे हैं। अब समय आ गया है कि इसमें बदलाव करके दिमाग़ी मेहनत वाले काम भी जोड़े जाएं।

मनरेगा (MGNREGA) के अंतर्गत मज़दूरों के जीवन में कोई हुनर जुड़ सकता था। ऐसा भी नहीं है कि समाज के लिए उपयोगी सार्वजनिक काम हो रहे हैं। वृक्षारोपण और जल संचयन के काम उपयोगी हो सकते थे, परंतु तभी जब गाँव के लोगों की राय लेकर किए जाते। नए तालाब खोदने की अपेक्षा, पहले से चले आ रहे और मालगुज़ारी के नक्शों में दर्ज़ तालाबों को ही खोद-खरौंच कर तैयार कर दिया जाता है। गाँव के परंपरागत कारीगर जैसे बढ़ई, लोहार, राजमिस्त्री, सोनार, कुम्हार, मनिहार और माली जैसे लोगों के लिए मनरेगा (MGNREGA) में काम नहीं है। क्या सरकार उन से फावड़ा चलाने की अपेक्षा करती है? अनपढ़, मेहनतकश मज़दूरों के लिए ही काम दिया गया है, शायद इसलिए कि उनके पैसों में हेराफेरी करना थोड़ा आसान रहता होगा।

रोज़गार के लिए उद्योगों की बातें तो होती हैं, लेकिन इनमें से गाँव में कितने उद्योग बनेंगे और कितने प्रतिशत कारीगर गाँव से आएंगे, कितना माल गाँव के उपयोग के लिए बनेगा, ये कहना कठिन है। रोज़गार का अवसर देते समय स्थानीय लोगों को प्राथमिकता देनी चाहिए या तब तक देनी चाहिए, जब तक विशेषज्ञता का सवाल न हो। नीतिगत फ़ैसलों से लाभ मिले तो वह अंतिम व्यक्ति तक जाना चाहिए।

कुछ साल पहले डीज़ल सस्ता हुआ, तो डीज़ल के दाम गिरने का लाभ रेल और बस यात्रियों तक भी जाना चाहिए था, परंतु ऐसा हुआ नहीं। ऐसे उद्योगों के उत्पाद जहां लागत मूल्य में ढुलाई का अंश अधिक होता है, जैसे सीमेंट, स्टील, अन्य बिल्डिंग मटेरियल, खाद्य पदार्थ, खाद और बीज आदि ये सब उसी अनुपात में सस्ते होने चाहिए थे, जितना डीज़ल सस्ता हुआ था।

कोरोना के कारण डीज़ल और पेट्रोल की मांग एक बार फिर घटेगी और ये सस्ते होंगे, तब भी आम आदमी को इसका लाभ मिलेगा या नहीं? वैसे दिल्ली से फ़ोन कॉल गाँव तक बाद में पहुंचती है, व्यापारी के पास महंगाई की सूचना पहले पहुंच जाती है और वह दाम बढ़ा देता है।

जब तक किसान का सामान सस्ता बिकेगा, और उसे जो ख़रीदना है वह महंगा मिलेगा, तब तक विकास का मॉडल किसान के लिए हितकारी नहीं कहा जाएगा। पिछली अर्धशताब्दी में जहां दूसरे वर्गों की हालत सुधरी है, वहीं किसान की बिगड़ी है। सन 1972 में जब मज़दूरी दो रुपए प्रतिदिन थी, तो गेहूं एक रुपए में डेढ़ किलो बिकता था, यानी किसान को 3 किलो गेहूं में दिन भर के लिए मज़दूर मिल जाता था। अब गाँव में मज़दूरी 200 रुपए प्रतिदिन है और गेहूं 18 रुपए प्रति किलो है, यानी उसी मज़दूर को अब किसान 9 किलो प्रतिदिन गेहूं देता है। सीमेंट का जो बैग 15 रुपए में तब बिकता था, आज 300 रुपए में बिकता है। इसी प्रकार एक-एक आइटम को देखते जाइए, तो पाएंगे कि किसान के उत्पाद तुलनात्मक रूप से सस्ते हुए हैं।

सरकार द्वारा ख़रीदा गया अनाज सरकारी सस्ते गल्ले की दुकानों के माध्यम से ग़रीबों को मिलता है। कई बार वह खाने के योग्य भी नहीं होता। भले ही कहीं कोई साक्ष्य नहीं हों पर कुछ लोगों का मानना है कि सरकार कोई भी हो, यह अनाज शराब बनाने वालों के काम आ जाता है और उन्हीं के लिए सड़ाया जाता है। ग़रीबों को राशन की दुकानों से जो अनाज दिया जाता है, वह पेट भर भी मिल गया तो वह पौष्टिक नहीं है। यदि ग्रामीण ग़रीबों की क्रयशक्ति बढ़ाई जाए, तो वे अपने परिवार को पौष्टिक आहार ख़रीद कर खिला सकेंगे। किसानों और मज़दूरों को अनाज की ख़ैरात न देकर उन्हें कुपोषण से लड़ने की ताक़त दी जानी चाहिए।

आधुनिक युग में खाद्यान्नों की ज़ख़ीरेबाज़ी यानी होर्डिंग बहुत संगठित हो गई है। संचार माध्यमों की सहज उपलब्धता के कारण बड़े व्यापारी चुनिंदा चीज़ों की ज़ख़ीरेबाज़ी बारी-बारी से करते हैं। कभी लहसुन, कभी प्याज़, कभी टमाटर, तो कभी आलू या कभी दालें अथवा कोई दूसरी वस्तु को बाज़ार से ग़ायब कर देते हैं। व्यापारियों को खुलापन तो मिलना चाहिए,

लेकिन सरकार का कुछ नियंत्रण भी ज़रूरी है। ख़राब होने वाले पदार्थों के मामले में सरकार को अपने कोल्ड-स्टोरेज बनाकर ऐसी वस्तुओं का भंडारण सुनिश्चित करना चाहिए। उत्तम तो यह होगा कि हम अपनी भोजन की आदतें थोड़ा लचीली रखें, लहसुन, प्याज़ के ग़ुलाम न बन जाएं।

देश में उपलब्ध धन को गतिमान करने की जो आवश्यकता है, वो देश या विदेश में सुप्तावस्था में है। यदि यह धन हमारे देश के गाँवों में रहने वाली 70 प्रतिशत ग़रीब और पिछड़ी आबादी के काम आ सके, तो इसे एक अवसर देना चाहिए। यदि सरकार कह दे कि आप सुदूर ग्रामीण इलाकों में विश्वविद्यालय खोलिए, अस्पताल खोलिए, उद्योग लगाइए, स्कूल खोलिए, गाँव वालों को रोज़गार दीजिए, हम आप से नहीं पूछेंगे कि यह पैसे कहां से आया। विदेशी निवेशकों से भी तो नहीं पूछते कि वह कहां से पैसे लाए हैं। एक बार निवेश हो जाने के बाद लाभ-हानि, उत्पादन-बिक्री के सभी कानून लागू हो सकते हैं।

विदेशी कंपनियां भारत में सामान बनाने के लिए हमेशा से इच्छुक रही हैं, लेकिन समाजवादी सोच की सरकारों का आग्रह रहता था कि देश में बनाओ, देश में बेचो। यहीं पर बात रुक जाती थी। अब प्रधानमंत्री नरेंद्र मोदी ने यह छूट दे दी है कि भारत में बनाओ, चाहे जहां बेचो। यह विदेशी कंपनियों को मुआफ़िक आ रहा है।

विदेशी कंपनियों को कंपीटिशन में टक्कर देने के लिए हमारी कंपनियां भी सुधरेंगी, लेकिन मिट जाने का भी तो डर है। साथ ही विदेशियों द्वारा बनाएं गए सामान की गुणवत्ता पर हमारा नियंत्रण नहीं रहता और हमारी कंपनियां जो माल बाहर भेजती हैं, वह अनेक बार वहां के मानकों के अनुसार मान्य नहीं होता।

किसान की कठिनाई यह है कि उसकी अर्थव्यवस्था चलाते हैं पानी के भगवान यानी इन्द्र देवता, जो किसी विकास मॉडल को नहीं मानते। हमारे वैज्ञानिक भी इंद्रदेव के अतिवृष्टि-अनावृष्टि के चक्रव्यूह को तोड़ नहीं पाए हैं। मौसम वैज्ञानिकों के प्रयासों से अब कुछ सीमा तक मौसम का पूर्वानुमान हो पाता है, परंतु वह अनुमान से अधिक कुछ नहीं होता। किसान की व्यथा दूर

करने के लिए नदियों को परस्पर जोड़ने की योजना दस्तूर कमीशन ने सुझाई थी। इस पर पर्याप्त रिसर्च की ज़रूरत है। विचारणीय है कि इज़राइल ने कम पानी होते हुए भी, रेगिस्तानी इलाके में सिंचाई की नई तकनीकों का प्रयोग किया है और अच्छी पैदावार ली है। हमें भी विकास का मॉडल तर्कसंगत ढंग से खोजना चाहिए।

जाति न पूछो साधु की

आरक्षण पढ़ाई में रुचि नहीं पैदा कर सकता। अक्सर बच्चे ग़रीबी या भेदभाव के कारण स्कूल नहीं छोड़ते बल्कि पढ़ाई में रुचि की कमी के चलते छोड़ते हैं।

हमारा देश सैकड़ों साल तक ग़ुलाम रहा, इसके अनेक कारण थे, उनमें से एक था जाति आधारित कर्म विभाजन। भारत में पूरे समाज को शस्त्र उठाने का अधिकार नहीं था। अटल जी के शब्दों में, जितने लोग युद्ध के मैदान में लड़ते थे, उससे अधिक तो तमाशा देखते थे। इसका परिणाम- विदेशी हमले और हज़ारों साल की ग़ुलामी। उस समय ब्राम्हण पढ़ने-पढ़ाने और पूजा-अर्चना का काम करते थे, क्षत्रिय युद्ध और शासन करते थे, वैश्य व्यापार और शूद्र सेवा करते थे। देश ने प्रगति तो की और कीर्तिमान भी स्थापित किए, लेकिन देश का समग्र विकास नहीं हुआ। कुछ जातियों के लोगों की क्षमता-योग्यता का देश को लाभ नहीं मिल रहा था। जब देश आज़ाद हुआ, तो इस कमज़ोरी की तरफ़ ध्यान गया और डॉक्टर भीमराव अंबेडकर जैसे विचारकों ने इसका निदान खोजना आरंभ किया। डॉक्टर अंबेडकर का मानना था कि 10 साल तक आरक्षण देकर उन लोगों को, जिन्हें तब शूद्र या अछूत कहा जाता था, आगे बढ़ाया जा सकता है, उन्हें प्रतिस्पर्धा की क्षमता देकर स्वाभिमानी नागरिक बनाया जा सकता है। संविधान निर्माताओं ने 10 साल यानी 1950 से 1960 तक सरकार और सेवाओं में आरक्षण का प्रावधान किया था।

अंबेडकर द्वारा निर्धारित अवधि में लक्ष्य पूरा नहीं हो सका, अवधि बढ़ाई जाती रही। आज़ादी के 70 साल बाद भी उनको अपना हक़ नहीं मिल पाया है, उन्हें दलित कह दिया यानी तुम कुचले हुए हो, कभी उठ नहीं पाओगे। उनके नेताओं ने कहना आरंभ कर दिया है कि आरक्षण हमारा

जन्मसिद्ध अधिकार है। कर्नाटक में पिछड़ी जातियों का कोटा पूरा हो चुका है, फिर भी उनमें आत्मविश्वास नहीं आया और उनका कहना है कि यदि हमने आरक्षण छोड़ दिया, तो फिर से पिछड़ जाएंगे। सच्चाई यह है कि पिछड़ों की क्षमता में कोई कमी नहीं है, क्योंकि विकृत व्यवस्था के बावजूद उस समाज से बाबू जगजीवन राम, कर्पूरी ठाकुर, कबीर, रविदास, करुणानिधि और स्वयं अंबेडकर जैसे स्वनामधन्य लोग निकले थे, किन्तु आरक्षण के बाद? आरक्षण व्यवस्था को वोट जुटाने की मशीन समझ लिया गया और कोई पार्टी सच बोलने का साहस नहीं कर पाई। यदि आरक्षण को उन्हीं सीमाओं में रहते हुए लागू किया गया होता, जो डॉ. अंबेडकर ने निर्धारित की थीं, तो आज तक उन सभी का न्यायसंगत विकास हो गया होता, जिनके पूर्वजों के साथ अतीत में अन्याय हुआ था।

कुछ साल पहले आरएसएस के सरसंघचालक मोहन भागवत ने बिहार चुनाव के समय आरक्षण की समीक्षा का सुझाव दिया था, जिस पर तथाकथित सेक्युलरवादियों की तीखी प्रतिक्रियाएं आई थीं और भाजपा को खामियाज़ा भुगतना पड़ा था। आरक्षण की समीक्षा इसलिए होनी चाहिए, ताकि इसको अपने निर्धारित उद्देश्य तक पहुंचने में कितनी कामयाबी मिली है, लक्ष्य को प्राप्त करने में अभी और कितना समय लगेगा, यह पता चले। लेकिन वोट बैंक की राजनीति में आरक्षण समीक्षा का विचार फिट नहीं बैठता। लोकसभा और विधानसभाओं में जाति आधारित आरक्षण की व्यवस्था डॉ. अंबेडकर के सुझाव पर 1960 तक के लिए लागू की गई थी।

हुकूमत में यह आरक्षण वैसे ही था, जैसे किसी बहुत गंभीर मर्ज़ में एंटीबायोटिक दिया जाता है, जिसका कोर्स होता है। यदि दवा काम नहीं करती, तो समझदार डॉक्टर एंटीबायोटिक बदल देते हैं। संसद और विधान सभा में घुसने के लिए किसी डिग्री, डिप्लोमा या ज्ञान की ज़रूरत नहीं और अनुसूचित जाति वालों के पास वह सब कुछ है, जिसके बलबूते पर बाकी लोग वहां पहुंचते हैं। कामराज नादर कक्षा 7 पास थे और अनेक लोग तो वह भी नहीं थे, तब आरक्षण क्यों?

देश के पहले प्रधानमंत्री जवाहरलाल नेहरू ने सभी मुख्यमंत्रियों को 1961 में लिखा था, "मैं हर प्रकार के आरक्षण को नापसंद करता हूं, विशेष कर सेवाओं में"। सरदार वल्लभ भाई पटेल भी आरक्षण को देशहित के विरुद्ध मानते थे, परंतु महात्मा गांधी और डॉ. अंबेडकर के बीच 1932 में हुए पूना पैक्ट का सम्मान करते थे। इस पैक्ट के अनुसार 8.5 प्रतिशत का आरक्षण 1960 तक दलितों को दिया जाना था। राजीव गांधी ने अन्य पिछड़ी जातियों के संदर्भ में सितम्बर 6, 1990 को तत्कालीन प्रधानमंत्री वी. पी. सिंह से कहा था, "आप ने सारे देश में जातीय हिंसा की आग जला दी है"। यह संदर्भ था अन्य पिछड़े वर्गों के लिए 27 प्रतिशत आरक्षण का। जातीय विकास का नुस्ख़ा उल्टा पड़ा है और जातियों का कुछ विकास हुआ भी हो, तो जातीय संघर्ष कई गुणा अधिक बढ़ा है।

अंतरजातीय संघर्षों के साथ ही अनुसूचित और पिछड़ी जातियों में ही दो भाग हो गए हैं - शहरी दलित और पिछड़े, तथा ग्रामीण अनुसूचित और पिछड़े वर्ग। इनमें जिन-जिन के पास नौकरी आ चुकी है, उन्हें चिंता है कि प्रमोशन में आरक्षण का लाभ मिलेगा या नहीं। चिंता यह भी है कि उच्चतम न्यायालय ने प्रमोशन में आरक्षण को नामंज़ूर कर दिया, तो सरकार ने संविधान में संशोधन करके शाह बानो प्रकरण की तरह फ़ैसला पलट क्यों नहीं दिया? डॉ. अंबेडकर के संविधान का यही सम्मान बचा है कि इसे 124 बार बदला जा चुका है, यहां तक कि, आपातकाल लगाने के लिए भी बदला गया है। ग़ैर-बराबरी की दुहाई देने वाले लोग विभिन्न जातियों के बीच की ग़ैर-बराबरी तो देख पाते हैं, लेकिन अपनी ही जाति की शहरी और ग्रामीण ग़ैर-बराबरी नहीं देख पाते।

ग्रामीण दलितों को यह लाभ कैसे मिलेगा, यदि शहरी अनुसूचित यह लाभ दोनों हाथों से बटोरते रहेंगे। इस व्यवस्था में संपूर्ण दलित समाज कभी प्रगति नहीं कर पाएगा।

सच कहा जाए, तो शहरी दलितों को दलित कहना ही ठीक नहीं है, क्योंकि वे सवर्णों के बराबर कुर्सी पर बैठते हैं, उनके बच्चे सबके समान

स्कूलों में पढ़ते हैं, वे एक जैसे मकानों में रहते हैं और एक जैसे कपड़े पहनते और भोजन करते हैं, एक ही अस्पताल से दवा लाते हैं, यानी शहरों के दलित अब दलित नहीं रहे। इसके विपरीत गाँव में जातिवादी नेताओं ने दलितों में झूठी अकड़ तो पैदा की है, लेकिन इससे शहरी अनुसूचित की तरह आर्थिक, शैक्षिक और सामाजिक विकास नहीं आया है। सच कहूं तो, राजनेताओं में संपूर्ण अनुसूचित समाज को उन्नत करने का इरादा ही नहीं है। आरक्षण की राजनीति करने वालों को अनुसूचित और अन्य पिछड़ी जातियों के आरक्षण से संतोष नहीं हुआ, तो उन्होंने मुस्लिम समाज के लिए सच्चर कमीशन बिठा दिया। यह कमीशन ऐसे वर्ग के लिए बिठाया गया, जिसने भारत पर 1000 साल तक हुकूमत की थी। माननीय उच्चतम न्यायालय ने हस्तक्षेप करके देश को बचा लिया। स्वार्थी नेता यह जानते हैं कि मुस्लिम समाज के साथ इस देश में कभी भेदभाव नहीं हुआ, उनका कभी हक़ नहीं छीना गया, उन्हें शिक्षा से वंचित नहीं किया गया और जो मुस्लिम असंतुष्ट थे, उन्होंने अपने लिए पाकिस्तान ले लिया था। राजनेता वर्ग विशेष को संकीर्ण आधारों पर प्रसन्न करने में लगे रहते हैं। मोदी सरकार ने सेक्युलर आधार पर निर्धन सवर्णों के लिए 10 प्रतिशत आरक्षण का प्रावधान किया है। यही मानक मुस्लिम समाज के लिए और चाहें तो संपूर्ण समाज के लिए लागू किया जा सकता है। इतना साहस तभी होगा, जब वोट और वोट बैंक की चिंता नहीं रहेगी।

अंबेडकर एक प्रतिभावान देशभक्त थे। उन्होंने कभी नहीं चाहा होगा कि देश में योग्यता का अनादर और प्रतिभा का विदेशों को पलायन हो। यह भी नहीं चाहा होगा कि अगड़े दलित और पिछड़े दलित ऐसे दो वर्ग बनकर तैयार हो जाएं। अंबेडकर ने अन्य पिछड़ी जातियों के लिए आरक्षण ज़रूरी नहीं माना था, क्योंकि उनकी माली हालत सवर्णों से भी बेहतर है। आरक्षण पढ़ाई में रुचि नहीं पैदा कर सकता। अक्सर बच्चे ग़रीबी या भेदभाव के कारण स्कूल नहीं छोड़ते, बल्कि पढ़ाई में रुचि की कमी के चलते छोड़ते हैं। अंबेडकर के आरक्षण का उद्देश्य, आबादी के अनुपात में नौकरियां

दिलाना नहीं था, जैसा आज के नेता कहते हैं। उनका उद्देश्य था दलितों में आत्मविश्वास पैदा करना। सामाजिक समरसता और सर्वांगीण विकास के लिए दलित एवं अन्य पिछड़े परिवारों को यदि एक बार आरक्षण का लाभ मिल जाए, तो उसे दुबारा न दिया जाए। इस प्रकार सब को स्वावलंबी बनाया जा सकता है। आरक्षण की दिशा और उसका लक्ष्य स्पष्ट रूप से तय किया जाना चाहिए।

उच्चतम न्यायालय ने अन्य पिछड़ी जातियों के मामले में आरक्षण व्यवस्था में सुधार करने का प्रयास किया था और आर्थिक रूप से क्रीमी परत के लिए आरक्षण बंद करने का निर्णय दिया था। लेकिन जातीय आरक्षण और सेक्युलर पैमाना कभी एक साथ नहीं चल सकते। इसके लिए सेक्युलर पैमाना ही खोजना होगा। क्रीमी परिवार नहीं बल्कि क्रीमी जातियां उन्हें कहना चाहिए, जो हुकूमत करती हैं और जिनके हाथ में ख़ज़ाने की चाभी है। एक समय था जब आज़ादी के बाद पूरे देश में सवर्णों के हाथ में शासन और ख़ज़ाना था। उस ज़माने में उत्तर प्रदेश में गोविन्द वल्लभ पंत, सम्पूर्णानंद, कमलापति त्रिपाठी, नारायण दत्त तिवारी, हेमवती नंदन बहुगुणा आदि का शासन रहा था। बिहार में ललित नारायण मिश्र, जगन्नाथ मिश्र और मध्य प्रदेश में रविशंकर शुक्ला, श्यामाचरण शुक्ला और द्वारका प्रसाद मिश्र के नाम ध्यान में आते हैं। देश के अन्य भागों में भी केरल के नंबूदरीपाद, मद्रास के रामचंद्रन, उड़ीसा के बीजू पटनायक, असम के देवकांत बरुआ, पश्चिम बंगाल के सिद्धार्थ शंकर राय, गुजरात के जीवराज मेहता, राजस्थान के मोहनलाल सुखाड़िया और पूरे देश के लिए पंडित जवाहरलाल नेहरू का नाम याद आता है। अब देश और प्रदेशों की हुकूमत दलितों और तथाकथित अन्य पिछड़ी जातियों के हाथ में आ चुकी हैं। एक राजनेता ने कहा भी कि "हम आरक्षण मांगेंगे नहीं, आरक्षण देंगे"। यानि सत्तर सालों में पॉवर शिफ़्ट हुआ है।

बड़ी सीमा तक आरक्षण ने अपना काम कर दिया है, सवर्णों द्वारा दलितों और पिछड़ों को सत्ता हस्तांतरण यानी पावर ट्रांसफर हुआ है। उत्तर प्रदेश में मुलायम सिंह यादव, मायावती, राम नरेश यादव, कल्याण सिंह,

और अखिलेश यादव के नाम ध्यान में आते हैं। बिहार में लालू प्रसाद यादव, जीतन राम मांझी और नीतीश कुमार, मध्यप्रदेश में उमा भारती और शिवराज सिंह चौहान, गुजरात में शंकर सिंह वाघेला, नरेंद्र मोदी और आनंदी बेन पटेल, और अब महामहिम राष्ट्रपति और प्रधानमंत्री के पदों पर अनुसूचित और पिछड़े वर्गों के लोग विराजमान हैं। संपत्ति, ताक़त और ज्ञान के सहारे कुछ पिछड़ी जातियों ने अपना वर्चस्व कायम किया है। मेरे विचार से उत्तर भारत में यादव और कुर्मी, आंध्र में रेड्डी, पश्चिमी भारत में जाट, पटेल और गुज्जर, कर्नाटक में वोक्कलिंगा जैसी जातियों को क्रीमी जातियों की श्रेणी में गिनना चाहिए और उन्हें आरक्षण सूची से बाहर रखा जा सकता है, ताकि बाक़ी दलित जातियों को अवसर मिल सके।

आरक्षण के नाम पर पूर्व प्रधानमंत्री वीपी सिंह के ज़माने से खूनी संघर्ष होते रहे हैं। आगज़नी और सरकारी तथा ग़ैर-सरकारी संपत्ति बड़े पैमाने पर स्वाहा होती रहती है। कहना कठिन है कि आरक्षण आंदोलनों ने देश की अधिक हानि की है अथवा सांप्रदायिक दंगों ने। गुजरात में पटेलों को आरक्षण के लिए वल्लभ भाई पटेल का नाम लेकर आगज़नी होती है, दुकानें फूंकी जाती हैं और पत्थरबाज़ी होती है। वही पटेल जिन्होंने तिनका-तिनका जोड़कर इस राष्ट्र का निर्माण किया था। पश्चिमी उत्तर प्रदेश, हरियाणा और राजस्थान में जाटों और गुज्जरों को आरक्षण के लिए और बिहार में भूमिहारों के हितों की रक्षा के लिए हिंसक आंदोलन हो चुके हैं।

आरक्षण के पक्षधर और विरोधियों में संग्राम होते रहेंगे। अब सवर्णों को भी सेक्युलर आधार पर 10 प्रतिशत का आरक्षण दे दिया गया है। मुस्लिमों सहित बाक़ियों के लिए भी यही पैमाना क्यों नहीं लागू हो सकता?

आरक्षण समर्थकों और विरोधियों के बीच विध्वंस का नंगा नाच तभी बंद होगा, जब देश में कोई माओ से-तुंग, फिदेल कास्त्रो या मार्शल टीटो जैसा नेता पैदा होगा, जिसे वोटों की परवाह नहीं होगी, केवल देश की चिंता होगी। कहना कठिन है कि ऐसा होने के लिए देशवासियों को कितना इंतज़ार करना पड़ेगा और कितनी क़ीमत चुकानी पड़ेगी। यदि जातीय विकास के

बाद ही देश के विकास पर ध्यान दिया गया, तो जातियों के विकसित होने तक प्रतीक्षा करनी होगी, जो कभी पूरी नहीं होगी। जातीय गणना के हिसाब से सेवाओं में संख्या पूरी हो भी जाएगी, तब भी आरक्षण नहीं छोड़ेंगे, इस तर्क पर कि हम फिर पिछड़ जाएंगे। दूसरी कठिनाई है कि पदों की कमी नहीं है, कमी है अर्हता पूरी करने वाले अभ्यर्थियों की। ऐसी हालत में वैज्ञानिक प्रतिष्ठान, कल-कारखाने और प्रशासनिक इकाइयां या तो धीमी गति से चलेंगी या रुकी रहेंगी, जब तक कोटा पूरा न हो जाए।

आरक्षण का एक और पहलू है, जब मेधावी होने के बावज़ूद नौकरी से वंचित होना पड़ता है, तो अपराधी बनने की संभावना बढ़ जाती है, इसी कारण पुराने ज़माने में कुछ अपराधी जातियां होती थीं और अब अपराधियों में सवर्णों का प्रतिशत बढ़ गया है। चूंकि अपराधी प्रखर बुद्धि वाले होते हैं, जिनका सामना आरक्षण से आए अधिकारी करते हैं, अतः अपराधियों को पकड़ पाना भी कठिन होता है। मेधावियों की बेरोज़गारी का नतीजा है, अमेरिका और यूरोप के लिए प्रतिभा पलायन। तत्कालीन प्रधानमंत्री वीपी सिंह ने आंदोलित मेधावी छात्रों को पेट्रोल पंप और मिट्टी के तेल का लाइसेंस देने, कार की एजेंसी देने की बात कही थी। इससे दुखद क्या हो सकता है कि जो विद्यार्थी खोज और आविष्कार कर सकते हों, उन्हें तेल बेचने के लिए कहा जाए। यदि आरक्षण व्यवस्था को तर्कसंगत ढंग से नहीं लागू किया गया, तो दलितों और पिछड़ों का विकास तो नहीं होगा, दूसरे वर्गों में असंतोष बढ़ता जाएगा।

यदि मान भी लें कि भगवान ने सभी बच्चे जो पैदा किए उन में बराबरी नहीं है, तो भी आनुपातिक आरक्षण पूरा नहीं हो सकता, क्योंकि पिछड़ी जातियों की 70 प्रतिशत आबादी गाँव मे रहती है, जहाँ शिक्षा का अभाव है और शिक्षा के लिए आर्थिक कारणों से वे शहर जा नहीं सकते। गाँव के दलितों और पिछड़ी जातियों के हिस्से की नौकरियां शहर के मुट्ठी भर दलित और ओबीसी बटोर रहे हैं, गाँव के लोग मनरेगा में फावड़ा चला रहे हैं। वंचितों में जो संपन्न, शिक्षित और नौकरी में हैं, उन्हें कोटा पूरा करने के

बजाए प्रमोशन में आरक्षण की चिंता है। गाँव के ग़रीब दलित अशिक्षा के कारण नौकरी के दावेदार ही नहीं बन पाते, तो प्रमोशन की क्या सोचेंगे?

सच कहा जाए तो, नौकरी में कैडर, ग्रेड और प्रोन्नति की अवधारणा अंग्रेज़ों की देन है। जब सेवा शर्तों में प्रोन्नति के आधार योग्यता और दक्षता थे, परंतु आरक्षण की व्यवस्था में यह सब प्रासंगिक नहीं रहे। अब वेतनमान की केवल एक सीढ़ी बनाई जा सकती है, जिसमें समयबद्ध प्रमोशन दिया जाए, तो आरक्षण का झमेला नहीं रहेगा। वैसे समाज में ग़ैर-बराबरी तभी समाप्त होगी, जब शहर और गाँव की ग़ैर-बराबरी समाप्त होगी। इसके लिए गाँव को 70 प्रतिशत आरक्षण देना होगा, भले ही उस आरक्षण को जातीय आधार पर विभाजित कर दिया जाए। बिना प्रयास ही जातीय कोटा पूरा हो जाएगा। यदि आरक्षण की वर्तमान व्यवस्था चलती रही, तो इतिहास अपने को दोहराएगा। विज्ञान के युग में हम आज भी ग़रीबी, अशिक्षा, पिछड़ेपन, भ्रष्टाचार या आतंकवाद के अध्ययन के लिए घिसे-पिटे मनुवादी तराज़ू पर ही निर्भर हैं। क्षेत्रीय विसंगतियों पर ध्यान ही नहीं जाता। सरकारी सोच पहले ही इस निर्णय पर पहुंच चुकी है कि अनुसूचित जातियां और जनजातियां सबसे ग़रीब हैं।

जातीय प्रतिस्पर्धा और विद्वेष का परिणाम हुआ और जाति आधारित सम्मेलन होने लगे। चुनाव के लिए जाति आधारित टिकट बांटे जाने लगे, इसी आधार पर मंत्री और अधिकारी बनने लगे। कितने नादान हैं ये लोग जो इस रास्ते पर चलकर जातिभेद मिटाना चाहते हैं।

जाति और धर्म का तराज़ू गाँव और शहर दोनों में एक समान चलता है। ग्राम पंचायतों के चुनाव भी जातीय आधार पर आरक्षण से होते हैं, इसलिए हमारा समाज जातीय आधार पर लामबंद होता जा रहा है। जातियों के बीच कड़वाहट, तनाव और अविश्वास की दीवारें खड़ी हो रही हैं और अनुसूचित जातियों में जन्में दल सड़कों पर मोर्चा ला रहे हैं।

कुछ वर्ष पहले इंग्लैण्ड की संसद ने इस आशय का एक प्रस्ताव पारित किया था कि जातिभेद वैसा ही पूर्वाग्रह पैदा करता है, जैसा रंगभेद या नस्लभेद। इसका तात्पर्य यह हुआ कि जातीय पूर्वाग्रह स्थानीय समस्या नहीं

है बल्कि अब अंतरराष्ट्रीय पटल पर आ गई है। जब कोई भारतीय विदेश जाता है तो अपनी जाति को साथ ले जाता है। भारतीय लोगों और सरकार को इंग्लैंड की संसद का यह प्रस्ताव भले ही बुरा लगा हो, लेकिन वास्तव में जातिभेद की समस्या विदेशों तक स्वयं भारत के लोगों ने पहुंचाई है।

मुझे याद है कनाडा में न्यूफाउंडलैंड की मेमोरियल यूनिवर्सिटी में भौतिक विज्ञान में एक एस. पी. रेड्डी, एसोसिएट प्रोफ़ेसर थे और उसी यूनिवर्सिटी के उसी विभाग में अनुसूचित जाति से संबंध रखने वाले डॉक्टर रिच्छैया शोधकर्ता थे। रेड्डी और रिच्छैया दोनों ही आंध्र प्रदेश के थे और यह बात 1966-67 की है, जब मैं भूविज्ञान विभाग में शोधछात्र था और फ्रेंड्स इंडिया एसोसिएशन का सचिव था। एक बार रिच्छैया ने रेड्डी की शिकायत साइंस के डीन से यह कह कर दी थी कि अनुसूचित जाति का होने के नाते उनका अपमान किया गया है। इस तरह कनैडियन डीन को पता चला कि जातीय आधार पर भारत में कितना भेदभाव है। जातीय आरक्षण ने जातियों के बीच की दीवारें बहुत मज़बूत कर दी हैं।

देश के विभिन्न प्रांतों में जातिसूचक शब्द अलग-अलग होते हैं, परंतु जातीय सोच के कारण उनकी पहचान में देर नहीं लगती। विविध आवेदन पत्रों में जाति का कॉलम होता है, मानो आप का नाम, पिता और माता का नाम, गाँव और पता आदि आप की पहचान के लिए काफ़ी नहीं हैं। हमें याद रखना चाहिए कि कोई शब्द तिरस्कार-सूचक नहीं होता, उस शब्द में अर्थ तो चिपकाता है हमारा समाज; इसलिए जातिसूचक शब्दों को बोलें या न बोलें इससे कोई अंतर नहीं पड़ेगा।

स्वार्थी नेताओं ने जातियों के विकास के नाम पर जातिभेद को स्थाई बना दिया है। यदि विश्वास नहीं हो तो किसी भी गाँव में किसी सवर्ण के घर जाइए और बता दीजिए आप अनुसूचित जाति के हैं, फिर पड़ी चारपाई पर बैठ जाइएगा और कहिएगा कि पानी पीना चाहते हैं। आप को राजनेताओं के 70 साल के प्रयासों का परिणाम पता चल जाएगा, जब पानी के बर्तन पर ध्यान देंगे। भारत की विभिन्न जातियों में जातीय भेदभाव तब तक नहीं

जाएगा, जब तक सहज भाव से हुक्का-पानी का और फिर रोटी-बेटी का संबंध कायम नहीं होगा। यह संबंध तब तक नहीं बनेगा, जब तक जातीय आधार पर पूर्वाग्रह बने रहेंगे। आरक्षण के माध्यम से जातीय विकास की अवधारणा ने यह पूर्वाग्रह बहुत बढ़ा दिया है। संतोष की बात है कि माननीय इलाहाबाद उच्च न्यायालय ने राजनेताओं द्वारा जातियों के आधार पर किए जा रहे सम्मेलनों और रैलियों पर रोक लगा दी है।

डॉ. अंबेडकर ने शायद सोचा भी नहीं होगा कि अनुसूचित जाति में जन्में करोड़पति और अरबपति लोग भी अपने को दलित कहते रहेंगे ताकि उन्हें आरक्षण का लाभ मिलता रहे। जो ग़ैर-बराबरी संपूर्ण हिंदू समाज से डॉ. अंबेडकर दूर करना चाहते थे, वैसी ही ग़ैर-बराबरी अनुसूचित जातियों के अंदर पैदा हो गई है। यदि आरक्षण व्यवस्था केवल उन्हीं जातियों तक सीमित रहती जिन्हें अछूत, हरिजन, अनुसूचित अथवा दलित जैसे नामों से पुकारा जाता था, तब भी ठीक था। परंतु वोट की राजनीति के कारण 1992 में तथाकथित अन्य पिछड़ी जातियों के लिए भी 27 प्रतिशत आरक्षण का प्रावधान हुआ।

हर हाथ को काम, हर खेत को पानी

ऐसा लगता है, मानो हमारी सरकार गाँव वालों को फावड़ा चलाने लायक ही समझती है और उनकी संतानों को भी इसी लायक बना रही है।

साठ के दशक में, तब की भारतीय जनसंघ पार्टी ने एक नारा दिया था, "हर हाथ को काम, हर खेत को पानी"। उसी दशक के अंत में कांग्रेस अध्यक्ष और देश की प्रधानमंत्री इंदिरा गांधी ने नारा दिया था "ग़रीबी हटाओ"। ये दोनों ही उद्घोष एक दूसरे के पूरक हैं। यदि हर हाथ को काम मिल जाए, तो बेरोज़गारी अपने आप दूर हो जाएगी और ग़रीबी हट जाएगी। पर न तो हर हाथ को काम मिला और न ग़रीबी हटी। उत्पादन बहुतायत में होने भर से बेरोज़गारी नहीं जाएगी। यदि बहुतों के हाथों से उत्पादन होगा, तभी हर हाथ को काम मिलेगा और तभी ग़रीबी जाएगी। यह बात खेती-किसानी पर भी लागू होती है। भारत में प्रति व्यक्ति ज़मीन पर विचार करें तो एक ट्रैक्टर सैकड़ों किसानों को बेरोज़गार कर सकता है। अस्सी के दशक में प्रति हज़ार किसानों पर दो ट्रैक्टर थे और एक लाख चालीस हज़ार प्रति वर्ष बनते थे। इक्कीसवीं सदी आते-आते प्रतिवर्ष 6 लाख ट्रैक्टर बनने लगे। सुनने में अच्छा लगता है, लेकिन सोचिए इनके कारण कितने किसान खेत से बाहर आ गए होंगे। जानवरों की संख्या 1951 में 155 करोड़ थी, जो 2012 में 190 करोड़ हुई। इसी बीच देश की आबादी 36 करोड़ से बढ़कर 130 करोड़ हो चुकी है। अर्थात जानवर जो किसान को काम देते थे, वे चले गए और जो काम छीनते हैं, वे ट्रैक्टर बड़ी संख्या में बढ़ गए। किसानों की अनुमानित आबादी 60 करोड़ है, जिनके लिए सरकारों ने गाँव में ही नए काम सृजित नहीं किए। शिक्षित शहरी आबादी का सोचना हो सकता है कि दफ़्तरों में कम्प्यूटर और सड़कों पर लोडर, डंपर, जेसीबी आदि के आने

से बेरोज़गारी बढ़ी है, लेकिन इनसे देश की केवल 40 करोड़ आबादी का रोज़गार प्रभावित हुआ है और जब किसान अपने खेत से बाहर मेंड़ पर आ गया, तो देश की 90 करोड़ आबादी प्रभावित हुई।

सोचने की बात है कि देश में अधिकतर छोटी जोत वाले लघु और सीमांत किसान रहते हैं, जिन्हें जानवरों से करोड़ों मेगावाट ऊर्जा मुफ़्त में मिला करती थी। हमारी सरकारों ने बिना सोचे-समझे बाज़ार में ट्रैक्टर और हारवेस्टर उतार दिए, जो 365 दिन का काम कुछ ही दिनों में कर डालते हैं, लेकिन सरकारों की बुद्धि में यह नहीं आया कि बाक़ी बचे 335 दिनों हेतु 90 करोड़ किसानों के लिए काम की व्यवस्था क्या होगी? जिस देश में खेती को श्रेष्ठ व्यवसाय माना जाता था और कहते थे, "उत्तम खेती मध्यम बान, निपट चाकरी भीख समान", उस देश का किसान आत्महत्या कर रहा है। जैसे-जैसे खेती अलाभकर होती गई और नौकरशाही का दबदबा बढ़ता गया, किसान और किसानी दयनीय दशा में पहुंचती गई। किसान सही अर्थों में अन्नदाता हुआ करता था, अब सरकार के रहम-ओ-करम पर निर्भर है। वह अपने परिवार का भरण-पोषण तो करता ही था, राहगीरों और साधु संतों को भी भोजन कराता था, और उसके घर में हर समय अनाज का भंडार रहता था; साल भर खाने के लिए और खेतों में बोने के लिए भी।

किसान को अपनी अच्छी परंपराएं छोड़ने के लिए मजबूर होना पड़ा; भले ही अब का आधुनिक वैज्ञानिक उन्हीं बातों की वकालत कर रहा है। तब किसान अपने बीजों का उपयोग करता था, जो रोग अवरोधी होते थे, बहुफ़सली खेती करता था, यानी एक साथ कई अनाज बोता था, ऑर्गेनिक खेती करता था, खेतों की गहरी जुताई नहीं करता था, पानी का किफ़ायत से उपयोग होता था और विदेशी खाद और कीटनाशक तो थे ही नहीं। देशी बीज से बोई गई फ़सल में रोग नहीं लगता था और मेहनतकश किसान के शरीर में भी कम ही रोग लगता था। अब तथाकथित नए बीजों और नई विधियों ने जब मिट्टी की उर्वरा शक्ति घटा दी है, जल और वायु को प्रदूषित कर दिया है और उत्पादन घटना

आरंभ हो गया है, तो समझदार किसान ऑर्गेनिक खेती के नाम पर पुरानी पद्धति की ओर मुड़ रहे हैं।

विकसित देशों में बड़े-बड़े फ़ार्म होते हैं, और आबादी कम होती है, इसलिए मशीनों के बिना काम नहीं चल पाता। हमारे देश में प्रति किसान बहुत कम ज़मीन है, इसलिए मशीन से खेती अलाभकर तथा बेरोज़गारी बढ़ाने वाली है। पचास के दशक में नेहरू सरकार ने सहकारी खेती का प्रयोग किया था, जिस में कई किसान मिलकर मशीनों से सम्मिलित खेती कर सकते थे, लेकिन प्रयोग असफ़ल रहा। चौधरी चरण सिंह जो स्वयं एक किसान थे, इसके ख़िलाफ़ थे। अंततः सहकारिता आंदोलन ही फ़ेल हो गया। यह आंदोलन कुछ अन्य देशों की नक़ल थी, जहाँ यह प्रयोग सफ़ल रहा था। सरकार ने यह नहीं सोचा कि भारत व्यक्तिवादी देश है, यहां सहकारी प्रयोग कभी हुए नहीं, परस्पर सहयोग अलग बात है।

जब ट्रैक्टर नहीं थे और खेती बैलों से होती थी, तब किसान सवेरे 4 बजे उठता था, कामकाजी और दुधारू जानवरों को चारा खिलाता था और खेतों को चला जाता था। अब किसान आलसी हो गया है, काम के बिना निठल्ला हो गया। उसके साथ ही अनेक कुटीर धंधे वाले भी बेकार हो गए हैं। दुधारू जानवर इसलिए नहीं बच पाए, क्योंकि चरागाह नहीं हैं और खेतों में मशीनों से अनाज निकालने के बाद पयाली की खपत ही नहीं, उसे खेतों में ही जलाकर वायुप्रदूषण बढ़ा रहे हैं। किसान और उसके बच्चे जो दूध और छाछ पीते थे, अब चाय पीते हैं। किसानों का रोज़गार तो गया ही, जीवनशैली की गुणवत्ता भी चली गई। सरकारें हमेशा शहरी उपभोक्ता की चिंता करती हैं और 'फ़ूड सिक्योरिटी' जैसे कार्यक्रम चलाती हैं। आवश्यकता है किसानों के लिए "इन्कम सिक्योरिटी" का कार्यक्रम चलाया जाए। मोदी सरकार ने 2022 तक किसानों की आमदनी दोगुनी करने की बात कही है, लेकिन किसान तो श्रम से पूंजी बनाएंगा, जिसके लिए किसान को काम चाहिए, विशेषकर उन दिनों में जब खेती किसानी में काम नहीं रहता। धान, गेहूं की फ़सलों में पूंजी ही नहीं निकल रही, तो आमदनी दोगुनी कैसे होगी? कम आमदनी के बावजूद किसान खेती छोड़कर नहीं जाना चाहता।

किसानों को धरती से मां तुल्य लगाव है और वे खेती की ज़मीन छोड़कर कारखाने में नौकरी करने केवल मजबूरी में जाएंगे, चाहे आय दोगुनी करने की संभावना ही क्यों न हो। किसानी में काम होता है "तेरह कातिक तीन असाढ़" यानी कुछ दिन ही काम रहता है। यदि बाक़ी दिनों में ग्रामीण परिवेश में ही काम मिल जाए, तो शायद आय दोगुनी हो सकती है। खेती का मशीनीकरण और जीवनशैली का आधुनिकीकरण होने के बाद गाँव में कुटीर उद्योग लगाकर काम दिया जा सकता था, लेकिन गाँव में कौशल विकास का काम भी गति नहीं पकड़ रहा है। अनेक देशों ने गाँव-गाँव में छोटी इकाइयां खोल रखी हैं, और वहां पुर्ज़े बनाकर क़स्बों और शहरों में असेंबल करते हैं। चीन और जापान की तरह हम भी ऐसा कुछ कर सकते हैं। पुराने समय में किसान को नौकरी पसंद नहीं थी, वह कहता था "निपट चाकरी भीख समान" लेकिन अब उसकी आय इतनी नहीं रह गई कि सुख शांति से जीवन चल सके। आय बढ़ाने के लिए एक उपाय है: उसकी उपज का सही दाम मिले; परंतु बिचौलियों पर सरकार का कोई नियंत्रण नहीं और सरकारी ख़रीद से किसान लाभ नहीं उठा पा रहा है। उसकी फ़सलें आलू, प्याज़, टमाटर और लहसुन के दामों में इतना उतार-चढ़ाव न हो कि हमेशा किसान घाटे में रहे। यदि गाँव में पैकेजिंग, प्रॉसेसिंग और संरक्षण की व्यवस्था हो जाए, तो किसान को बेहतर दाम और उपभोक्ता को सस्ते विकल्प मिल सकते हैं। चीनी मिलों की जगह गुड़ और खांडसारी को प्रोत्साहन मिले, तो किसान को जाड़े के दिनों में काम और गन्ने के उचित दाम मिलेंगे। गाँव में काम के अवसर बढ़ सकते हैं - जैसे रेडियो, टीवी, मोबाइल के पार्ट्स और यहां तक कि आयुर्वेदिक दवाइयां आदि का काम भी छोटे पैमाने पर गाँव में हो सकता है। घड़ियों, छोटे वाहनों और मशीनों जैसे हज़ारों उपकरणों के कल पुर्ज़े बनाकर क़स्बों और शहरों में असेंबल किया जा सकता है। यदि किसान अपनी जगह छोड़कर नौकरी करने नहीं जाना चाहता, तो उसके लिए उसके दरवाज़े पर काम सृजित करना होगा, ताकि उसकी वर्तमान आय भी प्रभावित न हो। गाँव वालों को ख़ैरात बांटने और क़र्ज़ा माफ़ी के बजाए उसके हाथों को काम देना होगा।

योजना का उद्देश्य था ग्रामीण आबादी की क्रयशक्ति बढ़ाना, मज़दूरों का शहरों को पलायन रोकना और गाँव में इन्फ्रास्ट्रक्चर और उपयोगी संसाधनों का निर्माण करना। केवल 100 दिन का काम मिलता है और मज़दूरी भी विलंब से मिलती है। मज़दूरों का पलायन भी नहीं रुक सकता, क्योंकि जब शहर में 300 रुपए प्रतिदिन या अधिक मज़दूरी मिलती हो और पैसे रोज़ मिलता हो, तो शहर भागना मज़दूर के लिए फ़ायदे का सौदा है। मज़दूर को मनरेगा में 150 दिनों तक 150 रुपए प्रतिदिन मिलता है, तो उसकी अपेक्षाएं बढ़ चुकी होती हैं और वह बाक़ी के दिनों में भी गाँव में 150 रुपए प्रतिदिन की उम्मीद करता है। गाँव के किसान इतनी मज़दूरी नहीं दे सकते, तो मज़दूर कम पैसे पर काम पर जाता ही नहीं है।

कितना अच्छा होता कि, चाहे 100 रुपए प्रतिदिन मिलता, परंतु पूरे साल भर यानी 365 दिन काम मिलता, तो उसे साल भर में मज़दूरी मिलती 36500 रुपए। अभी 150 रुपए की दर से 150 दिन में मिलेगा 22500 रुपए। यदि 150 दिन तक मज़दूरी मिल भी गई, तो इससे न तो क्रयशक्ति बढ़ेगी और न ही कुपोषण दूर होगा। इसके विपरीत पैसे के लालच में ऐसे बच्चे भी मनरेगा में काम पर जा रहे हैं, जिन्हें स्कूल में होना चाहिए था। ऐसा लगता है, मानो हमारी सरकार गाँव वालों को फावड़ा चलाने लायक ही समझती है और उनकी संतानों को भी इसी लायक बना रही है। दुनिया का तथाकथित सबसे बड़ा सामाजिक सुरक्षा का कार्यक्रम केवल फावड़ा चलाने वाले करोड़ों मज़दूर पैदा कर रहा है। इस योजना में केवल शारीरिक श्रम वाले कामों को रखा गया है। अब समय आ गया है कि इस अध्यादेश में बदलाव करके मानसिक श्रम वाले काम भी इसमें जोड़े जाएं। ग्रामीणों के जीवन में कोई हुनर जुड़ने की गुंजाइश नहीं बनाई गई है। ऐसा भी नहीं है कि समाज के लिए उपयोगी काम हो रहे हों। वृक्षारोपण और जल संचय के काम उपयोगी हो सकते थे, यदि गाँव के लोगों की राय लेकर किए जाते। गाँव के लोग ही बता सकते हैं कौन से काम गाँव के लिए उपयोगी होंगे। उसमें शायद ग्राम प्रधान के लिए कुछ बचेगा नहीं, इसलिए पुरातन काल से चले आ रहे

और मालगुज़ारी के नक्शों में दर्ज तालाबों को ही खोद-खरौंच कर तैयार कर दिया जाता है, जबकि अपेक्षा थी नए तालाब खोदने की।

फावड़ा चलाने की क्षमता न रखने वाले लोग काम के अभाव में और प्रशिक्षण की कमी के कारण बेकार हो रहे हैं। गाँव के परंपरागत कारीगर जैसे बढ़ई, लोहार, राजमिस्त्री, सोनार, कुम्हार, मनिहार और माली जैसे लोग मशीनीकरण के बाद बेरोज़गार हो चुके हैं। अनपढ़ मेहनतकश मज़दूरों को ही काम देकर, शायद उनका पैसे हड़पना थोड़ा आसान रहता होगा। तभी तो दिवंगत नेता राजीव गांधी ने कहा था कि, एक रुपए में से केवल 15 पैसे गाँव के ग़रीब तक पहुंचते हैं। मज़दूरों का जॉब कार्ड प्रायः प्रधान के पास रहता है, उसे अपनी हाज़िरी तक का पता नहीं रहता। यदि शिक्षित बेरोज़गारों को भी मनरेगा में सम्मिलित कर लिया जाता, तो न तो 85 पैसे बिचौलिए खा पाते और न ही जॉब कार्ड प्रधान के पास रहता। मनरेगा को प्रभावी बनाने के लिए इसे खेती से जोड़कर उसमें पूरी पारदर्शिता लानी होगी।

बेरोज़गारी दूर करने के लिए आजकल स्किल डेवलपमेंट की ख़ूब चर्चा हो रही है और इसे अभियान की तरह चलाया जाना है। लेकिन गाँव और शहर के नौजवानों के लिए स्थानीय आवश्यकताओं और उपलब्ध सुविधाओं के हिसाब से ही स्किल का चुनाव होना चाहिए। गाँव में पुरातन पद्धतियां और आधुनिक विधाएं एक साथ चल रही हैं। जहां कम्प्यूटर, मोबाइल, फ्रिज, मोटर साइकिल, सोलर उपकरण आदि के मेकैनिक चाहिए, वहीं बैलगाड़ी, खुरपी, कुदाल और फावड़ा बनाने के कारीगर भी चाहिए। चीनी मिलों में कुछ किसानों को रोज़गार मिल जाता है और गन्ना एक नकदी फ़सल के रूप में लोकप्रिय रहा है, लेकिन मिल वाले पैसे देर से देते हैं। यह वांछनीय नहीं कि हम गाँव में शहरी सुविधाएं बढ़ाकर गाँव को छोटे शहर बनाएं। महात्मा गांधी ने कहा था, यदि गाँव समाप्त हुए तो भारत समाप्त हो जाएगा। अब प्रधानमंत्री नरेंद्र मोदी ने प्रत्येक लोकसभा क्षेत्र में कम से कम एक आदर्श गाँव स्थापित करने का सुझाव सांसदों को देकर महात्मा गांधी की चेतावनी पर ध्यान दिया है।

आदर्श गाँव का मतलब होगा जीवन की भौतिक सुविधाओं के साथ-साथ गाँव की सरलता, ईमानदारी, परस्पर सौहार्द और सामूहिक सोच, जो पहले हुआ करता थी, इसे बनाएं रखना। गांधी जी के विचारों को मानें तो ग्राम स्वराज के अंतर्गत सभी गाँव स्वावलंबी होने चाहिए और प्राकृतिक संसाधनों के उपभोग में ग्रामीणों का निर्णय ही नहीं उनका स्वामित्व भी होना चाहिए। महाराष्ट्र में एक आदर्श ग्राम योजना चली थी और 300 विकास खंडों में इतने ही गाँवों को आदर्श ग्राम योजना के अंतर्गत लिया गया था। पता नहीं इन गाँवों का क्या हुआ? उत्तर प्रदेश में भी अंबेडकर, लोहिया और जनेश्वर मिश्र के नामों से ऐसी ही योजनाएं चली हैं, लेकिन इन्हें देखकर आदर्श गाँव नहीं कहा जा सकता।

गाँव को आदर्श तभी कहा जाएगा, जब वहां के लोगों को मज़दूरी करने के लिए शहरों को पलायन न करना पड़े, साधारण तौर पर दवाई-इलाज के लिए शहरी अस्पतालों की ओर न भागना पड़े और बच्चों की अच्छी शिक्षा के लिए शहर के विद्यालयों की ओर न जाना पड़े। जहां स्थानीय सामग्री का उपयोग करके भवन निर्माण हो, अपने उपयोग लायक कपड़े बनते हों, शुद्ध जल और प्राणवायु उपलब्ध हो, वृक्षों की हरियाली हो, दूध-घी की बहुतायत हो और फ़सल तथा पशुओं के लिए पर्याप्त जल संचय होता हो।

पहले कच्चे घर बनते थे, तो तालाब अपने आप बन जाते थे, परंतु उन घरों की दीवारों और छप्परों को टिकाऊ बनाने के लिए कोई रिसर्च नहीं हुई और वहां भी तपन और ठंड भरे पक्के मकान बनने लगे। सघन वृक्षों और हरियाली के वातावरण में बिजली वाले पंखों से काम चल सकता था, लेकिन निर्वनीकरण के चलते गाँव में भी कूलर और एसी चलने लगे। बिजली शहरों में जितना कष्ट देती थी, उतना ही गाँव में भी तड़पाने लगी है। पहले किसान सरल और कम ज़रूरतों वाला जीवन जीता था, अब वह भी पूरी नहीं हो पाती। वह चाहता है रोज़गार, पैसे देकर खाद-बीज-पानी, कुटीर उद्योग, पशुओं के चरागाह, बच्चों के खेल के मैदान, फ़ीस देकर अच्छी शिक्षा, समय पर इलाज आसानी से हो सके।

किसान को चाहिए समय पर बैंक क़र्ज़ा, दलहन, तिलहन, फल और सब्ज़ी का समर्थन मूल्य और सबसे पहले नीलगायों और छुट्टा गायों से छुटकारा। स्कूलों में मिड-डे मील और गाँव में मनरेगा अपना उद्देश्य पूरा नहीं कर पाए हैं। ग्रामीणों को सरकारी नौकरी न मिल सके, तो स्वरोज़गार चाहिए। किसान को हर बात के लिए सरकार पर निर्भर होना पड़ता है। सिंचाई, खाद-बीज, कृषि उपकरण, बच्चों की शिक्षा, दवाई इलाज, मकान और शौचालय, डेयरी आदि सब के लिए सरकार का मुंह देखता है।

समस्या संसाधनों की नहीं, व्यवस्था की है। स्थानीय स्तर पर योजनाएं चलाने के लिए सरकारी नौकर नहीं, स्थानीय स्वरोज़गार के इच्छुक समाजसेवी प्रोत्साहित किए जाएं। गाँव की बेरोज़गारी मिटाने के लिए हुनर सीखने के साधन गाँव में ही होने चाहिए। कल कारखाने और अपना रोज़गार खड़ा करने में मार्केटिंग में मदद चाहिए। गाँव के शिक्षित बेरोज़गारों को किसान मित्र बनाकर उन्हें खाद-बीज बेचने के काम दिए जा सकते हैं। उन्हें उचित प्रशिक्षण देकर मिट्टी के स्वास्थ्य और अन्य विविध काम भी दिए जा सकते हैं। कोटेदार की तरह नहीं, प्रत्येक पंचायत में अधिकृत दुकानदार की तरह खाद-बीज की उपलब्धता सुनिश्चित हो जाएगी। कुटीर उद्योग लगाकर रोज़गार के अवसर उपलब्ध कराए जा सकते हैं। गाँव में दलिया, सूजी, बेसन, पापड़, वड़ी, अचार या फिर अनाज, दालें और चावल प्रसंस्करण के लिए कच्चा माल उपलब्ध है। इसलिए उद्योग भी वहीं होने चाहिए। इसके साथ ही गुड़, जैम, जेली, सॉस आदि बनाने और सरकारी क्रय केन्द्रों तक पहुंचाने में शिक्षित बेरोज़गारों को प्रोत्साहित किया जा सकता है। मार्केटिंग की समस्या तो हल होगी ही और ग्रामीण रोज़गार के अवसर बढ़ेंगे। चोकर के बिस्कुट और आटे के नूडल अब सुनाई पड़े हैं। इसी प्रकार, गाँव में कम तापमान पर तिलहन की पिराई करके खाद्य तेल, पिसा आटा, पिसे मसाले आदि अधिक गुणवत्ता वाले होंगे, परंतु यह ज्ञान गाँव में नहीं शहरों में आना चाहिए, जहां मैदे की बनी चीज़ें प्रयोग में लाई जाती हैं और स्वास्थ्य बिगाड़ती हैं।

गाँव वालों को रोज़गार देने के लिए या तो सरकार को आगे आना होगा अथवा बड़े उद्योगपतियों को शहरों से बाहर निकलना होगा। यह काम सरकार के आदेश अथवा प्रोत्साहन से ही होगा। वे सभी उत्पाद जिनका कच्चा माल गाँव में मिलता है और जिसकी ढुलाई तथा बने माल को शहर तक पहुंचाने का ख़र्चा घटने से लागत मूल्य घटेगा। किसानों को उन दिनों काम मिल सकेगा जब अन्यथा नहीं मिलता है। ऐसे प्रतिष्ठानों में प्रशिक्षण पाकर ग्रामीण नवयुवक अन्यत्र रोज़गार पा सकेंगे। गाँव के अर्ध शिक्षित और अशिक्षित लोग प्रशिक्षण लेने शहर नहीं जाते, इसलिए प्रशिक्षण गाँव में ही मिले और गाँव वालों को रोज़गार गाँव में ही मिले, तो धनोपार्जन का इससे सुखद तरीक़ा नहीं हो सकता।

ज़मीन की लूट

कई बार किसान 30-40 साल से किसी ज़मीन पर काबिज़ रहता है और खेती कर रहा होता है फिर भी उसका नाम ख़सरा-ख़तौनी पर कहीं भी नहीं लिखा जाता। काग़ज़ों पर नाम उस बेनामी किसान का रहता है जो कभी ज़मीन के पास नहीं आया, उसे उस इलाक़े में कोई जानता भी नहीं।

किसान अपना ख़ून-पसीना बहाकर जिस ज़मीन पर शताब्दियों से अनाज उगाता रहा है, उस पर अपना हक़ पाने के लिए उसने कितनी लड़ाइयां लड़ी हैं और आज भी लड़ रहा है। पुराने समय में वह चैथ और सरदेसाई जैसों को लगान देता था, लेकिन ज़मीन का मालिक नहीं था, बाद में उसने जज़िया चुकाई और मुग़लों की ज़मीन पर काम करता रहा। अंग्रेज़ों का ज़माना आया, तो ज़मींदार को पैदावार का हिस्सा देता था, लेकिन ज़मीन का वह मालिक नहीं था। आज़ादी के बाद भी उसने सरकारों को लगान चुकाया, लेकिन ज़मीन पर उसका हक़ नहीं था। उसे पचास के दशक में बीस गुणा लगान लेकर भूमिधर बनाया तो गया, लेकिन भू-माफ़िया और साहूकार उसकी ज़मीन पर नज़र गड़ाए रहे।

अंग्रेज़ों के ज़माने में कुछ कंपनियां थीं, जो ज़मीन पर क़ब्ज़ा किए बैठी थीं। इन्हीं में से एक थी- "ऐड लैंड" कंपनी जो बाद में पता नहीं कहां चली गई, लेकिन उसकी ज़मीन पर साठ के दशक में पहली चकबंदी के समय बेनामी किसानों ने अपने को सीरदार बताकर क़ब्ज़ा कर लिया था। एक दिन 1995 में वह ज़मीन उस बेनामी किसान ने बेच दी और किसान ठगे से रह गए। ध्यान देने की बात है कि न तो ज़मीन का बेनामी किसान सामने आया और न गवाहों को कोई जानता था। लेखपाल ने किस तरह व्यवस्था की और बैनामा कैसे हुआ, यह सब सरकार की मिलीभगत के बिना संभव नहीं था। ऐसे तमाम प्रकरण एक ही तहसील में मिल जाएंगे, तो देश में क्या हाल होगा।

गाँव में ज़मीन की लूट का मतलब है किसान के जानमाल की लूट। वह चैन का जीवन नहीं जी पाता क्योंकि ज़मीन के मुक़दमों से किसान को चैन नहीं मिलता। कई बार किसान 30-40 साल से किसी ज़मीन पर क़ाबिज़ रहता है और खेती कर रहा होता है, फिर भी उसका नाम ख़सरा-ख़तौनी पर कहीं भी नहीं लिखा जाता। काग़ज़ों पर नाम उस बेनामी किसान का रहता है, जो कभी ज़मीन के पास नहीं आया, उसे उस इलाक़े में कोई जानता भी नहीं। यदि फ़र्ज़ी किसानों के नाम ग्राम प्रधान की मदद से अभिलेखों से हटाने की व्यवस्था हो, तो गोरखधंधा उजागर होगा।

नक़ली किसानों का एक और वर्ग है, जो टैक्स बचाने के लिए किसान बनता है, चाहे इंजीनियर, डॉक्टर, वकील, पुलिस अधिकारी, आर्किटेक्ट, सोने-चांदी के व्यापारी, आरटीओ हों, किसान बनना चाहते हैं और खेती की ज़मीन हड़पते हैं और अपनी काली कमाई को खेती की आय दिखाकर टैक्स बचाते हैं और किसान उसी ज़मीन पर मज़दूरी करता है। यदि खेती की आमदनी पर टैक्स माफ़ी का लाभ केवल असली किसानों को मिले, तो इसका समाधान निकल सकता है। ऐसी ज़मीनों पर बने फार्महाउसों पर कैसे-कैसे धंधे होते हैं, यह समय-समय पर सामने आता रहता है। ज़मीन का हस्तांतरण होते समय देखने में आता है कि चकबंदी, रेवेन्यू और रजिस्ट्री अभिलेखों में कोई तालमेल नहीं है। सरकार भू-लेख के माध्यम से पारदर्शिता लाई है, परंतु यह पारदर्शिता अधूरी है। जब तक भू-लेखों के लिए केवल लेखपालों पर निर्भरता रहेगी तब तक समस्या का हल निकलना कठिन है।

सरकारी अधिकारियों और कर्मचारियों की जानकारी के बिना यह संभव नहीं कि ज़मीन बेचने वाला फ़र्ज़ी, ख़रीदने वाला फ़र्ज़ी और गवाह भी फ़र्ज़ी, लेकिन बैनामा दाख़िल हो जाए और ख़ारिज भी हो जाए। ऐसे बैनामे के आधार पर बैनामा से बैनामा होता रहे, ज़मीन बिकती रहे। ग़रीब किसान जो ज़मीन पर ख़ून-पसीना बहाकर खेती करता है, उसे पता तब चलता है जब पुलिस की मदद से दबंग लोग ज़मीन ख़ाली कराने पहुंचते हैं। एक उदाहरण ऐसा भी है जिस में दलित की ज़मीन बिना सरकारी अनुमति

के सवर्ण को बेची गई और आराम से दाख़िल-ख़ारिज हो गया। एक तीसरे उदाहरण में ग्राम समाज की ज़मीन को 'नांद' के नाम कर दिया गया, वही नांद जिस में जानवर चारा खाते हैं। कुछ और उदाहरण हैं, पचासों किसान 30-40 साल से खेती कर रहे हैं, मगर लेखपाल ने क़ब्ज़ा तक दर्ज नहीं किया और दूसरे मामलों में लोगों के वारिस तक बदल दिए गए।

ज़मीन की बिक्री, बैनामा, दाख़िल-ख़ारिज, वसीयत, क़ब्ज़ा, भू-उपयोग, ग्राम-समाज की ज़मीन का दुरुपयोग आदि सब में सरकारी कर्मचारियों और अधिकारियों ने किसानों को ख़ूब रुलाया है। सरकार की किसान हितैशी मंशा को फ़ेल करने में बैनामा लिखनेवाले वकील, खड़े किए गए फ़र्ज़ी गवाह, सरकारी कर्मचारियों का गिरोह है। बैनामा में ग़लत जानकारी लिखाकर स्टांप ड्यूटी कम देना तो साधारण बात है, परंतु ज़मीन की सट्टेबाज़ी से कालाधन दिन दुगना रात चौगुना हो रहा है। एक भू-माफ़िया जब 5 लाख की ज़मीन ख़रीद कर तीन साल बाद 50 लाख में बेचता है, तो 45 लाख के लाभ का बड़ा हिस्सा ब्लैक में लेता है। यह आंकड़े पतीली के एक चावल की तरह हैं जिससे पूरी पतीली का अंदाज़ा लगाया जा सकता है।

मुझे याद है एक बार समाजवादी पार्टी के एक नेता ने कहा था यदि कोई किसान 30-40 साल से किसी ज़मीन पर क़ाबिज़ है और खेती कर रहा है, तो ज़मीन उसके नाम हो जानी चाहिए। इसे किसानों का दुर्भाग्य कहा जाएगा कि इस विचार को क़ानूनी जामा नहीं पहनाया जा सका, भले ही एक प्रावधान वर्ग 9 के नाम से आया था, जिस में 12 साल तक किसी ज़मीन पर खेती करने वाला किसान उस ज़मीन का हक़दार हो जाता था। अब वह प्रावधान भी समाप्त हो गया है। शहरों में मकान के किराएदारों तक के अधिकार हैं, लेकिन किसान को ज़मीन पर पुश्तैनी क़ब्ज़े के बावजूद ऐसा अधिकार नहीं है।

आवश्यकता इस बात की है कि: (1) ज़मीन की ख़रीद-फ़रोख्त में गवाह स्थानीय हो, (2) बेचने वाले की पहचान ग्राम प्रधान द्वारा प्रमाणित करना अनिवार्य हो, (3) दाख़िल-ख़ारिज के लिए दी गई रिपोर्ट पर लेखपाल

के साथ ही ग्राम प्रधान के भी हस्ताक्षर हों, (4) ज़मीन की चौहद्दी स्पष्ट रूप से परिभाषित हो, (5) बिना क़ब्ज़ा बैनामा से बैनामा का प्रावधान समाप्त हो, (6) बेचने वाले की ज़िम्मेदारी हो कि वाद रहित होने, भवन और पेड़ न होने का प्रमाण पेश करे, अर्थात ज़मीन का फ़ोटो भी लगाया जाए, (7) यदि बैनामा असत्य निकले अथवा बेचने-ख़रीदने वाले फ़र्ज़ी पाए जाएं, तो बैनामा निरस्त करने के लिए ज़िलाधिकारी को सक्षम बनाया जाए, अदालती चक्कर न लगाने पड़ें।

इस बात पर बहस होनी चाहिए कि सरकार या उद्योगपति जब किसान की भूमि ले, तो किसान का क्या लाभ होगा। परंतु उससे भी बड़ी बहस का विषय ये होना चाहिए कि पैसे के बल पर प्रशासनिक तिकड़म के सहारे ज़मीन हथिया रहे धनकुबेरों पर अंकुश कैसे लगेगा? गाँव समाज की ज़मीन का वारा-न्यारा हो रहा है। अफ़सोस तो इस बात का है कि गाँव-गाँव में आजकल ज़मीन बिक्री के दलाल उपलब्ध हैं, उनके पास न तो कोई लाइसेंस है, न वैधानिक ज़िम्मेदारी है, इसलिए ठगी भी ख़ूब चलती है। गाँव में अतिक्रमण हटाने के लिए कोई एजेंसी नहीं है और अधिकारी यही कहते हैं कि 'अदालत जा सकते हो'।

कृषि भूमि ख़रीदते समय यह अनिवार्य होना चाहिए कि ख़रीदार एक साल के अंदर खेती करना आरंभ कर दे, जैसे शहरी प्लॉटों पर मकान बनाने का प्रतिबन्ध है। यदि ज़मीन ख़रीदने वाला एक साल के अंदर खेती करना आरंभ नहीं करता, तो बैनामा निरस्त हो जाना चाहिए। ज़मीन दुबारा बेचने के लिए कम से कम 10 साल की सिंचाई और लगान की रसीदें विक्रेता द्वारा संलग्न करनी अनिवार्य होनी चाहिए।

एक प्रकरण ग्राम पंचायत कुनौरा, तहसील बक्षी का तालाब, ज़िला लखनऊ का था, जिस में क़रीब 5 एकड़ ज़मीन थी, जो किसी बृजजीवन लाल के नाम बेनामी दर्ज थी, जिनका अस्तित्व प्रमाणित नहीं था और ज़मीन से उसका कुछ लेना देना नहीं था। कुनौरा पंचायत के अनेक गाँव के लोगों ने प्रमाणित किया कि ऐसा कोई किसान था ही नहीं। इस पुरानी परती

ज़मीन के एक भाग पर "भारतीय ग्रामीण विद्यालय" 1972 से क़ाबिज़ है। बृजजीवन लाल ने 1995 में यह ज़मीन पटना, बिहार के निवासी किसी संजीव सिंह को बेच दी। संजीव सिंह का जो पता बैनामा में लिखा है, उस पर कोई संजीव सिंह नहीं रहता था, प्रकरण ज़िलाधिकारी ने संज्ञान में लिया और प्रभावी क़दम उठाकर सारे बैनामे निरस्त करके ज़मीन को ग्राम समाज में निहित कर दिया और भू-लेखों में उल्लेख हो गया है। इस सब के बावजूद ग्राम समाज में निहित की गई ज़मीन पर नाजायज़ क़ब्ज़े आरंभ हो गए हैं।

अभिलेखों में ज़मीनों का गोरखधंधा रोकने के लिए उत्तर प्रदेश सरकार ने भू-लेख इंटरनेट पर डाल कर, अभिलेखों में पारदर्शिता लाने का प्रयास किया है। इस पारदर्शिता के प्रकाश में पिछले सालों में और अब भी जो घालमेल हुए हैं, सब सामने आ रहे हैं। पारदर्शिता का लाभ किसानों को तभी मिल सकेगा, जब विसंगतियों की जानकारी हो और उन्हें दूर करने की कोशिश हो। भू-लेखों में पारदर्शिता लाना अच्छा क़दम है, जिससे भू-उपयोग का पता लगाया जा सकता है, परंतु भू-लेख में वास्तविक भू-उपयोग का उल्लेख नहीं रहता। जब ज़मीन का हस्तांतरण यानी दाख़िल-ख़ारिज किया जाए, तो भू-लेख में स्पष्ट उल्लेख होना चाहिए कि किस उपयोग के लिए ज़मीन ख़रीदी जा रही है। यदि ज़मीन ख़रीदने वाला एक साल के अंदर खेती करना आरंभ नहीं कर देता, तो बैनामा निरस्त हो जाना चाहिए। ख़रीदी गई ज़मीन दुबारा बेचने के लिए कम से कम 10 साल की सिंचाई और लगान की रसीदें विक्रेता द्वारा संलग्न करनी अनिवार्य होनी चाहिए।

प्रधानमंत्री नरेंद्र मोदी ने विकास में गति लाने के लिए जापान, चीन, मंगोलिया, दक्षिण कोरिया, अमेरिका, फ़्रांस, कनाडा, जर्मनी, आस्ट्रेलिया सहित तमाम देशों से भारत आकर उद्योग लगाने का न्योता दिया है और सकारात्मक जवाब भी मिला है। अब यदि भारत सरकार ज़मीन का अधिग्रहण करके उन्हें देती है और किसान अदालत जाता है, जहां बीसों साल लग सकते हैं, तो उद्योगपति प्रतीक्षा तो नहीं करेगा। इसके विपरीत यदि जल्दबाज़ी में भूमि अधिग्रहण किया गया, तो किसानों के साथ अन्याय

हो सकता है। प्रजातांत्रिक भारत में जन आक्रोश के सामने टाटा को अपनी परियोजना समेट कर पश्चिम बंगाल से गुजरात भागना पड़ा था। हमारे देश में टिहरी और नर्मदा बांधों के ख़िलाफ़ आंदोलन होते हैं, पर्यावरण के नाम पर, पैसे विदेशों से आता है। एक तरफ़ माओवादी चीन की विकास दर से बराबरी करनी है, तो दूसरी तरफ़ अपनी आज़ादी भी बचानी है। दोनों ही स्थितियों के बीच कोई सामंजस्य होना ही चाहिए। इतना तो समझ में आता है कि प्रधानमंत्री मोदी भारत को उद्योग प्रधान देश बनाना चाहते हैं। किसान इसे ज़बरदस्ती स्वीकार नहीं करेगा, परंतु यह प्रक्रिया अंततः धीमी गति से ही सही चल तो रही है। पचास के दशक में ग्रामीण आबादी 80 प्रतिशत थी, जो अब 68 प्रतिशत बची है। इससे इंकार नहीं किया जा सकता कि विकसित देशों में किसानों की आबादी 25 से 50 प्रतिशत के बीच है और सिंगापुर जैसे देशों में और भी कम। लेकिन भारत में प्रजातांत्रिक व्यवस्था के अंतर्गत किसानों को प्रत्यक्ष रूप से बेहतर विकल्प देना होगा और उन्हें संतुष्ट भी करना होगा, नहीं तो भूमि अधिग्रहण को लूट जैसा समझा जाएगा।

भारत के पहले प्रधानमंत्री जवाहर लाल नेहरू ने महात्मा गांधी का ग्राम स्वराज का मार्ग छोड़ कर साइंस और टेक्नोलॉजी का रास्ता पकड़ा था। परिणाम यह हुआ कि खाद्यान्नों की आपूर्ति घट गई। अब यदि भारत को आध्यात्मवादी मार्ग छोड़ कर शुद्ध भौतिकवादी रास्ता पकड़ना है, तो यह प्रजातंत्र की सीमा में करना होगा, अन्यथा उसे भारतवासी किसी क़ीमत पर स्वीकार नहीं करेंगे।

इस संदर्भ में यदि हम भूमि अधिग्रहण पर विचार करें, तो भारत के लोग धरती को मां समान समझते हैं और शहरों में अच्छी नौकरी मिल जाने पर भी पुश्तैनी ज़मीन आमतौर पर बेचते नहीं हैं। इसलिए किसानों की सहमति के बिना ज़मीन लेना उन्हें अदालत में गुहार लगाने के लिए मजबूर करेगा। सरकार को ध्यान रखना चाहिए कि चार गुणा क़ीमत देने भर से किसान की संतुष्टि नहीं होगी, क्योंकि ज़मीन बेचने और दूसरों द्वारा अधिग्रहीत करने में अंतर है। भू-अधिग्रहण के मामले में गुजरात मॉडल ठीक रहा था और माननीय उच्चतम

न्यायालय ने भी उसे ठीक माना था। अब उचित यह है कि यदि अधिग्रहण के बाद पांच साल तक भी उद्योग नहीं लगाया जाता है और इस बीच ज़मीन के दाम 4 गुणा से अधिक बढ़ जाते हैं, तब किसान के साथ 5 साल के लिए दुबारा समझौता करना चाहिए। आशा है सरकार व्यावहारिक रवैया अपनाएगी।

अनुसूचित जाति का विक्रेता अपनी ज़मीन का पूरा दाम नहीं पाता, जबकि सवर्णों की उतनी ही और उसी प्रकार की ज़मीन को कम से कम डेढ़ गुणा दाम मिलता है। बहुत से अनुसूचित जाति के लोगों के पास अलाभकर भूमि होती है, जिसे वे बेचकर कोई व्यवसाय शुरू करना चाहते हैं, परंतु यदि वे बिरादरी के बाहर बेचें, तो बेचने में रुकावटें आती हैं, और बिरादरी में बेचने से उन्हें पूरा दाम नहीं मिलता। उन्हें पूरा दाम तभी मिल सकेगा, जब वे खुले बाज़ार में बेच सकेंगे। सरकार यह जानने की कोशिश नहीं करती कि अनुसूचित समाज के लोग अपनी ज़मीन का पूरा दाम चाहते हैं या जो भाव बिके ज़मीन को बिरादरी में ही रहने देना चाहते हैं।

अनुसूचित जाति के लोगों की भूमि को केवल अनुसूचित लोग ही ख़रीद सकते हैं, यह प्रावधान कब और क्यों बना, इसके विस्तार में जाने की आवश्यकता नहीं है, परंतु वर्तमान परिप्रेक्ष्य में इसकी उपयोगिता की समीक्षा की जानी चाहिए। हमारे राजनेता वोट की चिंता करते हैं, उन्हें अनुसूचित कल्याण से कुछ लेना-देना नहीं है। मैं समझता हूँ कि अनुसूचित वर्ग के लोग दस-पंद्रह बिस्वा ज़मीन लेकर खेतिहर मज़दूर का जीवन बिताने के बजाए उसे बेचकर व्यापार करने के पक्ष में रहेंगे। यदि वे ऐसा निर्णय लेते हैं, तो उन्हें अपनी ज़मीन का पूरा दाम मिलना चाहिए। वैसे ज़मीन बेचने, न बेचने या किसे बेचें, यह फ़ैसला उस ग़रीब पर ही क्यों नहीं छोड़ते, हाय-तौबा क्यों मचाते हैं कि वह भूमिहीन हो जाएगा।

बदलते भारत में यह सोच होनी चाहिए कि अनुसूचित को इतना सक्षम बनाएं कि यदि वह अपनी इच्छा से चाहे तो दूसरी बिरादरी की ज़मीन भी ख़रीद सके, लेकिन वह सक्षम बनेगा कैसे? दस बिस्वा अलाभकर ज़मीन से चिपके रहकर भुखमरी का जीवन-यापन तो कर सकेगा, सक्षम नहीं बनेगा।

तमाम नियमों के बावजूद अनुसूचित की ज़मीन बिकती है और उसमें न तो किसान का लाभ होता है और न ही सरकार का। कुछ लोग अपने अनुसूचित नौकर के नाम से अनुसूचित किसान की ज़मीन ख़रीद कर सट्टेबाज़ी करते हैं और क़ानून को धता बताते हैं। सरकार को स्टांप का पैसे कम मिलता है और नौकर को कुछ पैसे ज़रूर मिल जाता है। यदि कोई बिल्डर किसी अनुसूचित की ज़मीन ख़रीदना चाहता है, तो वह भी अपने अनुसूचित नौकर या अनुसूचित मित्र के नाम ख़रीद कर भू-उपयोग बदलवा लेता है और बिल्डिंग खड़ी कर देता है। प्रतिबंध तो खेती की ज़मीन पर है, भू-खंड और भवन बेचना संभव है। इस तरह केवल भ्रष्टाचार को बढ़ावा मिल रहा है।

यदि कोई अनुसूचित किसान अपनी थोड़ी-सी बची ज़मीन या बंटवारे के बाद मिली थोड़ी ज़मीन ज़िलाधिकारी से आदेश लेकर बेचना चाहे और शहर में मकान बनाना और दुकान चलाकर सुख-शांति की ज़िंदगी जीना चाहे, तो वह ऐसा नहीं कर सकता, क्योंकि ज़मीन बेचने की अनुमति तो ज़िलाधिकारी से तभी मिलेगी जब बेचने के बाद उसके पास तीन एकड़ ज़मीन बचती है। यदि इतनी ज़मीन होती, तो शायद वह किसानी ही कर सकता था। अब जंगलराज नहीं रहा, जब अनुसूचित की ज़मीन कोई लठैत ले जाए। अब तो अनुसूचित समाज के लोग सरकार चलाते हैं, बड़े अधिकारी हैं, नेता हैं, वकील और जज हैं। अब जंगल राज तो कम से कम नहीं चलेगा, इसलिए बंदिशें बेकार हैं।

अनुसूचित ही नहीं, दूसरे किसान भी अपने बच्चों को शहर भेजकर अच्छे स्कूलों में पढ़ाना चाहते है, उन्हें बढ़िया कपड़े पहनाना, पौष्टिक व सुस्वादु भोजन खिलाना चाहते हैं, वे सुविधाजनक मकान में रहना और अच्छे अस्पतालों में इलाज कराना चाहते हैं, परंतु यह सब तभी हो सकता है जब उनके पास नियमित और भरोसे की आमदनी हो। वह हमेशा से धान, गेहूं, दालों और तेल वाले अनाजों की खेती करता आया है, परंतु इससे उसे अपना पेट भरने के अलावा कुछ नहीं मिलता था। आज के युग में खेती एक

उद्योग की तरह हो गई है, जिसके लिए बड़ी पूंजी की आवश्यकता होती है। ग़रीब किसान के पास पूंजी नहीं है, इसलिए बड़ी पूंजी के साथ कुछ किसान संपन्न हो रहे हैं, वही ग़रीब किसान मज़दूरी करके परिवार का पेट पाल रहे हैं।

शहरीकरण से खेती की ज़मीन घट रही है और मशीनों के प्रयोग और जीवन शैली में बदलाव से डीज़ल, पेट्रोल और गैस की ज़रूरत और पैदावार की लागत भी बढ़ी है। सरकारों ने पूंजी बढ़ाने के लिए किसानों को क़र्ज़ की सुविधा बहुत सरल कर दी है, इसलिए किसान ख़ूब क़र्ज़ा लेता है, लेकिन उन्हीं सरकारों ने क़र्ज़ा माफ़ी की परंपरा भी डाली है। क़र्ज़ा माफ़ी की आशा में किसानों की ऋण अदा करने की आदत कमज़ोर हो गई है और आज की तारीख़ में किसान केवल क़र्ज़दार ही नहीं, उसके खेतों की नीलामी और उसके आत्महत्या करने तक की नौबत आती है। एक ही उपाय है कि किसान को आत्मनिर्भर बनाकर उसका पुराना स्वाभिमान जगाना है।

गाँव का पहला आठवीं पास

मैं अपने गाँव का पहला व्यक्ति था जिसने कक्षा 8 पास कर ली थी और भगवान की कृपा से कक्षा 9 की पढ़ाई के लिए लखनऊ जा पाया था।

प्रारंभिक शिक्षा परिवार से ही आरंभ होती है, इसलिए कहते हैं परिवार बच्चे की पहली पाठशाला है। लेकिन अधिकांश परिवार अशिक्षित होने के कारण और प्राथमिक स्कूल भी दूर-दूर तक न होने के कारण गाँवों में पढ़ाई लिखाई का काम मुश्किल ही रहता है। पुराने समय में तो जो बच्चे स्कूल जाते भी थे, वे कक्षा 5 के बाद घर बैठ जाते थे। वही बच्चे आगे पढ़ पाते थे, जिनको परिवार का मार्गदर्शन मिलता था अथवा ईश्वरीय प्रेरणा होती थी।

मुझे ख़ुद पता नहीं कि मैं बाधाओं को पार करता हुआ क्यों और कैसे पढ़ता गया। मुझे याद है 75 साल पहले मेरे परिवार और गाँव में साक्षर होने भर से अधिक कोई नहीं पढ़ा था। मुझमें चाह रहती थी कि पढ़ना है, लेकिन यह नहीं जानता था मैं क्या बनने के लिए पढ़ूंगा और कैसे पढ़ सकूंगा। सच कहूं तो मेरे पिता या परिवार को भी नहीं पता कि वे मुझे क्यों पढ़ा रहे थे। सच्चाई यह है कि सरकार को भी नहीं पता था कि वह हमें क्या बनाने के लिए पढ़ा रही है। आज की सरकार को भी शायद नहीं पता होगा कि शिक्षा का उद्देश्य और दिशा क्या है। अंग्रेज़ों के ज़माने में मैकाले नाम का शिक्षाविद था, उसे पता था कि वह भारत में क्लर्क पैदा करने के लिए स्कूल कॉलेज चाहता था, जिससे वे सही अंग्रेज़ी लिखने-पढ़ने वाले क्लर्क बना सकें। वास्तव में पराधीन भारत में अंग्रेज़ों की आवश्यकता के हिसाब से शिक्षानीति बनाई जाती थी। अंग्रेज़ों को इंजीनियर अथवा डॉक्टर नहीं बनाने थे, अच्छे क्लर्क बनाने थे। आज़ाद भारत के शिक्षा प्रबंधकों को यह भी नहीं पता था कि उनकी शिक्षा का लक्ष्य क्या है अथवा गाँवों के स्कूल और

कॉलेजों के माध्यम से क्लर्क भी तैयार हो सकते थे अथवा नहीं। अंग्रेज़ों के जाने के बाद नई प्राथमिकताएं बननी चाहिए थीं।

मेरे पिता जी को पढ़ने का बहुत शौक़ था, लेकिन पूरा नहीं हुआ। घर में 'दूध' से खोया बनाकर बेचने का व्यवसाय था और इसलिए उनको उसी में लगना पड़ा। वह बताया करते थे कि घोड़े पर बैठकर इटौंजा को खोया पहुंचाते थे, फिर लौट कर अमानीगंज के प्राइमरी स्कूल में पढ़ने जाते थे। शायद कक्षा 2 तक पढ़ पाए थे। उनके साथ के लोगों में भी शायद ही कोई कक्षा 5 तक पहुंच सका था। संभव है उनकी और उनके साथ के लोगों की कहानी सुनकर मेरे मन में पढ़ाई की चाहत जगी हो। जो भी हो एक प्रकार से मैंने चुनौती स्वीकारी और परमात्मा ने साथ दिया।

गाँव के बच्चों को न तो रेडियो, न समाचार पत्र, न टीवी जैसी सुविधाएं रहती हैं और न शिक्षित परिवारों में मार्गदर्शन मिलता है। पहले तो बिल्कुल नहीं था। ग्रामीण छात्र-छात्राओं को एकलव्य की भांति स्वयं ही संघर्ष करना पड़ता है। अब सरकार ने शिक्षा का अधिकार अधिनियम 2005 बनाया तो है, जिससे अपेक्षा है कि समान प्राइमरी शिक्षा देश के लोगों को मिलेगी, लेकिन देश में न तो विद्यालय एक समान हैं और न शिक्षक, तब यह लक्ष्य कैसे पूरा होगा?

सरकार चलाने वालों की अलग सनक होती है। कोई सरकार स्कूल 20 मई को बंद करती है, तो कोई पहली जून को अथवा 31 मार्च को। दो सत्रों के बीच में कोई तैयारी का समय मिलेगा अथवा नहीं। इसी तरह कभी ज़्यादा गर्मी के कारण तो कभी ज़्यादा सर्दी के कारण स्कूल बंद किए जाते हैं। एक दिन गजोधर के बच्चे स्कूल नहीं गए थे, पता चला सरकारी स्कूल में शहर से आने वाली मास्टरनी आजकल पढ़ाने नहीं आ रही है। सरकारी स्कूलों में तैनात मास्टरनी कई बार बच्चों की देहाती बोली तक नहीं समझतीं। बच्चों ने बताया – "दीदी चाहती हैं हम उन्हें मैम कहें, गुड मॉर्निंग बोलें, मगर दोपहर के बाद क्या बोलें? हम तो नमस्ते कहते हैं सुबह दोपहर या रात को भी।" उत्तर प्रदेश के लगभग एक लाख गाँवों की सभी पंचायतों में स्कूल

खुल गए हैं। बच्चों को कोई फ़ीस नहीं देनी पड़ती, किताबें मुफ़्त मिलती हैं, दोपहर को ठेकेदार ताजा भोजन लाता है। यूनीफॉर्म और वज़ीफ़ा भी मिलते हैं, लेकिन अच्छी शिक्षा नहीं मिलती। इलाहाबाद उच्च न्यायालय ने आदेश दिया है कि इलाक़े में तैनात सभी सरकारी अधिकारी और कर्मचारी अपने बच्चों को सरकारी स्कूलों में ही पढ़ाएं। तब शायद सरकारी स्कूलों का स्तर सुधरे और गजोधर के बच्चे भी स्कूल में अच्छी शिक्षा पा सकें।

अच्छी शिक्षा, शानदार भवन, बढ़िया फ़र्नीचर और साज-सज्जा से नहीं मिलेगी, वह मिलेगी अच्छे अध्यापकों से। पुराने समय में कक्षा 2 तक लकड़ी की एक तख़्ती रहती थी, जिसे कोयले से पोत कर चमकाना होता था। इस बात पर मुक़ाबला होता था किसकी तख़्ती अधिक चमाचम है। एक मिट्टी का बुदिका यानी दवात होती थी, जिसमें खड़िया घोलकर सेंठा की क़लम से खुष्कत लिखते थे। प्रतीक्षा रहती थी कब तख़्ती की जगह कॉपी पर लिखने का अवसर मिलेगा। मुझे याद है एक दिन कुनौरा स्कूल जाते हुए मैं गिर गया था और मेरा बुदिका फूट गया था। मुंशी ज़ालिम सिंह ने इमला बोलना शुरू किया, तो मैं बुदिका के दो टुकडे सामने रखकर उसमें बची खड़िया से लिखने की कोशिश कर रहा था, मुंशी ज़ालिम सिंह ने देख लिया, तो सामने वाले बच्चे से बुदिका मेरे साथ शेयर करने को कहा। मेरे मन में उनके लिए बहुत सम्मान बढ़ गया था।

कुनौरा प्री-प्राइमरी से कक्षा 2 पास करके अमानीगंज जाना पड़ा, जो 10-15 गाँवों के बीच में अकेला प्राइमरी स्कूल था और हम तीन लोग क़रीब 5 किलोमीटर जाते थे। हमारे कक्षा अध्यापक पंडित बंशीधर अवस्थी अहेवा से 6 किलोमीटर पैदल चलकर आते थे। कभी विलंब नहीं होती थी, चाहे सवेरे का स्कूल हो या दिन का। स्कूल की अपनी बिल्डिंग नहीं थी और न कोई तामझाम। दीवारों पर एक घड़ी, कुछ चार्ट और नक़्शे टंगे रहते थे। कक्षा 5 में दीवार पर दुनिया का नक़्शा टांग कर समझाते थे कोलंबस किस समुद्री मार्ग से चला था और कहां पहुंचा था। नक़्शे में दुनिया के महासागर, पर्वत, देश और उनकी राजधानी कक्षा 5 के बाद पता चल जाती थीं। इसे कहेंगे अच्छी शिक्षा।

आजकल ग्रामीण अपने बच्चों को अच्छी शिक्षा देना चाहते हैं, लेकिन अध्यापकों में पढ़ाने की लगन नहीं बची। ग्रामीण महंगी शिक्षा की क़ीमत चुकाने को तैयार हैं। उन्होंने शिक्षा के महत्व को समझा है और तकलीफ़ उठाकर भी अपने बच्चों को अच्छी शिक्षा देना चाहते हैं। लेकिन दूर देहात के लोग अभी भी अच्छे स्कूलों से वंचित हैं, जहां पढ़कर नौकरी मिल सके। स्कूलों में ठीक पढ़ाई न होने के कारण ग्रामीण अपने बच्चों को ट्यूशन और कोचिंग कराते हैं, जिनकी हालत कोई बेहतर नहीं। पढ़कर किसानों के बच्चों को नौकरी चाहिए, पढ़े लिखे ग्रामीणों की खेती किसानी में रुचि नहीं और नौकरी मिलती नहीं।

शिक्षा में गुणवत्ता के लिए यदि गाँवों में सरकार उतने ही स्कूल खोले, जिनमें अच्छी शिक्षा दी जा सके, चाहे प्रत्येक पंचायत में एक ही स्कूल हो, तब शिक्षास्तर सुधर सकता है, लेकिन सर्वशिक्षा का लक्ष्य पूरा नहीं होगा। हालत यह है कि गाँवों के प्राइमरी स्कूलों में पांच कक्षाओं पर एक या कभी दो अध्यापक रहते हैं। वे भी यदि पूरे समय पढ़ाएं और प्रतिदिन आएं तो अंतर आ सकता है। इतना ही नहीं मोटी पगार के बावजूद सरकारी अध्यापकों में हड़ताल करने की आदत बढ़ रही है। पंचायत स्तर पर नियुक्त शिक्षामित्र भी लामबंद हो रहे हैं वेतन बढ़ाने और नियमितीकरण के लिए। इसका निदान खोजने की ज़रूरत है।

कभी गाँव वालों का स्वास्थ्य अच्छा हुआ करता था, लेकिन अब गाँव के स्कूलों में खेलकूद प्रतियोगिताएं, प्राणायाम और विविध व्यायाम नहीं होते, क्योंकि ग्राम पंचायतो के पास खेल-कूद के लिए ज़मीन नहीं है। जो ज़मीन है भी उसकी चकबंदी नहीं होती और जिसके खेत के पास है वह जोत लेता है। पुराने समय में स्कूलों में नियमित रूप से पीटी, व्यायाम और लेज़म के कार्यक्रम होते थे। अब तो टूर्नामेंट भी बंद हो गए हैं। डिप्टी साहब का मुआयना भी समाप्त हो गया है। जो पुराने समय में सघन निरीक्षण द्वारा कक्षा में जाकर पढ़ाई के स्तर की जांच करते थे और अध्यापकों को आवश्यक निर्देश देते थे। अब तो प्रायः निरीक्षक विद्यालयों के रजिस्टर देखकर जांच पूरी कर लेते हैं। निरीक्षण स्टाफ की भूमिका लगभग समाप्त हो गई है।

इन सब का परिणाम यह हुआ है कि शिक्षा की गुणवत्ता में बहुत गिरावट आ गई है। पहले बिल्डिंग और उपकरणों पर नहीं अध्यापकों की संख्या और दक्षता पर ज़ोर रहता था। हमारे समय में न तो कुनौरा और न ही अमानीगंज के प्राइमरी स्कूलों की अपनी बिल्डिंग थी, परंतु दोनों जगह कक्षाओं के बराबर अध्यापक थे। गाँव के बच्चे पढ़ाई में शहरी बच्चों से पीछे नहीं रहते थे। अब चूंकि पिछड़ेपन को जातियों से जोड़ दिया गया है, इसलिए क्षेत्रीय ग़रीबी और पिछड़ेपन पर ध्यान नहीं जाता। क्षेत्रीय पिछड़ेपन का यह हाल है कि गाँवों की साक्षरता 58.7 प्रतिशत है, जबकि शहरों की 79.9 प्रतिशत। देहात की महिलाओं की साक्षरता 46.1 प्रतिशत है और शहरी महिलाओं की 72.9 प्रतिशत। हमारे तथाकथित सेक्युलर राजनेता भी आबादी को जातियों और धर्मों में विभाजित करते हैं। बिगड़ी शिक्षा का कारण कैसे पता चलेगा।

प्राइमरी शिक्षा की गुणवता सुधारने में अध्यापकों की कमी बाधक है, जिसके लिए राष्ट्रीय रोज़गार गारंटी अधिनियम को शिक्षा के अधिकार अधिनियम के साथ जोड़ देना चाहिए। उस स्थिति में रोज़गार गारंटी स्कीम के अंतर्गत फावड़ा चलाने वाले मज़दूर भी होंगे और स्थानीय स्तर पर उपलब्ध शिक्षित बेरोज़गार युवक भी। ऐसे युवक प्राइमरी स्कूलों में शिक्षकों की कमी पूरा करेंगे और जनगणना जैसे विविध काम, जो अध्यापकों से कराए जाते हैं, वे भी हो जाएंगे। इनमें से अनेक नवयुवक उचित प्रशिक्षण देकर शिक्षामित्रों की तरह काम कर सकेंगे। हमें याद रखना चाहिए "बिना गुरु ज्ञान मिले कहो कैसे"। मैं याद करता हूं पचास के दशक का ज़माना, जब स्कूल अपने अध्यापकों के कारण जाना जाता था। अतीत काल में तो शिष्य अपने गुरु के नाम से ही जाना जाता था, अपने माता पिता के नाम के कारण नहीं। भीष्म पितामह अपना परिचय देते थे "परशुराम शिष्य भीष्म"। इसी प्रकार अर्जुन का भी परिचय था "द्रोणाचार्य शिष्य अर्जुन"। तब जो लोग पैसे लेकर ज्ञान देते थे, उन्हें उपाध्याय और जो बिना पैसे लिए ज्ञान देते थे उन्हें आचार्य कहते थे। विद्या दान को सबसे महान माना जाता था। अब

तो आचार्य से अध्यापक और उससे मास्टर जी बनकर रह गए हैं, क्योंकि वे यशस्वी शिष्य नहीं बना पाते।

आज से क़रीब 70 साल पहले इटौंजा का जूनियर हाईस्कूल जिसने 2013 में अपने 100 साल पूरे किए हैं, हमारे गाँव से 12 किलोमीटर पर स्थित है। पचास के दशक में मैं रोज़ पैदल यहां पढ़ने जाता था। यह स्कूल अपनी बिल्डिंग अथवा साज-सज्जा के लिए नहीं, बल्कि मुंशी शारदा बक्श सिंह जैसे अपने अध्यापकों से जाना जाता था। पढ़ाई, अनुशासन, खेल-कूद में भागीदारी सहित सब में मुंशी जी अपने बच्चों को अव्वल देखना चाहते थे। मैंने जब कक्षा 5 की परीक्षा 1951 में अमानीगंज से पास की, तो बड़े बूढ़ों ने तमाम सोचने विचारने के बाद इटौंजा मिडिल स्कूल जाने की राय दी थी।

इटौंजा के अध्यापक बड़ी-बड़ी डिग्री वाले तो नहीं थे, परंतु अपने विषयों का ज्ञान, पढ़ाने का तरीक़ा और लगन उनकी विशेषताएं थीं। अध्यापक अपने छात्रों के हितों की हमेशा रक्षा करते थे। मैं कक्षा 7 में परीक्षा के समय चेचक निकलने के कारण बीमार हो गया था और परीक्षा नहीं दे पाया था। जैसे ही चेचक के दाने कुछ मलिन पड़े, मैं अपने कक्षाध्यापक पंडित ब्रह्मादीन के पास पहुंच गया और मैं दुखी मन से बोला पंडित जी मैं साल बर्बाद नहीं करना चाहता। उन्हें सहानुभूति हुई और बोले मुंशी जी से मिल लो, यदि वह कहेंगे तो मैं परीक्षा अलग से ले लूँगा।

मैं डरता हुआ मुंशी शारदा बक्श सिंह के पास गया और कहानी बताई। मेरी हालत देख उन्होंने पंडित जी को बुलाकर कहा इसकी परीक्षा ले लो। तब मुझे पता चला मुंशी जी कठोर दिखते ज़रूर थे, परंतु बच्चों से स्नेह भी करते थे। उन्होंने जो अवसर मुझे दिया वह नियम से हटकर था।

तब अध्यापक में नैतिक बल होता था, उसे छात्रों से कहना नहीं पड़ता था, अच्छी तरह पढ़ो। अध्यापकों में कर्तव्यबोध था। सरकार की पूर्व निर्धारित स्पष्ट शिक्षा नीति होती थी और वार्षिक कैलेंडर भी। अब सरकारी आदेश आता है कि स्कूल 220 दिन खुलना है, परंतु स्कूल खोलने के लिए इतने दिन बचते ही

नहीं। नेताओं के जन्मदिन और मरने के दिन छुट्टी कर दी जाती है। कुल मिलाकर बहुसंख्यकों के नाम पर 22, अल्पसंख्यकों के नाम से 20 और तीन राष्ट्रीय अवकाश रहते हैं। इसके अलावा 48 रविवार और गर्मी तथा जाड़े की छुट्टियां अलग। प्रवेश और परीक्षा में जो समय लगता है वह भी कम नहीं रहता। इस प्रकार कुल 216 दिन ऐसे होते हैं, जब कक्षाओं में पढ़ाई नहीं होती। केवल 149 दिन पढ़ाई के लिए मिलते हैं। कहां से लाएं 220 दिन। यदि शासन प्रशासन चाहे, तो महापुरुषों के नाम से अवकाश घोषित न करके उस दिन उस महापुरुष के नाम पर कोई छोटा कार्यक्रम किया जाए और अध्यापक बच्चों को बताएं उस महापुरुष के जीवन के विषय में। पढ़ाई के दिन बढ़ाने के लिए आवश्यक है कि प्रवेश और परीक्षाओं के दिन घटाए जाएं। सार्वजनिक अवकाशों का तर्कसंगत आधार हो। पुराने समय में जातीय अथवा मज़हबी आधार पर अवकाश नहीं होते थे, क्योंकि वोट बैंक की चिंता किसी दल को नहीं रहती थी।

मैं अपने गाँव का पहला व्यक्ति था, जिसने कक्षा 8 पास कर ली थी और भगवान की कृपा से कक्षा 9 की पढ़ाई के लिए लखनऊ जा पाया था। मुझे पढ़ने-पढ़ाने का बहुत शौक़ था। जब मैं किसी छुट्टी में गाँव आता था, तो छोटे बच्चों को शंकर जी के चबूतरे पर बिठाकर पढ़ाता था। मुझे शायद बैजनाथ बाजपेयी से यह प्रेरणा मिली थी, जो पड़ोस के गाँव करुवा में हम सब को इकट्ठा करके पढ़ाया करते थे और रास्ते में हम "विजयी विश्व तिरंगा प्यारा" गाते हुए घर आते थे। यह अपने प्रकार का एकल विद्यालय था और यहां कोई फ़ीस नहीं लेते थे, बाद में शायद एक रुपए महीने का शुल्क लगाया था।

सरकारों ने औपचारिक शिक्षा की व्यवस्था तो की, लेकिन इसे अनुत्पादक कार्यक्रम समझ कर उसके हालात को ठीक करने की आवश्यकता नहीं समझी। सच यह है कि शिक्षा के बिना किसी क्षेत्र में उत्पादन संभव नहीं। पुराने समय में गुरु को ब्रह्मा, विष्णु और महेश इसलिए माना जाता था कि वह जीवन संवारता और जीविकोपार्जन का मार्ग बताता था। तब वे बख़ूबी अपना धर्म निभाते थे। आवश्यकता इस बात की है कि प्राइमरी शिक्षा का पूर्ण विकेंद्रीकरण किया जाए। प्राथमिक शिक्षा में ब्लॉक

स्तर पर शिक्षकों की नियुक्ति, तबादले और मूल्यांकन हों। विडंबना यह है कि शिक्षा के बजट का 80 प्रतिशत केवल वेतन पर ख़र्च हो जाता है। वैसे अब घरों से स्कूल की दूरी घटी है, अच्छे भवन बने हैं, कुछ उपकरण भी आए हैं, लेकिन अध्यापकों और छात्रों की संख्या का अनुपात और उनकी योग्यता पर कोई ध्यान नहीं दिया गया।

अध्यापकों का वेतन कई गुणा बढ़ा है, लेकिन अध्यापकों की संख्या और उनकी लगन में सुधार नहीं। इटौंजा मिडिल स्कूल के 100 साल पूरे होने के अवसर को यादगार बनाने के लिए स्कूल के पुराने छात्रों और शुभचिंतकों ने 31 मार्च, 2013 को एक आयोजन किया, जिसमें स्कूल के पुराने प्रधानाध्यापकों, अध्यापकों और प्रतिभावान छात्रों को सम्मानित किया गया था। तब मुझे याद आई थी 60 साल पहले की पहली जुलाई जब मैं 1951 को सहमा हुआ, उम्मीदों की गठरी संजोए 12 किलोमीटर पैदल चलकर अपने दो साथियों अशर्फ़ी लाल और रघुबर दयाल के साथ कक्षा 6 में अपना नाम लिखाने पहुंचा था। हमें प्रवेश मिल गया था। काफ़ी दूर-दूर से विद्यार्थी पढ़ने आते थे। पुराने समय में स्कूलों में कुल 30 सार्वजनिक छुट्टियां होती थीं, तो अब 54 कर दी गईं। नेताओं के ध्यान में नहीं है कि छुट्टियां बढ़ाने से पढ़ाई के दिन घटते हैं। पूर्व राष्ट्रपति दिवंगत अब्दुल कलाम ने कहा था कि लोगों के जन्म और मृत्यु के दिनों पर अवकाश नहीं होने चाहिए और वह स्वयं अपने जीवन की अंतिम घड़ी तक काम करते रहे। पाठ्य पुस्तकों में किन महापुरुषों के नाम पर पाठ होंगे और किनको हटाया जाएगा, यह राजनीति के हिसाब से बदलता रहता है। शिक्षा पर भी सहमति नहीं। यानी ढुलमुल यक़ीनी, यहां तक कि स्कूलों में बच्चों को दी जाने वाली यूनीफॉर्म का रंग बदलता रहता है। कभी नीला, तो कभी ख़ाकी और कभी लाल रंग की पोशाक बांटी जाती है। कभी वज़ीफ़ा मिलेगा, तो कभी नहीं मिलेगा, कभी केवल अनुसूचितों को तो कभी अनुसूचित और पिछड़ों को, तो कभी सभी को और फिर किसी को नहीं। कभी जातीय आधार पर फ़ीस माफ़ी होगी, तो कभी सभी की माफ़ होगी।

स्कूलों में साफ़-सफ़ाई और देख-रेख के लिये चतुर्थ श्रेणी कर्मचारियों के पद हुआ करते थे, अब उनके रिक्त होने पर नई नियुक्तियां नहीं होगी, आउट सोर्सिंग द्वारा काम चलाना होगा। स्कूल साफ़ रहना चाहिए, परंतु बच्चों से अपने कमरे की भी सफ़ाई न कराई जाए। लोग हर बात का मुद्दा बना डालते हैं। शिक्षानीति के नाम से कुछ भी स्थाई नहीं है। यदि बेसिक शिक्षा कमज़ोर हुई तो बाकी सब कमज़ोर हो जाएगा। इससे बचने के लिए ग्राम पंचायतों और क्षेत्र पंचायतों को आर्थिक रूप से स्वावलंबी बनाना होगा। प्राइमरी अध्यापकों को उसी ब्लॉक का निवासी होना अनिवार्य किया जाए जहां स्कूल है।

गाँव के लोगों को तकनीकी प्रशिक्षण के नाम पर बढ़ईगिरी, लोहारगिरी, चर्मकारी, थवईगिरी पर आकर बात रुक जाती है। पंचायत में टाइपिंग, कम्प्यूटर प्रशिक्षण, पत्रकारिता, मोबाइल रिपेयरिंग की बात नहीं सोची जाती। पंचायत को विकास की इकाई बनाने के बारे में कभी सोचा ही नहीं गया, शायद इसलिए कि अधिकांश ग्राम प्रधान अनपढ़ हैं और विकास के लिए सरकारी बाबुओं पर निर्भर हैं।

स्कूल के बाद क्या?

माध्यमिक शिक्षा छात्रों को कोई दिशा नहीं देती। मजबूरी में छात्र डिग्री कॉलेज अथवा विश्वविद्यालयों में नाम लिखा लेते हैं।

गाँवों में बेसिक शिक्षा की कठिनाई अब नहीं है। कक्षा 5 तक प्राथमिक और कक्षा 8 तक उच्च प्राथमिक विद्यालय उपलब्ध हैं, अध्यापक भी हैं। कठिनाई उसके बाद आती है, जब माध्यमिक शिक्षा के लिए विषय, विद्यालय और स्थान का चयन करना होता है। पचास के दशक में मुझे तो उच्च प्राथमिक शिक्षा के लिए भी संघर्ष करना पड़ा था, लेकिन अब कामचलाऊ माध्यमिक विद्यालय, कस्बों और गाँवों में भी खुल गए हैं। उच्च शिक्षा के लिए शहरों का ही सहारा है। सरकारी डिग्री कॉलेज ढूंढ़ते रह जाओगे। उच्च शिक्षा में मेडिकल, इंजीनियरिंग और व्यापार प्रबंधन जैसे विषयों के संस्थान तो खोजने से भी नहीं मिलेंगे।

आज़ादी के बाद शिक्षा की दशा और दिशा बदलनी चाहिए थी, लक्ष्य भी निर्धारित होना चाहिए था। कुछ बदलाव आए भी और सुधार हुए हैं, कुछ आधुनिकता आई है, परंतु कुछ अच्छी बातें चली भी गई हैं। स्कूलों के बच्चों को सुलेख के लिए प्राइमरी से ही इमला बोलते थे, वह अब समाप्त हो गया है। मौखिक और स्मरण शक्ति बढ़ाने वाले अभ्यास अब नहीं होते, क्यों कि कैलक्यूलेटर और कम्प्यूटर आ गए हैं। एक तो अच्छी लिखावट पर ज़ोर ख़त्म हो गया, इसलिए यह कमज़ोरी आगे भी बनी रहती है।

सही हिन्दी और अंग्रेज़ी नहीं लिख पाते, क्योंकि अब इमला बोलने का चलन नहीं रहा। कम्प्यूटर युग में याददाश्त उतनी प्रखर नहीं रही, क्योंकि गिनती, पहाड़े रटाए नहीं जाते और भूगोल पर उतना ज़ोर नहीं रहा। हमारे देश में स्मरणशक्ति पर विशेष ज़ोर रहता था और वेदों को तो हज़ारों साल

तक बिना लिखे जीवित रखा गया था। अब लिखावट तो है, लेकिन ख़ुशख़त नहीं रही, क्योंकि इस पर ज़ोर ही नहीं दिया गया। फिर भी वर्तमान युग में अनेक नई बातें जुड़ी हैं और पाठ्यक्रम में विज्ञान का समावेश हुआ है, जो बहुत उपयोगी है। पढ़नेवालों की संख्या बढ़ी है, परंतु गुणवत्ता के बजाए सर्वशिक्षा पर ज़ोर दिया जाता है।

पहले की अपेक्षा अब घरों से स्कूल की दूरी बहुत घटी है, अच्छे स्कूल भवन हैं, कुछ उपकरण भी आए हैं, लेकिन अध्यापकों और छात्रों की संख्या का अनुपात और शिक्षा की गुणवत्ता में सुधार अपेक्षित है। बिहार में लालू यादव जब सत्ता में थे तो चरवाहा विद्यालय शुरू किया था, जहां बच्चे दोपहर का भोजन भी पाते थे और उनके जानवर भी स्कूल के पास ही चरते थे। स्वाभाविक था चरवाहा विद्यालय से निकल छात्र क्या वैज्ञानिक बन सकेंगे अथवा आगे बढ़ सकेंगे? गाँवों में माध्यमिक और उच्च शिक्षा की दुर्दशा का प्रमुख कारण है बेसिक शिक्षा की कमियां, कॉलेजों का अभाव और छात्रों में अरुचि।

चरवाहा विद्यालयों के बच्चे अपना ध्यान किताबों में कम, अपने जानवरों में अधिक लगाते होंगे, नहीं तो जानवर भाग जाएंगे। दोपहर का भोजन ग़रीब परिवारों के बच्चों को बेसिक स्तर पर स्कूल लाने का आकर्षण तो है, परंतु स्कूल आने का उद्देश्य तभी पूरा होगा जब वहां पढ़ाने के लिए अध्यापक होंगे। निजी कॉलेजों को प्रोत्साहन दिया जाता, तो वे सरकार का बोझ बांट सकते थे, परंतु ऐसा हुआ नहीं। विश्व बैंक भवन निर्माण के लिए मदद दे सकता है, लेकिन अध्यापक तो सरकार या निजी संस्थाओं को ही नियुक्त करने होंगे।

देश में शिक्षा की विविधता है फिर चाहे सीबीएसई बोर्ड हो, आईसीएसई अथवा आइएससी बोर्ड हो, प्रत्येक प्रदेश के बोर्ड हों या फिर मदरसा बोर्ड हो, सब की अपनी दिशा है जो आवश्यक नहीं कि राष्ट्रीय नीति से मेल खाए। इनके सिलेबस और प्राथमिकताएं और प्रबंधन अलग-अलग हैं। वास्तव में शिक्षा नीति में अनिश्चय का यह हाल है, कभी तो आदेश

निकलता है कक्षा 5 की बोर्ड परीक्षा होगी, तो कभी परीक्षा ही नहीं होगी। कभी तो किसी को फ़ेल नहीं किया जाएगा, अब आया है फ़ेल कर सकते हैं। मिड-डे मील कभी स्कूल में बनेगा, तो कभी एजेंसी उपलब्ध कराएगी, कभी दूध या खीर या मेवा देने की बात होती है, तो कहीं-कहीं राशन भी उपलब्ध नहीं रहता। किताबों में किनके नाम पर पाठ होंगे और किनको हटाया जाएगा, यह भी राजनीति के हिसाब से होता है। शिक्षा का राजनीतिकरण बिलकुल ग़लत और अस्वीकार्य है। प्राइमरी स्कूल में पढ़ने वाले बच्चों के सिलेबस, यूनीफ़ॉर्म, वज़ीफ़ा इत्यादि को लेकर बनाए नियम सत्ता या शासन के बदलने के साथ बदल दिए जाएं, ये कहां की बात है? स्कूल तो साफ़ रहना चाहिए, परंतु बच्चों से अपने कमरे की भी सफ़ाई न कराई जाए, अन्यथा मीडिया के लोग कैमरे लेकर पहुंच जाएंगे।

मानो इतना काफ़ी नहीं था, गाँव वालों के लिए रोज़गारपरक और सार्थक शिक्षा का प्रबंध ही नहीं है। डॉक्टर, इंजीनियर और अफ़सर बनाने वाले संस्थान और अच्छे अध्यापक भी शहरों में ही हैं। गाँवों में अनेक बार अध्यापक खेती करता है, हड़ताल करता है, राजनीति में समय देता है, अपना व्यवसाय करता है, कोचिंग चलाता है और इन सब से समय बचा तो पढ़ाने जाता है।

कक्षा 10 और 12 की बोर्ड परीक्षा होती है, परंतु सरकारी बयान आते रहते हैं कि कक्षा 10 तक कोई फ़ेल न किया जाए, तब परीक्षा क्यों? सामूहिक नक़ल वाले परीक्षा केन्द्रों की पहचान हो जाती है, उन्हें ब्लैकलिस्ट भी किया जाता है और फिर उन्हीं केन्द्रों पर परीक्षा कराई जाती है। आख़िर इस बीच कुछ तो बदल जाता है कि सामूहिक नक़ल नज़रंदाज़ करनी पड़ती है। बोर्ड की परीक्षाएं समाप्त होने के बाद परीक्षाफल के इंतज़ार में तीन महीने का समय बीत जाता है। शहर के बच्चे इस समय का उपयोग कर लेते हैं, लेकिन गाँव के बच्चों के पास कोई अवसर नहीं कि वे समय का सदुपयोग कर सकें।

आज शिक्षा की सबसे बड़ी समस्या है गुणवत्ता में आ चुकी गिरावट को सुधारना। शिक्षा की गुणवत्ता सुधारने के लिए वर्ष 2009 में माध्यमिक

शिक्षा अभियान के अंतर्गत कुछ चिन्तन हुआ था। प्रत्येक अध्यापक पर छात्रों की संख्या 31 करने का लक्ष्य बनाया गया, जिसके लिए अतिरिक्त भवन, अध्यापक, पुस्तकालय और प्रयोगशालाओं की व्यवस्था की जानी थी। अभी तक हालात सुधरे नहीं है, क्योंकि अध्यापकों की नियुक्तियां नहीं हो रही हैं, कभी अदालती पचड़ों के कारण तो कभी राजनैतिक खींचतान में।

काफ़ी पहले मॉडल स्कूलों की योजना बनाई गई थी, जिनमें प्रत्येक अध्यापक पर 25 छात्रों का लक्ष्य रखा गया था। ग्रामीण कॉलेजों में ये लक्ष्य कोरी कल्पना से अधिक कुछ नहीं साबित हुआ। जहां तक उच्च शिक्षा का सवाल है, उत्तर प्रदेश में तीन दर्जन विश्वविद्यालय हैं और 700 से अधिक कॉलेज, इसलिए प्रदेश को अकादमी प्रशस्ति के पथ पर होना चाहिए था, लेकिन यहां तो प्राइमरी शिक्षा के बाद ही स्कूल छोड़ने वालों की बड़ी संख्या है, जिन में सर्वाधिक होते हैं मुस्लिम, महिलाएं और दलित।

सत्र के अंत में उत्तर पुस्तिकाओं का मूल्यांकन केन्द्रीय व्यवस्था में होता है, जहां गाँवों के कॉलेजों की उत्तर पुस्तिकाएं शहर को प्रत्येक परीक्षा दिवस पर ही पहुंचानी होती है। गाँवों अथवा क़स्बों में परीक्षा केंद्र कम ही बनते हैं। इसका कारण तो शहरी परीक्षक ही बता सकते हैं अथवा शिक्षा विभाग बता सकता है कि गाँवों में ऐसे केंद्र क्यों नहीं बनते। इसमें परीक्षक लोग एक हॉल में एकत्रित होते हैं और प्रति कॉपी मानदेय कमाते हैं। उनका प्रयास रहता है दिन भर में अधिक से अधिक कॉपियां जांची जाएं। इस प्रकार थोकभाव मूल्यांकन में नुक़सान अच्छे छात्रों का ही होता है, जिसकी शिकायतें आती रहती हैं। ऐसी परीक्षाओं के बाद जो प्रमाणपत्र हासिल होते हैं, वे जीवन में कुछ नहीं दिला पाते। नौकरी देने वाली संस्थाएं अलग से अपनी परीक्षा कराती हैं। आज के डिजिटल युग में थोकभाव मूल्यांकन की आवश्यकता नहीं होनी चाहिए।

शिक्षा प्रबंधन में इस बात की चिंता नहीं की जाती कि आगामी वर्ष कितने अध्यापक रिटायर होंगे और कितने नए स्कूल खुलेंगे और भविष्य में किस विषय के कितने शिक्षक चाहिए होंगे। विज्ञान, गणित, कम्प्यूटर साइंस

पढ़ाने के लिए तो बढ़े वेतन पर भी अध्यापक नहीं मिलते। उनके शिक्षण प्रशिक्षण की कोई व्यवस्था भी नहीं की जाती। शहरी छात्रों के लिए नौकरी दिलाने वाले प्रशिक्षण उपलब्ध हैं, लेकिन देश की 70 प्रतिशत आबादी के लिए कुछ नहीं। ऐसी परिस्थितियों में ग्रामीण छात्रों के लिए एक ही डगर है प्राइमरी से यूनिवर्सिटी तक निरुद्देश्य पढ़ते जाना। यह दर्द मैंने अपने विद्यार्थी जीवन में बहुत नज़दीक से महसूस किया था। मेरा सौभाग्य था कि शिक्षा में भटकाव नहीं आया।

गाँव के उन लोगों को जो माध्यमिक शिक्षा के बाद आगे नहीं पढ़ते, उनको कमतर क्यों समझा जाए? किताबी शिक्षा में किसी की रुचि न भी हो तो उनके लिए कुछ बेहतर तकनीकी विकल्प सोचे जा सकते हैं। क्यों वे चमड़ा काट कर जूता ही सिलें? या रंदा ही चलाएं, या लोहा पीटें? उन्हें स्किल वाले काम भी सिखाए जा सकते हैं। उनके दिमाग़ी स्तर को बिना कमतर साबित किए उनके विकास की ओर क़दम बढ़ाया जाना चाहिए।

माध्यमिक शिक्षा छात्रों को कोई दिशा नहीं देती। मजबूरी में छात्र डिग्री कॉलेज अथवा विश्वविद्यालयों में नाम लिखा लेते हैं। यदि वहां प्लेसमेंट विभाग नहीं हैं, तो गाँवों के छात्र-छात्राओं के लिए करियर काउन्सलिंग के विभाग तो होने ही चाहिए। घर में कोई राह बतानेवाला नहीं, फिर भी उच्च शिक्षा अथवा रिसर्च में रुचि न होते हुए भी इससे बेहतर करने को कुछ होता नहीं, तो बीए या बीएससी में नाम लिखा लेते हैं और निकल आया तीन साल टाइम पास।

उच्च शिक्षा सभी के लिए मुहैया कराना भी सरकार के लिए कठिन है, परंतु राजनेता यह कहते नहीं थकते कि उच्चशिक्षा सभी का मौलिक अधिकार है। उच्च शिक्षा पर दबाव बहुत है जो घट सकता है यदि जयप्रकाश नारायण के सुझाव को मानकर नौकरियों के लिए डिग्री की अनिवार्यता समाप्त कर दी जाए। यदि बौद्धिक क्षमता को नंबरों के तराज़ू पर न तौलकर उनके बौद्धिक रुझान को आंका जाए, तो शायद गाँव के नौजवानों को भी उनका हक़ मिल सके।

सिविल सेवाओं में मुट्ठी भर संभ्रांत लोगों का क़ब्ज़ा है, क्योंकि अंग्रेज़ी पर उनका ही अधिकार है। हिन्दी सहित सभी क्षेत्रीय भाषाओं को आज़ाद भारत में अपमान का घूंट पीना पड़ा है। प्रशासनिक सेवाओं और तकनीकी विषयों की परीक्षाएं अंग्रेज़ी में होने के कारण गाँव देहात और क़स्बों के छात्र अपने हक़ के लिए टुकुर-टुकुर देखते रहते हैं। गाँवों में प्रासंगिक शिक्षा के लिए तकनीकी विद्यालय, डिग्री कॉलेज और विश्वविद्यालय खोलने की आवश्यकता किसी सरकार ने नहीं समझी। जातियों और धर्मों के लिए तो शिक्षा व्यवस्था की गई, लेकिन देश के लिए नहीं। हालत यह है कि मज़हबी आधार पर उर्दू को उत्तर प्रदेश में महत्व देने के लिए उर्दू अध्यापक नियुक्त करने का प्रयास किया गया, किन्तु उद्देश्य पूरा नहीं हुआ। अब मदरसों का आधुनिकीकरण करने की बातें हो रही हैं।

गाँवों से पढ़कर आने वाले छात्रों के अंक कम ही होते हैं, इसलिए अच्छे संस्थानों में प्रवेश नहीं पा सकते। इसके लिए छात्र दोषी नहीं। किस काम का नंबरों का तराज़ू, जिसे नौकरी देते समय न तो सरकार प्रयोग में लाती है और न ही प्राइवेट कंपनियां। पश्चिमी देशों की संस्थाएं भी हमारी परीक्षा और परीक्षकों पर भरोसा नहीं रखते, इसलिए वे विषय ज्ञान के लिए जीआरई और अंग्रेज़ी ज्ञान के लिए टोएफल जैसी परीक्षाएं स्वयं आयोजित कराते हैं और उन्हीं के आधार पर छात्र-छात्राओं की योग्यता का आंकलन करते हैं।

कनाडा में मुझे प्रत्यक्ष अनुभव है कि हमारे देश के विद्यार्थी जब विदेश जाते हैं, जिनमें बहुत से ग्रामीण पृष्ठभूमि वाले भी होते हैं, वहां वे विश्वविद्यालयों में स्थानीय छात्रों से हमेशा आगे रहते हैं। अंतर केवल भारतीय शिक्षा प्रणाली का रहता है, जिसमें मौलिक चिंतन पर ज़ोर नहीं है। मौलिक चिंतन की कमी का प्रमुख कारण है परीक्षाओं में केवल याददाश्त की जांच होना, बुद्धि परीक्षण नहीं। पुरानी बात है जब मैं कनाडा में मेमोरियल विश्वविद्यालय में छात्र था और खनिज विज्ञान पर एक प्रश्न के उत्तर में मैंने पूरी तालिका लिख दी थी, तो हमारे प्रोफ़ेसर वी एस पेपेजिक को पहले तो

विश्वास ही नहीं हुआ कि मैंने याददाश्त से लिखा है, जब भरोसा हुआ तो बोले हम लोग इसकी अपेक्षा नहीं करते।

हमारी सरकारें एक्सीलेंस यानी विशेषज्ञता और उत्कृष्टता के लिए आईआईटी, आईआईएम, कृषि विश्वविद्यालय खोलती रहती हैं। इनमें प्रवेश पानेवालों में गाँवों के शिक्षा संस्थानों से निकले कितने छात्र-छात्राएं होते हैं, कहना कठिन है। देश में उच्च शिक्षा तक अनुमानतः 10 प्रतिशत लोगों की पहुंच है, जिसमें ग्रामीण आबादी का अंश तो 4 प्रतिशत से भी कम है। जिन देशों में औद्योगिक संस्थानों और विश्वविद्यालयों में तालमेल रहता है, वहां सैद्धांतिक रिसर्च के साथ औद्योगिक रिसर्च भी होती है और उसके बदले विश्वविद्यालयों को इंडस्ट्री से आर्थिक मदद मिलती है। विद्वानों के सुझावों को यदि हमारी सरकारें मानतीं, तो उनकी समझ में आ गया होता कि भाई-भतीजावाद और आरक्षण की ज़मीन पर मौलिक चिंतन पनप ही नहीं सकता।

यही कारण है कि आज़ाद भारत में की गई रिसर्च के लिए कोई व्यक्ति नोबल पुरस्कार नहीं पा सका। रवींद्रनाथ टैगोर और सी वी रमन की शिक्षा आज़ादी के पहले हुई थी और खुराना, चंद्रशेखर तथा अमर्त्य सेन को विदेशों में की गई रिसर्च पर पुरस्कार मिला। इसके विपरीत इस अवधि में अमेरिका से 309, इंग्लैंड से 114, जर्मनी से 101, फ्रांस से 57, हंगरी से 10 और आस्ट्रिया जैसे छोटे देश से 19 नोबल पुरस्कार विजेता निकले हैं।

विदेशों में अंग्रेज़ी माध्यम से पढ़े हमारे नेताओं और नौकरशाहों ने क्षेत्रीय भाषाओं को पास नहीं फटकने दिया वरना देश के दलित, निर्धन, किसान सब प्रशासनिक कुर्सी के दावेदार बन जाते। देश के नेताओं ने अपने बच्चों को विदेशों में अंग्रेज़ी पढ़ाकर देश में अंग्रेज़ी का दबदबा कायम रखा। सभी जानते हैं कि मौलिक शोध मातृभाषा में ही होता है। जापान, चीन, फ्रांस, इज़राइल और जर्मनी जैसे देश अपनी भाषाओं में रिसर्च करके, दर्जनों नोबल पुरस्कार विजेता पैदा कर सकते हैं, तो भारत क्यों नहीं। गाँवों में

अंग्रेज़ी शिक्षा देने में देर लग रही है। अंततः गाँव वालों को अपना हक़ उसी भाषा में मांगना होगा जो भाषा, हक़ देनेवाले समझते हैं।

उच्च शिक्षा में सुधार के लिए लिंगदोह कमीशन ने कुछ सुझाव दिए थे, जिन्हें माननीय उच्चतम न्यायालय ने भी ठीक माना था। कॉलेजों में बड़ी संख्या में ऐसे छात्रों का प्रवेश होता है, जो राजनैतिक दलों से संबद्ध हो जाते हैं और उनका लक्ष्य दलगत राजनीति होती है। इसलिए शिक्षा संस्थानों में छात्रसंघों और छात्र नेताओं का अपना ही एजेंडा रहता है। छात्रसंघों की सदस्यता अनिवार्य होने के कारण उनका बजट भी काफ़ी रहता है, इसलिए छात्र नेताओं के लिए विश्वविद्यालय अथवा कॉलेज परिसर राजनीतिक प्रशिक्षण का अच्छा केंद्र बन जाता है और उनमें से बहुत से छात्र नेता बाद में एमपी, एमएलए और मंत्री बनते हैं।

परिणाम यह हुआ है कि छात्रावासों के कमरे राजनैतिक दलों के कार्यालय जैसे बन जाते हैं और कभी कभी तो अराजक तत्वों के अड्डे भी। ऐसी परिस्थिति में बिना पुलिस के उन्हें बाहर भी नहीं निकाला जा सकता। यही कारण है कि उपकुलपतियों की कुर्सी पर बैठे लोग बिना सरकारी संरक्षण और बिना पुलिस के विद्यामंदिर चला ही नहीं सकते।

छात्रों की ही भांति अध्यापकों की भी अपनी यूनियन हैं, जिनके माध्यम से वे यूनियनबाज़ी करके सरकारों के साथ सौदेबाज़ी करते हैं। परिणाम यह हुआ है कि उनका वेतन तो बढ़ता गया, परंतु सम्मान घटता गया। उनकी भी छात्रों की तरह राजनैतिक महत्वाकांक्षा और कई बार राजनैतिक दलों से संबद्धता रहती है। कुलपतियों के रूप में डॉ.राधाकृष्णन, डॉ. आशुतोष मुखर्जी, आचार्य नरेंद्र देव और ज़ाकिर हुसैन के चित्र ही सजा सकते हैं, उस स्तर के कुलपति नहीं ढूंढ़ सकते। अनेक विद्वान तो उपकुलपति बनना ही नहीं चाहते। विश्वविद्यालयों को आर्थिक संसाधनों के लिए सरकारों पर पूरी तरह निर्भर रहना पड़ता है, इसलिए उनकी आर्थिक स्वायत्तता पहले ही समाप्त हो गई है और संपन्न की गई रिसर्च का व्यावहारिक उपयोग नहीं है इसलिए उद्योग जगत से बहुत कम समर्थन मिल पाता है। विश्वविद्यालयों के पास जो

भी संसाधन हैं, उनका भी सदुपयोग नहीं होता, भ्रष्टाचार के अनेक मामलों में उपकुलपति अदालतों के चक्कर काटते रहते हैं। अध्यापकों की नियुक्ति पर प्रायः उंगली उठती है। नियुक्ति के पहले उनका सार्वजनिक साक्षात्कार होना चाहिए, जैसे रूस जैसे देशों में होता रहा है। अध्यापकों और छात्रों के यूनियन समाप्त होने चाहिए, नहीं तो छात्र संघों की सदस्यता ऐच्छिक होनी चाहिए। कुलपतियों की नियुक्ति और अध्यापकों की चयन प्रक्रिया में पारदर्शिता लाने की आवश्यकता है।

भाग्य का खेल

सत्तर के दशक में मेरे गाँव के बाबू बाजपेयी के जवान बेटे रसिक बिहारी को सांप ने काट लिया था। दो दिन तक झाड़-फूंक कराते रहे तब अस्पताल ले गए, वह नहीं बचा।

जब हम कोरोना को भाग्य का खेल मानकर आराम से रामायण और महाभारत सीरियल देख रहे थे, जिस में हमको दिखाया गया कि जब रावण अपने जीवन का अंतिम युद्ध लड़ने जा रहा होता है और उसकी पत्नी मंदोदरी उसे तिलक लगाकर आरती करके विदा करना चाहती है कि थाली गिर जाती है, जिसे अपशगुन माना जाता है और संयोग से रावण का वध भी हो जाता है। पूरे देश ने इसे अपशगुन स्वीकार किया। यह मानसिकता हमें समाज ने दी है। इसी तरह जब अविवाहित कुंती के गर्भ से कर्ण का जन्म होने वाला होता है, तो लोकलाज और अपशगुन के भय से नवजात शिशु को नदी में प्रवाहित कर दिया जाता है, जिसे निषाद पालता है और हम उसे कर्ण के नाम से जानते हैं। अटल जी ने एक बार कहा था "मैं जन्म कुंडली में नहीं, कर्म कुंडली में विश्वास करता हूँ"। काश हमारे गाँव के लोग ऐसा कह सकते।

वर्तमान की घटनाओं में मध्यप्रदेश के खरगोन ज़िले के 3000 की आबादी वाले एक आदिवासी गाँव में पिछले वर्षों में एक आत्महत्या रोज़ होती थी और इसका कारण क़र्ज़ा, बीमारी या पारिवारिक कलह नहीं, बल्कि पुलिस भी मानने लगी और कैमरा के सामने कह रही थी कि इसके लिए रूहानी ताक़त ज़िम्मेदार है। आदमी जंगल जाता था, लौटकर गुमसुम आता था और ख़ुदकुशी कर लेता था। मामले की पूरी सच्चाई सामने नहीं आई है कि आख़िर जंगल वह गया किस कारण था, वहां खाया क्या और मिला किससे? क्या सभी 110 मौतों में कोई समानता है, गुमसुम अवसाद के अलावा? उस जंगल का विस्तृत सर्वेक्षण होना चाहिए था और कम से

कम एक दो मृतकों का पोस्टमार्टम भी। यह कोई मामूली घटना नहीं थी, जिसे रूहानी ताक़त कहकर छोड़ दिया जाता और वह भी पुलिस द्वारा। यह घटना भारतीय अंधविश्वास का वैसा नमूना है जैसे पतीली का एक चावल।

रोज़मर्रा की ज़िंदगी में यदि किसी ने चलते समय छींक दिया, रास्ते में बिल्ली रास्ता काट गई और वह काली हुई तो वापस लौट जाना ही बेहतर माना जाता है। यदि किसी ज़रूरी काम से आप जा रहे हैं और ख़ाली घड़ा लेकर कोई दिख जाए, अथवा कोई अंगहीन मिल जाए, तो अपशगुन मानते हैं। एक अजीब मान्यता है कि यदि आप जा रहे हैं और रास्ते में सांप मिल जाए, तो लौटें नहीं बचकर निकल जाएं। ऐसी हज़ारों घटनाएं हैं, जिनके कारण हम दुविधा में पड़ जाते हैं और हमारी हिम्मत कमज़ोर हो जाती है। गाँव में भाग्यवाद और अंधविश्वास के कारण आत्मविश्वास को लकवा मार ही गया है, शहरों में भी हालत यह है कि टीवी पर भोर होते ही राशिफल बताने का सिलसिला आरंभ हो जाता है। हम भविष्यवाणी की सच्चाई को कभी आज़माते नहीं। बच्चों के दिमाग़ में जाने-अनजाने अंधविश्वास के बीज बो दिए जाते हैं। ऐसे ही बच्चों के कच्चे मन में भी अंधविश्वास भर दिया जाता है। आने वाले दिनों का लेखा-जोखा अगर कर्म के हिसाब से तय किया जाए तो कितना अच्छा हो।

काफ़ी समय पहले भविष्यवक्ताओं ने बताया प्रलय आएगी और यह संसार नष्ट हो जाएगा, दिन, माह और वर्ष भी बता दिया। रेलगाड़ियों के तमाम डिब्बे ख़ाली चले गए, देश का करोड़ों का नुक़सान हुआ और भविष्य बताने वालों से किसी ने यह तक नहीं पूछा कि भविष्यवाणी के नाम पर तुमने अफ़वाह क्यों फैलाई? ऐसे में समाचार माध्यमों की विशेष ज़िम्मेदारी बनती है कि ऐसी अफ़वाहों को भविष्यवाणी कह कर प्रचारित न करें। हमारे देश के क़ानून में यह प्रावधान होना चाहिए कि यदि बताया गया राशिफल या भविष्यवाणी ग़लत निकले, तो प्रभावित व्यक्ति मुक़दमा दायर करके नुक़सान की भरपाई कर सके।

गाँव में जन्म से मृत्यु तक अंधविश्वास पीछा नहीं छोड़ता। यदि कोई बच्चा मूल नक्षत्र में पैदा हो जाए, तो 27 दिन तक सूतक चलता है और सत्ताइसवें दिन मूल शांति के लिए लंबी पूजा होती है। इसके बाद जच्चा और बच्चा की शुद्धि होती है। अनेक बार ऐसे बच्चे का नाम ही मूलचंद रखा जाता है। इसी प्रकार यदि गाँव में कोई पंचक नक्षत्र में मरे, तो उसे पंचक समाप्त होने तक नहीं जलाते थे। मुझे याद है पचास के दशक में जब झगड़ू महराज की विवाहित बेटी मरी थी, तो गाँव से बाहर डुभका बाग में, उसकी लाश को एक पेड़ की डालों पर सुरिक्षत रखा गया था, ताकि जानवर न खा जाएं। झगड़ू महराज पूरे पांच दिन तक लाश की रखवाली के लिए उसी पेड़ के नीचे रुके थे। यह अपवाद नहीं परंपरा थी, लेकिन अब इन नियमों को मानने वालों की संख्या कम है।

संकट और बीमारी में भी सहारा अंधविश्वास का ही रहता है। सत्तर के दशक में मेरे गाँव के बाबू बाजपेयी के जवान बेटे रसिक बिहारी को सांप ने काट लिया था। दो दिन तक झाड़फूंक कराते रहे, तब अस्पताल ले गए, वह नहीं बचा। जुलाई 2020 में मेरे स्कूल के एक अध्यापक आशीष गुप्ता को काले सांप ने काट लिया। कई लोग उन्हें लेकर पास के गाँव रायपुर ले गए झाड़फूंक के लिए। संयोग से मेरे पुत्र नीलेश मिसरा वहीं मौजूद थे। वह पीछे से अपनी गाड़ी दौड़ाते हुए तांत्रिक के ठिकाने पर पहुंचे और आशीष को तेज़ रफ़्तार से लखनऊ ले गए। वह रास्ते में मूर्छित होने लगे और अस्पताल पहुंचने पर डॉक्टर ने कहा, थोड़ी देर और हो जाती, तो बचाना मुश्किल हो जाता। वह ठीक हो गया।

झाड़फूंक वाले ढोल-नगाड़ा और बर्तन लगातार बजाते रहते हैं, शायद मरीज़ को जगाए रखने के लिए। एक बार स्कूल के क्लर्क रामसागर को पीलिया हो गया था, ख़ूब झाड़फूंक कराई। आख़िर जब शहर जाकर इलाज कराया तब ठीक हुए। आज भी मिर्गी, बिच्छू के डंक मारने या बर्र के डंक मारने पर सबसे पहले झाड़फूंक होती है। नवजात शिशु को बेरी-बेरी की बीमारी या सुखटा रोग हो सब का इलाज झाड़फूंक से करने की कोशिश

होती है और जब अस्पताल पहुंचते हैं तो देर हो चुकी होती है। गाँव के पास के गाँव में एक सीताराम तिवारी रहते थे, जो झाड़फूंक करते थे। एक बार मैंने उनसे पूछा बाबा कौन सा मंत्र आप पढ़ते हो और "दोहाई लोना चंबारी की छू" बोलते हो। उन्होंने बताया वह बिच्छू या बर्र जो भी हो उसे गंदी गाली देते हैं मन में और दोहाई बोलते हैं। उन्होंने सच बता दिया था।

यात्रा करने के लिए दिशा का विचार होता है "मंगल बुध उत्तर दिश काला, सोम सनिचर पूरब न चाला" यानी मंगल और बुध को उत्तर दिशा में नहीं जाना है, सोमवार और शनिवार को पूर्व की यात्रा वर्जित है और शुक्रवार को पश्चिम तथा बृहस्पति को दक्षिण को नहीं जाना। रविवार को बीज नहीं बोया जाता, इसी तरह "मंगर मंगरी बुद्धै खाट, सूक बढ़निया बारह बाट" अर्थात मंगल को मकान नहीं बनता और बुध को खाट नहीं बुनी जाती, शुक्रवार को नया झाड़ू नहीं निकालते। जब कोई बहन अपने भाई को राखी बांधती या कोई तिलक लगाता है, तो पूरब की दिशा को खड़े होकर या बैठकर पवित्र कार्य करना चाहिए।

किसान की फ़सल में रोग लग जाए, फ़सल सूख जाए, या कमज़ोर हो जाए, वह इस पर विचार नहीं करता क्या इससे बचा जा सकता था। वह फ़सल की बुवाई और कटाई के मान्य दिनों का विशेष ध्यान रखता है। अंधविश्वासों की ही तरह भाग्यवाद की भी अपनी भूमिका है। ग्रामीण जीवन में, भले ही भगवान राम ने कहा था "कर्मप्रधान विश्व रचि राखा, जो जस कीन सो तस फल चाखा।" गाँव के लोग यह सब जानते हैं, लेकिन भाग्य का कीड़ा इतना दिमाग़ में घुस चुका है कि निकलता ही नहीं। बच्चों का मुंडन, शादी, मकान बनाने का मुहूर्त, ग्रह नक्षत्रों का प्रभाव और उस प्रभाव से निजात सबका विधान है।

ऐसा नहीं कि हमारी परंपरा हमेशा भाग्यवादी रही है। यहां के विद्वानों ने बहुत पहले स्पष्ट कहा था कि "उद्यमेन हि सिध्यन्ति कार्याणि न मनोरथैः, सुप्तस्य सिंहस्य मुखे न प्रविशन्ति मृगाः" अर्थात उद्यम से ही कार्य सिद्ध होते हैं, अभिलाषा करने से नहीं, सोते हुए सिंह के मुंह में हिरन प्रवेश नहीं करते।

फिर भी पता नहीं क्यों हम अपने पूर्वजों की बातें अपने बच्चों को नहीं बताते। टीवी पर बाबाओं के कार्यक्रम देखे होंगे और न देखा हो तो एक बार अवश्य देखिएगा, कुछ बताना नहीं पड़ेगा। ऐसा प्रतीत होता है कि हज़ार साल की मुग़लों और अंग्रेज़ों की गुलामी ने हमारी बुद्धि को कुंद कर दिया है। हिंदू समाज में प्रेत योनि की कल्पना है, जो लोगों के दिमाग़ में गहराई तक बैठ गई है। पितृपक्ष में जिस तिथि को पूर्वज की मृत्यु हुई थी, उस दिन ब्राह्मणों को अच्छा भोजन कराते हैं और दक्षिणा देते हैं ताकि पूर्वजों को यह सब मिल जाए। पित्रों के मोक्ष के लिए प्रयागराज और गया में जाकर पिंडदान करते हैं।

कभी मान्यता रहती है कि अमुक स्थान पर प्रेतात्मा का वास है और लोग रात में उस स्थान पर नहीं जाते हैं। एक बार नैनीताल में गरुड़ध्वज नाम के एक सज्जन ने मुझे बताया था कि अमुक स्थान पर प्रेतात्मा का वास सुना था और रात में उधर से गुज़रा तो एक आकार दिखाई पड़ा। वह बोले- मैं खड़ा हो गया, सोचने लगा क्या करूँ? फिर जोश आया और मैं "जय बजरंगबली" कहकर उससे लिपट गया। फिर क्या था वह बोले "सारा शरीर कांटों से बिंध गया"। संदेश यही है कि हमें अपने पुराने गौरवशाली इतिहास को प्राप्त करने के लिए प्रेत, मुहूर्त और भाग्य से बाहर निकलना ही होगा।

स्कूल में बच्चे का परीक्षाफल ख़राब हो जाए, चाहे हाज़िरी कम होने या पढ़ाई में मन न लगने के कारण या फिर गाँव में बीमारी फैल जाए, तो दोष भाग्य का माना जाता है। यह वही देश है जिसे कर्मयोगी कृष्ण ने ललकारा था 'कर्मण्येवाधिकारस्ते' और मर्यादा पुरुषोत्तम राम ने कहा था 'कर्म प्रधान विश्व रचि राखा, जो जस बीन सो तस फल चाखा' परंतु इसे क्या हो गया जो कहने लगा 'सब क़िस्मत का खेल है'। शायद पराजित मन को समझाने का यह एक तरीक़ा रहा होगा, परंतु अब तो भाग्यफल अंधविश्वास में बदल गया है। कष्ट की बात है कि हमारे नेता, साधु-संत या आधुनिक शिक्षा प्राप्त लोग भी अंधविश्वासी मानसिकता बदलने का साहस नहीं जुटा पाते।

भाग्यवाद और प्रारब्ध में विश्वास पर किसी को आपत्ति न होती, यदि कुछ लोग पूजा-पाठ करके विधाता द्वारा रचित विधान को बदलने का दम

न भरते। कुछ साल पहले एक युवा दम्पति का तलाक़ होने को था और भाग्य जानने का दम भरने वाले नामी सज्जन ने लंबी-चौड़ी पूजा बताई और दृढ़ता पूर्वक कहा कि तलाक़ टल जाएगा। क़रीब पचास हज़ार की पूजा हुई, फिर भी तलाक़ हो गया। यदि टल जाता तो भविष्यवक्ता की वाहवाही होती और पूजा पाठ का प्रताप कहा जाता। नहीं टला तो उन महाशय से किसी ने जवाब-तलब नहीं किया कि क्या हुआ पूजा का?

आजकल हालत यह है कि टीवी पर भोर होते ही राशिफल बताने का सिलसिला आरंभ हो जाता है। हम कभी नहीं आज़माते कि कितनी भविष्य वाणियां सही निकलीं और कितनी ग़लत। उन चैनलों पर जहां देश-दुनिया के समाचार आने चाहिए वहां आता है - क्या कहते हैं तारे? यही हाल अख़बारों का है, जो सप्ताह में एक दिन तो राशिफल ज़रूर छापते हैं, लोग पढ़ते भी हैं। कुछ लोग तो इसी फलित ज्योतिष के आधार पर अपना दैनिक कार्यक्रम निर्धारित करते हैं। बच्चों के दिमाग़ में जाने-अनजाने अंधविश्वास के बीज बो दिए जाते हैं। अख़बार और टीवी के प्रसारण तो गाँव और शहर पर समान रूप से लागू होते हैं।

मुहूर्त विचार कर शादी-ब्याह कराया जाता है, फिर भी तलाक़ हो जाता है, महिला विधवा या पुरुष विधुर हो जाता है। इसके विपरीत बिना मुहूर्त विचारे करोड़ों लोगों की शादियां होती हैं और सफल होती हैं। नेता लोग मंदिरों में पूजा-पाठ करके चुनाव प्रचार करते हैं फिर भी चुनाव हार जाते हैं। शुभ और अशुभ का पूरा ध्यान रखते हैं, फिर भी काम नहीं बनता। विधवा महिला को शुभ कामों से दूर रखा जाता था, वह रंगीन कपड़े नहीं पहन सकती थी। सुधार हो रहा है किंतु बहुत धीमी गति से।

भारत में धार्मिक और अंधविश्वासी प्रथाओं से निपटने के लिए पर्याप्त क़ानून होने चाहिए। काला जादू, जादू-टोना और अन्य अमानवीय प्रथाओं से प्रभावी ढंग से निपटने के सख़्त नियम बनाए जाने चाहिए। आस्था की आड़ में भोले-भाले लोगों का फ़ायदा न उठाया जाए इसकी लगातार जांच होनी चाहिए।

आप ने देखा होगा सड़क किनारे मेलों और बाज़ारों में तमाम कार्ड लेकर बैठा हुआ तथाकथित भाग्य बताने वाला अपने तोते से भोले-भाले लोगों के भाग्य का कार्ड निकालने को कहता है और लोग उस कार्ड को माथे से लगाकर उस पर लिखे भाग्य पर विश्वास भी करते हैं। कुछ लोग तो मस्तक पर बनी ब्रह्मा की लकीरें (सूचर लाइन्स) पढ़ लेने का दावा करते हैं तो कुछ हाथ की रेखाएं देखकर भाग्य बताने का दम भरते हैं। जन्म कुंडली देखकर लोग मनुष्य के जीवन भर का भाग्य ही नहीं, बल्कि पिछले जन्म का हाल और होने वाली संतानों की संख्या तक बताते हैं। वे भूल जाते हैं कि तथाकथित जन्मकुंडली का आधार है जन्म-समय, जिसका गाँव में अधिकांश मामलों में सही ज्ञान ही नहीं होता। वैसे भी अब तो मनचाहे समय पर ऑपरेशन द्वारा संतान को जन्म दिलाया जा सकता है।

अंधविश्वास की मानसिकता तब स्पष्ट रूप से सामने आती है जब चुनाव जीतकर देश चलाने और सरकार बनाने की घोषणा हो जाने के बावजूद मंत्रिमंडल इसलिए शपथ नहीं ग्रहण करता कि भाग्यशाली दिन दूर होता है। तब तक प्रतीक्षा होती है और सरकारी कामकाज बंद रहता है, देश और समाज को होने वाली हानि की चिंता नहीं होती किसी को। इतनी सावधानी के बाद भी जब सरकार गिर जाती है, तब भी वे लोग मुहूर्त की टांग नहीं छोड़ते।

इसी तरह कुछ समय पहले उन्नाव ज़िले में गंगा किनारे बक्सर के इलाक़े में डोडिया खेड़ा गाँव में ऐसा लग रहा था कि 1000 टन सोना अब मिला, तब मिला। हो सकता है मिल भी जाता, परंतु जिस ढंग से पूरे प्रकरण को हमारे मीडिया ने पेश किया उससे यह लगा कि विज्ञान की अपेक्षा संत के सपने पर अधिक भरोसा किया जा रहा था। इसी भरोसे और श्रद्धा का लाभ लेकर आसाराम, राम रहीम जैसे अनगिनत साधु-वेशधारी हिंदू समाज में विकृत मानसिकता पैदा कर रहे हैं।

सरकार को पता रहता है किस शहर में कहां पर तांत्रिक, साधु-वेशधारी ठग, यौन शोषक और भविष्यवक्ता धूर्त रहते हैं। जब तक वह बाबा वोट

दिलाता है, शासक दल उसके व्यापार पर ध्यान नहीं देता। जब वह बहुत बड़ा हो जाता है और उसकी अपेक्षाएं बढ़ जाती हैं, तब हितों का टकराव होता है और दबिश चालू होती है। अनाचारी, व्याभिचारी और अत्याचारी गेरुआ वस्त्र धारी छद्म संतों का भगवा चोगा उतरवाकर पहली बार पुलिस के हवाले करना आरंभ हुआ है। इस काम में सच्चे संतों का सहयोग ज़रूरी है नहीं तो हज़ारों साल पुरानी सनातन परंपरा बदनाम हो जाएगी।

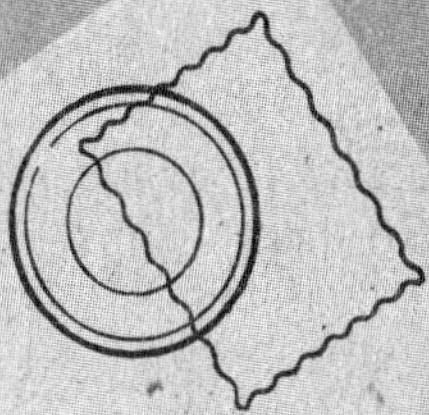

सर्वे सन्तु निरामयाः

कोरोना का रोग तो पहली बार उभरा था लेकिन आज से करीब 70 साल पहले जब मैं बहुत छोटा था गाँव में प्लेग फैल गया था और लोग अपनी घरेलू चीजें साथ लेकर जंगल में जा टिके थे और गाँवों को आग के हवाले कर दिया था।

बात 1950 की है। मैं अपने बाबा के साथ जगदीशपुर से वापस लौट रहा था और रास्ते में पैर में ठोकर लग गई, उंगली से खून बहने लगा। बाबा ने कहा जाओ इस पर पेशाब कर दो। उनकी बात मानकर मैंने वैसा ही किया। फिर उन्होंने अपने गमछे से एक पट्टी फाड़ी और उंगली को बांध दिया। कहा जितनी बार पेशाब करने जाना इस पर कर देना। रात में खोल देना। दो दिन बाद घाव ठीक हो गया।

आज भी जब गाँव में किसी का फोड़ा फूट जाता है, तो नीम की पत्ती पीस कर बांधते हैं, बुखार हो गया तो काढ़ा बनाकर पी लेते हैं, सांप बिच्छू ने काटा तो झाड़ फूंक से काम चलाने की कोशिश करते हैं, सूजन घटाने के लिए मिट्टी का लेप या मिट्टी बांधना सामान्य बात है। वास्तव में इन सब के अलावा गाँवों में कुछ था भी तो नहीं। रोग होते ही डॉक्टर का ध्यान नहीं आता था, क्योंकि डॉक्टर थे ही कहां? घासफूस, मिट्टी, गोमूत्र, जड़ी-बूटी पर ध्यान जाता था।

गाँवों में आज देश की 70 प्रतिशत आबादी रहती है, तब तो 80 प्रतिशत से अधिक थी। लेकिन देश के केवल 26 प्रतिशत डॉक्टर ही वहां उपलब्ध हैं। इसके विपरीत 28 प्रतिशत आबादी के साथ शहरों में 74 प्रतिशत डॉक्टर रहते हैं। गाँवों में नर्सों और अन्य स्टाफ़ की हालत भी कोई बेहतर नहीं है। शहरों में 20,000 की आबादी पर जहां 12 डाक्टरों का औसत है, वहीं गाँवों में 3 डाक्टरों का। गाँव से आए मरीज़ों और उनके

तीमारदारों की शहर के अस्पतालों में चीख़ पुकार बराबर सुनी जा सकती है। गाँवों में रहने वालों की शिक्षा और चिकित्सा के मामले में धनी और निर्धन सब की एक जैसी हालत है।

गाँवों के संदर्भ में आवश्यक है कि जिन कारणों से शहरों में बीमारियां फैली हैं, उन्हें दूर करना होगा। आज का वैज्ञानिक मानता है कि अधिकांश रोग साइकोसोमैटिक हैं, यानी मनोदशा के कारण हैं। लेकिन पेट की अधिकांश बीमारियां प्रदूषित जल के कारण होती हैं और फेफड़ों की बीमारियां दूषित वायु के कारण होती हैं। पुराने समय में ये शहरी बीमारियां गाँवों में नहीं होती थीं। अब तो जलाभाव के कारण केवल मनुष्य शरीर ही नहीं, पशुपक्षी, वनस्पति और स्वयं धरती व्याकुल हो जाती है, कभी अतिवृष्टि, तो कभी अनावृष्टि के कारण।

हम रोटी, कपड़ा और मकान की चिंता करते समय भूल जाते हैं कि सांस लेने के लिए हवा और प्यास बुझाने के लिए शुद्ध पानी कहीं अधिक ज़रूरी हैं। पानी के माध्यम से ही स्थूल और सूक्ष्म पोषक तत्व शरीर के विभिन्न अंगों तक पहुंचते हैं और रोगाणु शरीर के बाहर जाते हैं। श्वासोच्छ्वास के माध्यम से प्राणवायु रक्त को शुद्ध करती है और कार्बन डाइऑक्साइड बाहर निकलती है। इसके अभाव में वेन्टीलेटर ढूंढ़ने पड़ते हैं।

प्राचीन भारत में जन सामान्य को स्वस्थ रखने और जीवन को श्रेष्ठ बनाने के लिए समय-समय पर विद्वद्जनों की गोष्ठियां हुआ करती थीं। ऐसी ही एक गोष्ठी ईसा पूर्व सातवीं शताब्दी में हिमालय क्षेत्र में ऋषि भरद्वाज के आश्रम में संभवतः अल्मोड़ा के पास हुई थी। इसके विषय में बताया गया है:

> "तदा भूतेश्वनुक्रोशं पुरुस्कृत्य महर्शयः
> समेता पुण्य कर्माणः पाश्र्वे हिमवतः भुमे"

ऐसी ही गोष्ठियों के माध्यम से मनीषियों ने शारीरिक विकास के लिए वांछित भोजन के प्रमुख अवयवों को परिभाषित किया था। एलोपैथी ने बहुत

बाद में पाया कि तांबा, जस्ता, लोहा, स्वर्ण, कैल्शियम आदि सूक्ष्म तत्व भी शरीर को चाहिए, जिसका ज्ञान ऋषियों ने हज़ारों वर्ष पहले ही प्राप्त कर लिया था। इन पदार्थों को भस्म, आसव, अरिष्ट, अवलेह आदि के रूप में प्रयोग करते थे, परंतु सावधान भी करते थे कि 'अति सर्वत्र वर्जयेत'। हमारे पूर्वजों ने बताया था "भोगे रोग भय" लेकिन हम भोगवादी संस्कृति के शिकंजे में फंसते जा रहे हैं। भोगवादी संस्कृति में मांसाहार के विषय में कुछ आंकड़ों पर ध्यान देने की आवश्यकता है:

मांसाहारी आबादी की अपेक्षा यह पृथ्वी दस गुणा से भी अधिक शाकाहारी आबादी का पालन कर सकती है। मांसोत्पादन में अन्नोत्पादन की अपेक्षा 100 गुणा अधिक पानी व्यय होता है। लागत की दृष्टि से देखें तो मांसाहारी प्रोटीन की कीमत शाकाहारी प्रोटीन से कम से कम 10 गुणा अधिक है। शाकाहार से पर्यावरण संरक्षण भी होता है। गाँवों में मांसाहार को कभी श्रेष्ठ नहीं माना गया और अब तो पश्चिमी देशों ने भी शाकाहार के महत्व को समझा है।

अब चिकित्सा बहुत महंगी है और यदि बीमा न हो, तो दवाई कराना मुश्किल हो जाए। शहरों में बच्चों और बुज़ुर्गों के लिए अलग चिकित्सा विभाग होते हैं। लेकिन गाँवों में बुज़ुर्गों की वृद्धावस्था पेंशन से भरण-पोषण के बाद दवाई इलाज के लिए पैसे नहीं बचते। बीमार होने पर किसी तरह पैसे जुटा लें, तो भी दूर-दूर तक अस्पताल नहीं। यदि मिला-जुला परिवार है, तो कोई उन्हें क़स्बे या शहर तक इलाज के लिए पहुंचा देगा अन्यथा उन्हें मजबूर होकर ऐसे लोगों से इलाज कराना पड़ता है, जिन्हें 'झोला छाप' डॉक्टर कहा जाता है। गाँव का आदमी मरीज़ को लेकर मीलों पैदल या चारपाई पर अथवा यदि संभव हुआ तो सार्वजनिक वाहन से शहर पहुंचता है। कई बार तो झाड़ फूंक में काफ़ी समय बीत जाता है और शहर पहुंचने तक बहुत देर हो जाती है। यदि अंग्रेज़ी डॉक्टर देश की 70 प्रतिशत आबादी के बीच जाकर उनकी सेवा नहीं करना चाहते, तो किस काम के ऐसे मेडिकल कॉलेज, अस्पताल, डॉक्टर और दवाएं?

सरकार ने भले ही गाँवों में प्राथमिक स्वास्थ्य केंद्र खोले हैं, जिनकी हालत सरकारी प्राथमिक स्कूलों से बेहतर नहीं है। फिर भी गाँव वालों को अपने इलाज के लिए इन्हीं प्राथमिक चिकित्सा केंद्रों की नर्सों और दाइयों पर निर्भर रहना पड़ता है। एम.बी.बी.एस. डिग्री हासिल कर रहे डॉक्टर तो गाँवों को जाने के इच्छुक नहीं। कुछ जाने माने लोगों ने तो यहां तक कह दिया कि अंग्रेज़ी डॉक्टरों को देहात भेजना ही नहीं चाहिए, बल्कि आयुर्वेदिक और होम्योपैथी डॉक्टरों को एलोपैथी दवाइयां देने का लाइसेंस दे दिया जाना चाहिए। सोचने की बात है कि आयुर्वेदिक और होम्योपैथिक पद्धति में यह नहीं पढ़ाया जाता कि कौन सी अंग्रेज़ी दवाएं एक साथ दी जा सकती हैं और कौन सी रिएक्शन कर जाएंगी।

गाँवों के लिए गाँवों में ही ग्रामीण मेडिकल कॉलेज खोलकर ग्रामीण डॉक्टर तैयार किए जाने चाहिए, जो आयुर्वेद, होम्योपैथी और एलोपैथी की विधाओं में प्रशिक्षित हों और उनका वेतन अधिक हो। एम.बी.बी.एस. डाक्टर शहरों में इसलिए भी रहना चाहते हैं कि यहां जीवन की सुविधाएं, सुपर स्पेशलिटी हासिल करने के मौक़े, मरीज़ों से पैसे और ख़ुद के बच्चों की अच्छी शिक्षा उपलब्ध है। गाँवों की चिकित्सा के लिए यदि नए अस्पताल और मेडिकल विश्वविद्यालय शहरों के बजाए टाउन एरिया में भी खोले जाएं और ऐसे विश्वविद्यालयों और कॉलेजों से डिग्री प्राप्त करने वाले डॉक्टरों को केवल गाँवों में पोस्टिंग दी जाए तो कुछ राहत मिल सकती है। डॉक्टरों में गाँव और शहर के कैडर बना दिए जाएं जिनमें गाँव में काम करने वालों का वेतन अधिक हो और सुविधाएं भी अधिक हों।

एलोपैथिक डॉक्टरों की कमी का एक कारण यह भी है कि कई एम.बी. बी.एस. डॉक्टर आई.ए.एस. बनकर प्रशासनिक सेवाओं में चले जाते हैं। यदि उन्हें आई.ए.एस. की नौकरी अधिक भाती है, तो एम.बी.बी.एस. क्यों किया? इसी प्रकार अनेक डॉक्टर पैसे के लालच में विदेशों में जाकर नौकरी करते हैं। यह सब बातें देश हित में नहीं हैं। दुर्भाग्यवश हमारी सरकारें प्रशिक्षित डॉक्टरों को देहात भेज नहीं पा रही हैं और देहात की पुरानी पद्धतियों को विकसित करने के लिए कुछ कर भी नहीं रहीं है।

पुराने समय में कई गाँवों के बीच में एक वैद्य ज़रूर होता था, जो स्थानीय समस्याओं को समझता था और अच्छा इलाज करता था। मुझे याद है पचास के दशक में मेरे बाबा को बिसूचिका यानी लगातार दस्त आना हो गया था, जो महीनों तक ठीक ही नहीं हुआ। अमानीगंज में एक वैद्य थे राम प्रसाद, उन्होंने ठीक करने का ठेका 55 रुपए मांगे थे। परिवार के पास इतने पैसे नहीं थे कि वे दवाई करा पाते। अंततः बाबा नहीं बचे। आज भी पैसे की कमी के कारण कितने ही मरीज़ अपना इलाज नहीं करा पाते।

सरकारें जानती हैं कि देश में मेडिकल कॉलेजों की कमी है, डॉक्टरों के पद ख़ाली पड़े हैं, बजट की कमी है यानी गाँवों में डॉक्टरों के रहने और काम करने का ख़राब वातावरण है, उनके बच्चों के लिए अच्छे स्कूलों की कमी है और प्राइवेट प्रैक्टिस से उन्हें शहरों की अपेक्षा कम आमदनी है। डॉक्टरों को पलायन से बचाने की ज़रूरत है यानी दूसरे देशों को, दूसरे व्यवसाय को, और दूसरी नौकरी में जाने से बचाने की ज़रूरत है। जब तक विशेष आकर्षण नहीं होगा, गाँवों को डॉक्टर स्वतः नहीं जाएंगे। और जब तक अच्छे डॉक्टर वहां जाएंगे नहीं, गाँवों को दोयम दर्जे का इलाज मिलता रहेगा।

2020 में कोरोना फैला। शहरों की घनी आबादी और आने-जाने के तमाम साधन कोरोना के फैलने में सहायक हो रहे थे। गाँवों में हालात कुछ बेहतर थे। मच्छरजनित महामारियों जैसे मलेरिया, डेंगू और चिकनगुनिया से छुटकारा मिल नहीं पाया था कि शहरों से फैलकर कोरोना वायरस गाँवों में भी दस्तक देने लगा। अच्छी बात यह रही कि गाँवों में भीड़-भाड़ कम है और यहां की हवा में ऑक्सीजन की मात्रा शहरों से अधिक है। बचाव कार्य गाँवों में बेहतर हो सका, लेकिन यहां जानकारी का अभाव है, सब भगवान भरोसे था।

कोरोना का रोग तो पहली बार उभरा था, लेकिन आज से क़रीब 70 साल पहले जब मैं बहुत छोटा था गाँव में प्लेग फैल गया था और जैसा पहले भी बताया कि गाँव से पलायन ही एक तरीक़ा था। ऐसी महामारियों का इलाज ही नहीं था। बहुत दुखद और चिंताजनक स्थिति थी। कोरोना के

मामले में भी बचाव के अलावा कोई इलाज नहीं है। गाँवों में इससे पहले भी चेचक, मलेरिया, कॉलेरा, फ्लू, डेंगू, चिकनगुनिया जैसी बीमारियां आ चुकी हैं। इनमें से लाइलाज केवल कोरोना है। हालांकि अब वैक्सीन आ चुका है। गाँव के लोग विशेषकर महिलाएं, चेचक को 'माता आई हैं' ऐसा कहती थीं, मरीज़ को सम्मानपूर्वक सफ़ाई के साथ बिस्तर पर लिटाती थीं। गाँव के लोग यह नहीं जानते उनकी अधिकांश बीमारियों की जड़ में व्यक्तिगत और सार्वजनिक गंदगी है। गाँवों में पक्की नालियां जो हैं भी उनकी सफ़ाई नहीं होती, इसलिए गंदा पानी खुले में बहता है, दरवाज़े पर गोबर का ढेर मिल जाता है, शौचालय बने हैं, लेकिन उनका उपयोग नहीं होता और हाथ धोने के लिए मिट्टी या राख का उपयोग होता है। ऐसी मानसिकता के साथ मच्छर, मक्खी और रोग फैलाने वाले जीवाणु ख़ूब पनपते हैं।

गाँव ही नहीं, शहरों में भी हर 200 मीटर पर खुले में सड़क किनारे कूड़े का ढेर मिलेगा, अस्पताल के बगल में रोगाणुओं और कीटाणुओं के साथ कचरे के अंबार हैं, नर्सिंग होम्स तो आज़ाद हैं गंदगी बांटने में, जबकि आम आदमी ने शहर की सड़कों को अपनी गायों, सुअरों, भैंसों, कुत्तों का शौचालय और चरागाह मान लिया है। ये सभी जानवर सड़कों पर घूमते ही नहीं, बल्कि पड़ा हुआ कचरा खाते और सड़कों पर शौच करते हैं। शहर में डेरी न चलाने का माननीय उच्च न्यायालय का आदेश कुछ दिन माना गया, अब पुराना हो गया है। सरकार को गाली इस कारण नहीं दी जानी चाहिए कि उसने कूड़ा उठाया नहीं, बल्कि इसलिए दी जानी चाहिए कि जिस मुहल्ले में बीमारियों को दावत देते कूड़ा ढेर बने हैं उस मुहल्ले पर सामूहिक जुर्माना क्यों नहीं किया। पुलिस ने उच्च न्यायालय के आदेशानुसार कार्रवाई क्यों नहीं की।

गाँव के बाज़ारों में मांस, मछली और सब्ज़ियों की दुकानों का अवशेष सड़क पर ही डाल दिया जाता है। गाँव के लोग अपने मरे जानवरों की खाल ठेकेदारों से निकलवाकर खुले में छोड़ देते हैं। ऐसी पंचायतों, प्रधानों और पंचों पर दंड निर्धारित होना चाहिए। सरकार ने गाँवों के लोगों

को बायोगैस संयंत्र दिए, लेकिन अधिकांश गाँव वालों ने उसका लोहा बेच दिया और ईंटें कहीं और लगा दीं। न तो पंच प्रधानों ने और न ही सरकार ने यह जानने की कोशिश की कि सब्सिडी पर बायोगैस संयंत्र मिले थे वे गए कहां। इन सब से फैली गंदगी और उससे फैली बीमारियों का इलाज कहां तक हो सकेगा।

स्वच्छता अभियान और बीमारियों का सामान हटाने का काम भी बिना दंड के नहीं चलेगा। गाँवों की जीवन शैली शहर की तर्ज़ पर बदलने के कारण उनका वैसा स्वास्थ्य नहीं रहा, जैसा पहले हुआ करता था। वहां भी गंभीर शहरी बीमारियां फैल रही हैं जिनका मुक़ाबला करने के लिए गाँव तैयार नहीं हैं। उस दिशा में किए गए सरकारी प्रयास भी पर्याप्त नहीं हैं। केंद्र सरकार ने स्वास्थ्य बीमा की व्यवस्था की है और राज्य सरकार ने वृद्धावस्था पेंशन बढ़ाकर 400 रुपए प्रतिमाह कर दी है। लेकिन इलाज के लिए तो चाहिए डॉक्टर और अस्पताल।

स्वास्थ्य लाभ के लिए योग एक प्रभावी विधा है, लेकिन कुछ लोग भ्रम पाल रहे हैं कि योग का संबंध हिंदू धर्म से है। भारतीय वैज्ञानिकों ने कभी भौतिक ज्ञान को पूजा पद्धति से नहीं जोड़ा और न अपना ढिंढोरा पीटा। प्रकृति पूजा का संबंध किसी धर्म विशेष से नहीं है। सूर्य नमस्कार करें या धरती को प्रणाम करें उस महा शक्ति को ही सजदा कर रहे होते हैं, जिसे हम अलग-अलग नामों से पुकारते हैं। आप ने सांप को ज़मीन पर लेटे हुए फन उठाए देखा होगा। यही तो है भुजंगासन। कुत्ते, बिल्ली को अंगड़ाई लेते देखा होगा जो ताड़ासन, हलासन और धनुरासन ही तो करते हैं। जब कोई मुस्लिम कहता है कि हम नमाज़ पढ़ते हुए अनेक योग मुद्राएं करते हैं, तो वह ठीक कहता है। यही तो हिंदू करता है जब वह योग मुद्राओं में रहते हुए कहता है सब सुखी हों, सब चिंतारहित हों। इसी को वह संस्कृत में कह देता हे "सर्वे भवन्तु सुखिनः, सर्वे सन्तु निरामयाः"। जब कोई व्यक्ति आंखें बंद करके ध्यान लगाता है तो मन में उत्तेजना नहीं रहती। मनोचिकित्सा का योगाभ्यास से बेहतर कोई उपाय नहीं है। प्राणायाम से फेफड़े, लीवर, किडनी, हृदय और

दिमाग़ सभी का व्यायाम हो जाता है। योग में अंग प्रत्यंग का व्यायाम सहज रूप से होता है। सरल भाषा में इसे विज्ञान के रूप में स्वीकार करके चिकित्सा में इसका उपयोग करना चाहिए। पश्चिमी देशों ने इस बात को जान लिया है और लाभ उठा रहे हैं। यह विधा जो बिना दवाई और बिना ख़र्च के शरीर और मन को निरोग करती है, इसे अपनाना चाहिए।

पैसा लत्ता

ख़ैरात नहीं ब्याजमुक्त ऋण का बजट में प्रावधान करना चाहिए। ऐसे सभी उद्यमों को प्रोत्साहित करना चाहिए जिनसे अंग्रेज़ी खाद, कीट नाशक और फफूंद नाशकों का प्रयोग घटाया जा सके।

गाँव के लोग बजट की बारीकियां तो नहीं समझते, लेकिन उन्हें पता रहता है कि यह देश के आमदनी और ख़र्चे का ब्योरा होता है। आज़ाद भारत का पहला बजट जब पेश किया गया था, तब गांधी जी जीवित थे, फिर भी उस बजट में ग्राम स्वराज जैसी कल्पना देखने को नहीं मिली थी। उसके बाद, देश और प्रदेशों में प्रतिवर्ष बजट पेश होते रहे हैं, उन पर नेहरू के विचारों की मज़बूत पकड़ यानी विज्ञान और टेक्नोलॉजी के साथ पश्चिमी अवधारणा पर ज़ोर तो रहा, किंतु गांधी के ग्राम स्वराज का नाम तक नहीं देखा। तब और अब में अंतर यह है कि पुराने समय में बजट प्रस्तावों से देश की आर्थिक दिशा जो भी रहेगी उसका ख़ुलासा होता था, जिसकी साल भर प्रतीक्षा रहती थी। अब वह नीति निर्देशक दस्तावेज़ नहीं रहा। साल भर आर्थिक अध्यादेश आते रहते हैं।

आम बजट आम आदमी के लिए होता है, जिसमें 70 प्रतिशत ग्रामीण आते हैं। लेकिन देखने में आता है कि सरकारी पक्ष इसे संतुलित विकासोन्मुख और जनहितकारी कहता है, जब कि प्रतिपक्ष उसे दिशाहीन, लोकलुभावन या चुनावी बजट बताकर ख़ारिज करता है। बजट को हर वर्ग अपने नज़रिए से देखता है। यदि बजट को राजनीति के नज़रिए से बनाया और देखा जाएगा, तो ऐसा ही दिखेगा। भारत का बजट गाँवों की 70 प्रतिशत आबादी के लिए होना चाहिए था, न कि शहरों की 30 प्रतिशत के लिए। यदि ऐसा होता तो वह गांधी जी के मन का बजट होता, लेकिन हमारा बजट कहने को आम

बजट होता है, परंतु अधिकांशतः मुट्ठीभर उद्योगपतियों और व्यापारियों और शहरी आबादी के लिए बनता है।

किसान के लिए अधिक महत्व उन योजनाओं का होता है, जो उसे फोकस में रखकर प्रस्तावित होती हैं जैसे खाद, बीज और पानी की क़ीमतें। यदि प्रावधानों को स्किल, स्पीड, स्केल के हिसाब से देखें, तो स्पीड का मतलब रेल, बस, हवाई जहाज, पानी के जहाजों की स्पीड नहीं, बल्कि विकास की स्पीड से होता है। केवल यूरिया को नीमकोटेड करने से किसान की बात नहीं बनेगी, बाक़ी खादों की चिंता भी करनी होगी। साथ ही किसानों के बीच जाकर प्रेरक का काम करने वाले डिप्लोमाधारी किसान मित्रों की आवश्यकता है, जो मुर्गी पालन, मत्स्य पालन, पशुपालन और बागबानी में किसान का मार्गदर्शन कर सकें। चीन के माओत्सेतुंग ने पचास के दशक में लाखों कार्यकर्ताओं को कृषि और लघु उद्योगों में प्रशिक्षित कर गाँवों में भेज दिया था और हमसे बाद में आज़ाद हुए चीन का पुनर्जागरण हो गया और हम पिछड़ गए।

हमारे देश के बजट के कुछ क़दम जैसे नाबार्ड के माध्यम से 5 लाख किसानों को 7 प्रतिशत ब्याज़ पर क़र्ज़ा दिलाने का प्रस्ताव, उन्हें प्रतिवर्ष 6 हज़ार रुपए देने का प्रावधान, मंडी परिषदों की स्थापना और उपज का उचित मूल्य दिलाना किसान से संबंध रखते हैं। क़र्ज़ा तो 70 साल से मिलता आया है और देकर माफ़ भी होता रहा है। बेहतर होता कि लगातार जिस स्किल विकास की बातें हो रही हैं, उसका प्रावधान बजट में किया जाता और "जॉब क्रिएशन" यानी रोज़गार सृजन की कोशिश होती। हर ब्लॉक में एक कंप्यूटर प्रशिक्षण केंद्र खुलता, जहां नौजवानों को प्रशिक्षण दिया जाता, उन्हीं कंप्यूटर केंद्रों पर सरकारी और प्राइवेट सेक्टर में काम उपलब्ध कराया जाता। यदि बहुत बड़ी संख्या में ग्रामीण नौजवान कंप्यूटर प्रशिक्षित नहीं होंगे, तो गाँवों का प्रस्तावित वाई-फ़ाई कितना उपयोगी हो पाएगा, कहना कठिन है।

गाँवों के विद्युतीकरण और सिंचाई के काम में यदि सौर, पवन और बायोगैस जैसे वैकल्पिक ऊर्जा स्रोतों का लाभ लिया जा सकेगा, तो अवश्य

उपयोगी होगा परंतु टिकाऊ संयंत्रों की उपलब्धता और उनका रखरखाव यह एक समस्या रहती है। मेरे गाँव देवरा में काफ़ी पहले अनेक किसानों ने सब्सिडी के लालच में बायोगैस संयंत्र लगवाए थे, लेकिन सब असफल रहे। सब्सिडी और ख़ैरात के सहारे काम नहीं चलेगा, देश का किसान अपनी आंखों देखकर उसे स्वीकार करेगा। हमारे स्कूल 'भारतीय ग्रामीण विद्यालय' में सौर उर्जा संयंत्र काफ़ी हद तक सफल रहा है। न सब्सिडी और न ख़ैरात, किसानों को चाहिए उन संयंत्रों की देखरेख के लिए मेंटेनेंस टेक्नीशियन। बजट में वैकल्पिक ऊर्जा के साथ ही डेरी, पोल्ट्री, मछली पालन जैसे कृषिपूरक व्यवसायों के लिए समुचित बजट प्रावधान करने की आवश्यकता है।

मनरेगा से गाँव वालों को कुछ पैसे और घर में काम मिला था, लेकिन उसकी व्यवस्था ठीक से नहीं चल पाई। इसके बजाए हमें यूगोस्लाविया के स्वर्गीय राष्ट्रपति मार्शल टीटो से सीखना चाहिए था, जिन्होंने बेरोज़गारों की लैंड आर्मी बनाकर देश निर्माण के काम में लगाया था। हमारे यहां भी कुछ समय के लिए जवान, किसान और स्वावलंबन की चिंता दिखी थी, परंतु किसान का अपमान तब होता है, जब उसके द्वारा उपजाया गया अन्न सड़ता है। यदि हमारी सरकारें अनाज का भंडारण सुनिश्चित नहीं कर सकतीं, तो अनाज ख़रीदने के लिए बजट ही निर्धारित न करें। ख़ैरात की राजनीति तो दिखाई देती है, लेकिन स्वावलंबन की राष्ट्रनीति दिखाई नहीं देती।

खेती की आय पर टैक्स न लगाने की नीति समाजवादी नेहरूवियन अर्थव्यवस्था में क्यों बनाई गई थी, यह तो पता नहीं लेकिन इससे आम किसानों का कोई भला नहीं हुआ, बल्कि लाभ उठाते हैं वकील, इंजीनियर, डॉक्टर, सोने चांदी के व्यापारी, पुलिस अधिकारी अथवा एम.पी., एम.एल.ए. या मंत्री जो कालाधन सफ़ेद करने के लिए ही किसान बन जाते हैं। नक़ली किसानों की आय का निर्धारण सरल नहीं है। वे फार्म हाउस बनाकर अपने काले धन को खेती की कमाई दिखाते हैं, जिस पर कोई टैक्स नहीं पड़ता। गाँवों में काला धन अधिक नहीं है इसलिए गाँव के लोग ज़मीन

बेचते तो हैं, ख़रीद नहीं सकते। यह व्यवस्था इसलिए नहीं बदलती, क्योंकि नेता लोग भी काले को सफ़ेद करते हैं।

ज्ञात स्रोतों से अधिक धन वालों के लिए यह प्रश्न कठिन नहीं है कि पैसे आया कहां से? बिहार के लालू प्रसाद यादव ने अपनी करोड़ों रुपए की आय 40 गायों से हुई आमदनी बताया था, बहुत पहले हरियाणा के देवीलाल और विगत वर्षों में हिमाचल प्रदेश के सुखराम ने अपनी अथाह संपदा को बगीचों की आमदनी बताकर टैक्स बचाया था। मेरे गाँव के पास न्यूरोलोजी के नामी गिरामी प्रोफ़ेसर, एक आरटीओ, एक प्रख्यात वकील, एक वरिष्ठ पुलिस अधिकारी ने फार्म बनाया है, जो शायद ही कभी अपने फार्मों पर रात बिताते हों, लेकिन बजट प्रावधानों के अनुसार उन्हें इनसे कमाई पर टैक्स नहीं देना पड़ता। कृषि फार्म के अलावा, मछली तालाब, मुर्गी फार्म और पिगरी फार्म टैक्स बचाने के स्रोत हैं। यह तो वही जानें इनसे कितनी आय होती है परंतु शहर में उनकी धुआंधार प्राइवेट प्रैक्टिस और रिश्वत का धंधा चलता है।

यदि शहर और गाँव की आबादी के हिसाब से बजट में प्रावधान हो, तो विकास को वैज्ञानिक आधार मिल सकता है। विविध कामों के लिए बजट में धन का आवंटन करते समय यदि इस बात पर विचार हो कि किसानों के बच्चों को भी अच्छी शिक्षा मिल सके, किसानों को समय पर खाद, पानी, बीज और बिजली उचित दामों पर मिलती रहे, रोज़गार के अवसर मिलें और उनके घर से सही दाम पर पैदावार उठा ली जाए, तो किसानों के बैंक क़र्ज़े माफ़ करने, उन्हें मुफ़्त में बिजली देने, उनको ख़ैरात बांटने की आवश्यकता नहीं रहेगी। गांधी जी रामराज्य की कल्पना करते थे और गाँवों को स्वावलंबी बनाना चाहते थे। यदि उनकी इच्छाओं की पूर्ति नहीं हो सकती थी, तो बीच का रास्ता निकाला गया होता। यदि किसानों के लिए कुछ करना ही था तो गाँवों के लिए अच्छी शिक्षा, चिकित्सा, तकनीकी ज्ञान और रोज़गार के अवसर जुटाने के लिए ग्रामीण बजट का अलग से प्रावधान किया जाना चाहिए। मोदी सरकार के बजट में चिकित्सा के लिए एम्स, तकनीकी शिक्षा

के लिए इंजीनियरिंग कॉलेज, उच्च शिक्षा के लिए विश्वविद्यालय और बेरोज़गारी दूर करने के लिए मेक इन इंडिया का आह्वान तो है परंतु इनमें से गाँवों में क्या पहुंचेगा और कब पहुंचेगा, कहना कठिन है। गाँवों में श्रम की उपलब्धता तो है, परंतु पूंजी नहीं है और यहां पूंजी लगाई भी नहीं जा रही है। बजट की प्राथमिकता में यह पक्ष प्रमुखता से होना चाहिए।

हमारे देश में जीएसटी का एक समान रूप से उपयोग नहीं हो रहा। इसलिए व्यावहारिक कठिनाइयों को सामने लाना चाहिए। जिन देशों में यह व्यवस्था लागू है, वहां हमारे जैसी सामाजिक और आर्थिक विविधता नहीं है। कपड़ा व्यापारी टैक्स नहीं देते थे और अब भी नहीं देना चाहते, इसलिए हड़ताल की। इससे पहले सोने चांदी के व्यापारी भी कोई कर नहीं देना चाहते थे। यदि कृषि आय पर कर लगेगा, तो विरोध के स्वर और भी तीव्र होंगे, क्योंकि इससे प्रभावित होने वालों में बड़ी संख्या में नेता होंगे।

बहस इस बात पर हो सकती है कि जब कर की समान दरों की बात हो रही है, तो जीएसटी में 5, 12, 18 और 28 प्रतिशत की चार श्रेणियां क्यों बनाई गई हैं। आशा करनी चाहिए कि कालांतर में इन श्रेणियों की संख्या दो तक हो सकती है। यदि कोई तर्कपूर्ण गणना की गई थी, तो यूरिया की दरें 12 से 5 प्रतिशत इतनी सरलता से कैसे बदल गईं।

जीएसटी लागू होने के बाद विदेशों से सामान मंगाना आसान होगा, परंतु विदेशों को सामान भेजना भी आसान होना चाहिए। यह सच है कि विदेशी कल पुर्ज़े सस्ते होंगे, परंतु सस्ते मज़दूर लेकर विदेशी कंपनियां मेक इन इंडिया के लिए तो सहमत हैं, परंतु ख़ामियाज़े की ज़िम्मेदारी उनकी नहीं होगी, भोपाल गैस कांड से तो यही लगता है। विश्वस्तरीय अर्थव्यवस्था के लिए शायद यह आवश्यक न हो, परंतु देश की 70 प्रतिशत आबादी को ऐसा बजट चाहिए, जो उनकी वर्तमान चिंताओं पर ध्यान दे और उन्हें आत्महत्या जैसे क़दम न उठाने पड़ें।

महंगाई और मंदी के बीच संतुलन बनाते समय विचार के केंद्र में किसान रहना चाहिए।

कर-प्रणाली बजट का महत्वपूर्ण अंग होती है और तमाम लोग मौजूदा कर प्रणाली का विकल्प खोजने में लगे रहते हैं। एक बार डॉक्टर राम मनोहर लोहिया ने कहा था—आमदनी के बजाए ख़र्च पर टैक्स लगना चाहिए, इसे समझने का प्रयास तक नहीं हुआ। अब बाबा रामदेव ने इसी आशय का सुझाव दिया है। इस बात से इंकार नहीं किया जा सकता कि कर प्रणाली में सुधारों की आवश्यकता है। कर वसूली में एक समस्या है कर चोरी और दूसरी है आयकर विभाग द्वारा करदाताओं का उत्पीड़न। इन पर विचार करना ही होगा। प्राचीन काल में टैक्स को विविध नामों से जाना जाता था जैसे जज़िया, घरी, चारा, उषरफ़, ज़कात, चैथ या फिर सरदेशमुखी। इनमें से अधिकांश तो पैदावार पर निर्भर करते थे या मज़हबी आधार पर लिए जाते थे। ज़रीब नाम का टैक्स ज़मीन की नाप पर निर्भर था, जो आज भी प्रासंगिक हो सकता है। ज़रीब का ही विकल्प है लगान, जो तर्कसंगत बनाया जा सकता है, विशेषकर छद्म किसानों के मामले में।

हमारे देश की समाजवादी नेहरू सरकार ने व्यवसाइयों पर पचास के दशक में टैक्स की जो दरें लगाई थीं, वह मुग़ल कालीन जज़िया अथवा मराठा युग की चैथ से भी अधिक थीं। कुछ उद्यमियों और उद्योगपतियों पर तो 100 रुपए कमाने पर 90 रुपए तक टैक्स लग जाता था। ऐसे में लोगों ने अपनी वास्तविक आमदनी का ख़ुलासा करना ही बंद कर दिया और काले धन का जन्म हुआ। पहली बार 1977 में मोरारजी भाई की सरकार ने करों की दरों में सुधार आरंभ किया। ऐसा लगता है काले और सफ़ेद धन की परिभाषा में स्पष्टता की ज़रूरत है, इसी कारण 2016 में नोटबंदी की प्रक्रिया में काफ़ी काला धन बिना टैक्स दिए सफ़ेद हो गया।

ज़मीन की ख़रीद-फ़रोख़्त में काले धन के उपयोग होने के कारण ज़मीन की महंगाई बेतहाशा बढ़ी है और 1970 से अब तक गाँवों की ज़मीन के दाम 400 गुणा बढ़ गए हैं, जब कि सोने के दाम केवल 150 गुणा और गेहूं के दाम क़रीब 35 गुणा ही बढ़े हैं।

आज़ादी के बाद विदेशों में रहे और पढ़े लोग शासक बन गए, अंग्रेज़ चले गए अंग्रेज़ियत छोड़ गए। सरकार चलाने वालों को गाँव की डगर तब

याद आई, जब साठ के दशक में देश में भुखमरी की नौबत आ पहुंची। उन दिनों भी लाभ व्यापारियों का हुआ और किसान पिसता रहा। किसान के पास जो बीज थे, उन्हीं को उन्नतिशील बनाया जाना चाहिए था। विडंबना रही कि जिन फ़सलों को सैकड़ों साल से देश की हवा, पानी, मिट्टी मुआफ़िक आ रही थी, उन पर रिसर्च कर फ़सल का समय, फ़सल चक्र, पौष्टिकता, उत्पादन क्षमता बढ़ाने के बजाए उन्हें उपेक्षित किया गया। पहले किसान देशी खाद का भरपूर प्रयोग करता था, वह यूरिया का ग़ुलाम हो गया और दलहनी फ़सलों का उत्पादन अलाभकर होने के कारण निरंतर घटता गया। नाइट्रोजन फ़िक्सिंग राइज़ोबियम बैक्टीरिया वाले बीज के बजाए बौनी जाति के गेहूं बोने लगा किसान। देशी गाय, भैंसों पर रिसर्च करके उनकी दुग्ध उत्पादकता बढ़ानी चाहिए थी और पशुओं को मांस के बजाए दूध और खाद के लिए अधिक पालना चाहिए था, लेकिन विदेशी पशुओं पर निर्भरता बढ़ाई गई। भोजन में प्रोटीन के लिए समुद्री जीव, मुर्गी पालन और मशरूम आदि के लिए बजट में पर्याप्त धन आवंटित होना चाहिए था। जैविक खाद का उपयोग वापस लाना चाहिए।

सामान्यतः खाद्य पदार्थों का आयात नहीं होना चाहिए और पशुचालित कृषि यंत्रों पर रिसर्च करके डीज़ल की खपत घटानी चाहिए। न्यूनतम समर्थन मूल्य हर साल उतना प्रतिशत बढ़ना चाहिए, जितना महंगाई भत्ता बढ़ता है और कृषि मूल्य सूचकांक निकालते समय खाद्य वस्तु समूह में कंप्यूटर और जूतों के दाम नहीं सम्मिलित करने चाहिए, यह प्रासंगिक नहीं है। सूचकांक के लिए तर्कसंगत वस्तु समूह बनाएं जाने चाहिए। मूल्य सूचकांक के लिए जो समूह बनाएं गए हैं, उन पर पुनर्विचार की आवश्यकता है। गाँव में कुटीर उद्योग और पड़ोस के क़स्बे में बड़े उद्योग लगें, जिससे ग्रामीणों को 365 दिन काम मिले। मनरेगा उसका समाधान नहीं है। शहरों से दालें, आटा और चावल मिलों को हटाकर गाँव क़स्बों में लगाया जाए तो भला होगा। जैम, जेली, चोकर के बिस्कुट के कारखाने, मसाला पीसने की मिलें सब शहरों से बाहर हटाकर, क़स्बों और गाँवों को भेजने से ढुलाई की बचत होगी, शहरी प्रदूषण

घटेगा, किसान और ग्रामीणों को काम मिलेगा, गाँवों से शहरों को पलायन रुकेगा। मनरेगा को समाप्त करके ग्रामीण क्षेत्रों में चलने वाले डेरी, पोल्ट्री, मछली पालन, सुअर पालन को सारा धन आवंटित कर देना चाहिए। किसानों को तालाब खोदने के लिए ख़ैरात नहीं, ब्याजमुक्त ऋण का बजट में प्रावधान करना चाहिए। ऐसे सभी उद्यमों को प्रोत्साहित करना चाहिए, जिनसे अंग्रेज़ी खाद, कीट नाशक और फफूंद नाशकों का प्रयोग घटाया जा सके।

बजट में शिक्षा पर अधिक धन आवंटन की आवश्यकता है, विशेषकर संस्कृत भाषा के लिए जो कंप्यूटर भाषा बनने की क्षमता रखती है। भारत में शायद ही किसी ने इस दिशा में कोई रिसर्च की हो। एमिस रिसर्च सेन्टर, कैलिफोर्निया के रिक ब्रिग्गस ने एक रिसर्च पेपर "संस्कृत ऐंड आर्टीफिशियल इन्टेलीजेन्स-नासा" में कहा है कि संस्कृत को एक मशीनी भाषा के रूप में प्रयोग किया जा सकता है, क्योंकि इसके वाक्यों में शब्दों का क्रम बंधा नहीं है। प्रत्येक शब्द अपने में पूर्ण है और दुविधारहित है।

इसी प्रकार अमृता इनोवाटीव टेक्नोलॉजी प्रयोगशाला में इस संभावना पर काम चल रहा है कि संस्कृत को कंप्यूटर भाषा के रूप में प्रयोग किया जा सकता है या नहीं। यदि संस्कृत को कंप्यूटर भाषा के रूप में मान्यता मिल जाए, तो संस्कृत जानने वालों को रोज़गार के असीमित अवसर मिल जाएंगे। योग और आयुर्वेद शिक्षा को अनेक पश्चिमी अस्पतालों में महत्व मिल रहा है, लेकिन हमारे देश में इनके लिए बहुत कम बजट रहता है। संस्कृत, कंप्यूटर, योग, विज्ञान और आयुर्वेद के अध्ययन के लिए धन के विशेष प्रावधान की आवश्यकता है। परंतु यत्किंचित आवंटित धन में भ्रष्टाचार का घुन लगा है।

गाँवों में काम करने के लिए भ्रष्टाचारियों ने रेट निर्धारित किए हैं। लोहिया आवास के लिए 20 हज़ार की रिश्वत निर्धारित है और भूमिहीनों को पट्टे के लिए भी प्रति एकड़ एक लाख की रिश्वत निर्धारित है, जो एडवांस में देनी होती है। आप को मुआवज़ा या एरियर मिलना है, तो 10 प्रतिशत पहले नक़द देना होता है। इन बातों को प्रमाणित करना सरल नहीं है। यदि आप एक

स्कूल खोलते हैं, तो उसकी मान्यता लेने, अनुदान सूची में नाम डलवाने, परीक्षा केंद्र बनवाने से लेकर प्रत्येक क़दम पर रिश्वत देनी पड़ती है। सरकारी स्कूलों के अध्यापकों का नियुक्ति पत्र, तबादला, प्रमोशन और एरियर प्राप्ति में रिश्वत के बिना काम नहीं बनता। अब पारदर्शिता लाने का प्रयास हो रहा है, जिसका परिणाम भविष्य बताएगा।

प्रधानमंत्री मोदी ने महात्मा गांधी और दीनदयाल उपाध्याय का चाहे जितना स्मरण किया हो, परंतु अर्थनीति में स्वदेशी और स्वावलंबन पर आग्रह नहीं दिखता है। देश की 70 प्रतिशत आबादी को इससे बेहतर अर्थनीति चाहिए। विदेशी कंपनियां भ्रष्टाचार के चलते पूंजी लगाने में सकुचाएंगी और यदि लगा दी और मेक इन इंडिया को मान भी लिया, तो भारत के सस्ते मज़दूरों का उपयोग करके सस्ता माल तैयार करेंगी और दुनिया के बाज़ार में महंगे दाम पर बेचेंगी।

वर्तमान सरकार ने सुप्रीम कोर्ट के आदेश का पालन करते हुए एसआईटी का गठन किया और 600 से अधिक विदेशी खाताधारकों के नाम अदालत में पेश किए। फिर भी विदेशों से धन वापस लाने की देरी के कारण सरकार की काफ़ी फ़ज़ीहत हुई, क्योंकि कुछ नेताओं ने अति उत्साह में कह दिया था कि यदि काला धन वापस आ जाए, तो प्रत्येक भारतीय के खाते में 18 लाख रुपए जमा हो जाएंगे। वैसे स्वदेशी कालाधन भी अलग-अलग रूपों में अलग-अलग जगहों पर दुबक कर बैठा है। पुराने ज़माने में सोने-चांदी के रूप में ज़मीन के अंदर गड्ढा बनाकर बिठा दिया जाता था। अब ज़मीन और संपत्ति के रूप में मौजूद है।

हज़ारों मंदिरों, मस्जिदों और गिरिजाघरों में अकूत संपदा मौजूद है, वह भी काले धन की श्रेणी में आएगी। कहते हैं अंग्रेज़ों के डर से राजाओं ने अरबों-खरबों रुपए पद्मनाभ मंदिर में जमा कर दिया था, जो आज भी विद्यमान है। यह भगवान का पैसे नहीं है, बल्कि जनता का पैसे भगवान के संरक्षण में रखा है। इसका उपयोग जनकल्याण के लिए क्यों नहीं किया जा सकता?

महिलाओं को पहले पुरुषों से बेहतर सम्मान मिलता था और स्त्री धन महिलाओं की सुरक्षित पूंजी थी। लेकिन अंग्रेज़ों ने संपत्ति पर से महिलाओं का स्वामित्व समाप्त कर दिया और तब विवाह के समय लड़की के परिजनों द्वारा दिए जाने वाले उपहारों पर भी लड़के और उसके परिवार का हक़ बन गया।

पिछले कुछ सालों से परंपरा बन गई है कि आम बजट के साथ ही रेल बजट पेश किया जाता है। पहले यह रेल मंत्री द्वारा अलग से पेश किया जाता था। जिन देशों में रेलों का सफ़ल संचालन है वहां यह प्राइवेट हाथों में हैं, वहां प्रतिस्पर्धा रहती है और निरंतर सुधार होता है। हमारे देश में रेलवे कर्मचारी और अधिकारी ऐसा होने नहीं देंगे, क्योंकि प्राइवेटाइज़ेशन के बाद इनकी छंटनी हो जाएगी, कोई भी कंपनी अक्षम लोगों को नौकरी नहीं देगी।

आमतौर से हमारी रेलें घाटे में चलती हैं और किराया बढ़ता रहता है। यदि सब को रेल सुविधा देनी है, तो अपनाना होगा मधु दंडवते का 1977 का रेल मॉडल, जिसमें सभी नई रेलें केवल जनता गाड़ियां चलाई गई थीं। वर्तमान में न तो देश की तिजोरी भर रही है और न गाँव के ग़रीब को सुकून से यात्रा का अवसर ही मिल रहा है।

समय पर चलने वाली तेज़ रफ़्तार रेलगाड़ियों कों टीवी पर देखकर तसल्ली कर सकते हैं या फिर प्रधानमंत्री नरेंद्र मोदी की स्पीड वाली बुलेट ट्रेन की बातें सुनकर। हमारे देश में नाकारा रेलवे प्रशासन न तो काम करेगा और न ही प्राइवेटाइज़ेशन होने देगा। कम से कम नए मार्गों पर तो प्राइवेट रेलें चलाने का प्रयोग हो। नाम के लिए एक्सप्रेस गाड़ियां भी हर छोटे-छोटे स्टेशनों पर रुकती चलती हैं। आरक्षित कोच में झुंड के झुंड चढ़ जाते हैं।

रेल सेवाओं में सुधार की शुरुआत मौजूदा रेलगाड़ियों को समय पर चलाने और उनकी गति बढ़ाने से होगी। जर्जर पटरियों पर गति बढ़ाना सुरक्षित रहेगा इसमें संदेह है। कम से कम इतना तो किया ही जा सकता है कि जिन क्षेत्रों में रेलवे लाइन है ही नहीं वहां रेलवे के विस्तार और संचालन का काम प्राइवेट हाथों में दे दिया जाए। रेलवे तंत्र को अपने नाकारापन का

एहसास हो जाएगा। जो रेलवे सेक्टर घाटे में चल रहे हों, उन्हें प्राइवेट हाथों में दे दिया जाए।

रेलगाड़ियों की समस्या किराया नहीं है, वह तो यात्री दे ही देगा, जब उसे यात्रा करनी है। समस्या है समय पर सुरक्षित पहुंच जाना। हम इंदिरा जी के आपातकाल की ख़ूब आलोचना करते हैं अनेक कारणों से, लेकिन अगर आज़ादी के बाद रेलगाड़ियां कभी समय से चली हैं तो आपात काल में। लेकिन यदि लोकतंत्र की क़ीमत पर सुधार हुआ तो दुर्भाग्य होगा।

गाँव की अमराई

गाँवों में अक्सर पूजा अर्चना होती थी
जिसमें लगते थे आम की लकड़ियाँ,
आम के पत्ते, दूर्वा, बेलपत्र, केले के पत्ते,
गाय का गोबर, विविध फूल और फल।
इन चीज़ों का महत्त्व बचपन में समझ में
नहीं आता था, अब आता है।

गाँव के पास में अमराई, वहीं पर साफ़ पानी का तालाब, जिस में खिले हुए कमल के फूल, चारों तरफ़ हरियाली और पक्षियों का कलरव मनमोहक हुआ करता था। देखते ही देखते पचास साल में सब समाप्त हो गया। घर के आगे नीम या जामुन का पेड़, दरवाज़े पर बंधी हुई सुंदर सुडौल गाय, गाँव के मंदिर पर शाम होते ही इकट्ठा होते लोग और भजन कीर्तन करती मंडली रोज़ लगती थी। खलिहान में हंसी ठट्ठा, गुड़ बनाते और मिलकर रस पीते लोग, सब बदल गया। तब गाँव में जान थी और लोग जानदार थे। अब तो सब अपने में सिमट गए हैं।

गाँवों में अक्सर पूजा अर्चना होती थी, जिनमें लगती थीं आम की लकड़ियां, आम के पत्ते, दूर्वा, बेलपत्र, केले के पत्ते, गाय का गोबर, विविध फूल और फल। इन चीज़ों का महत्व बचपन में समझ में नहीं आता था, अब आता है। ये सब बायोडायवर्सिटी यानी वानस्पतिक विविधता के प्रतीक हैं, जिनके बिना पूजा अधूरी रह जाएगी। इसी प्रकार मैं गाय को गोग्रास खिलाते, चिड़ियों और मछलियों को आटे की गोलियां और दाना चुगाते, श्राद्ध के दिनों में गिद्धों को भोजन कराते, दीपावली के दूसरे दिन गोवर्धन पूजा करते देखता आया हूं। वट सावित्री के दिन बरगद और प्रतिदिन तुलसी के पौधे की पूजा होती है। भारत में जीव विविधता और वनस्पति के प्रति सम्मान बहुत पुराना है।

जानवरों की ही तरह पशु-पक्षियों के प्रति भी लगाव रहता है। दुर्गा जी के मंदिर में शेर की मूर्ति, शंकर जी के मंदिर में नंदी, कृष्ण मंदिर में कामधेनु,

लक्ष्मी का वाहन उल्लू, गणेश जी का वाहन चूहा, कार्तिकेय का मयूर, ऐसे अनगिनत उदाहरण है। यहां तक कि नागपंचमी के दिन सांपों की भी पूजा होती है। भारतवासी इन सभी पशु-पक्षियों को अपना सहजीवी मानते हैं, जबकि पश्चिमी सभ्यता में इन्हें भोगवस्तु माना जाता है। जैव विविधता के प्रति लगाव भारतीय संस्कृति का अंग बन गए हैं।

गाँव के लोग फलदार और छायादार पेड़ लगाने को पुण्य काम मानते हैं। खेतों की मेड़ों और सड़कों के किनारे प्रायः पेड़ दिखाई पड़ेंगे। आम रास्तों पर छायादार पेड़ और जहां-तहां कुएं बनवाने की परंपरा थी। अब ग्रामीणों में लालच आ गया है और वे तेज़ बढ़ने वाले पेड़ लगाते हैं, जिनमें फल और छाया तो नहीं, लकड़ी ज़रूर होती है। पुराने समय में मनुष्य को पेड़ों की उपयोगिता अनेक प्रकार से बताई गई है। बड़ा होने को पेड़ों से तुलना करके परिभाषित किया गया है, कहते थे "बड़ा भया तो क्या भया, जैसे पेड़ खजूर, पंथी को छाया नहीं, फल लागे अति दूर"। अब तो पेड़ अपने लिए लगाए जाते हैं, समाज के लिए नहीं।

पचास के दशक में मैं अपने बाबा के साथ गाँव से कुछ दूर एक पवित्र सरोवर में अमावस्या के दिन स्नान करने और मेला देखने जाता था। सरोवर सहित सभी स्थानों के जल के प्रति श्रद्धा भाव था, उसे गंदा करना सख़्त मना था। पवित्र नदियों, समुद्र, पर्वत, वृक्ष, वनस्पति और जीव जंतुओं के साथ मानव के संबंध को बताया जाता था। सनातन सोच के अनुसार यह पृथ्वी लगभग 199 करोड़ वर्ष पुरानी है और इस पर 84 लाख जीव प्रजातियां निवास करती हैं। आज का विज्ञान मानता है यह धरती 450 करोड़ साल पुरानी है और इस पर क़रीब 30 लाख प्रजातियां रहती हैं।

मेरे बाबा सनातन ज्ञान के आधार पर सुनाते थे "लख चौरासी में भरमावा, अंत काल मानुस तन पावा"। आज का जंतु विज्ञानी कहता है डार्विन के जीव विकास के आधार पर सूक्ष्म जीवों से विकसित होता हुआ मनुष्य विकास के अंतिम पायदान पर पहुंचा। जैव विविधता में एकात्मता का इससे स्पष्ट वर्णन विश्व की किसी प्राचीन सभ्यता में नहीं मिलता है। इस

जैविक विविधता को संरक्षित रखने के लिए तथा स्वयं मानव के अस्तित्व को बचाने के लिए हमारे पूर्वजों ने विस्तार से चिंतन किया है। हमारे देश की मान्यता रही है कि यह शरीर क्षिति, जल, पावक, गगन और समीर ऐसे पांच घटकों से मिलकर बना है और यही घटक हमारे परितः आवरण बनाते हैं, जिसे पर्यावरण कहते हैं।

भारतीय विचारकों ने कहा था 'यद् पिण्डे तदैव ब्रह्मांडे' अर्थात जो शरीर में है वही बाहरी जगत में हैं। गाँव के बुज़ुर्ग सरल भाषा में बताते हैं "क्षिति जल पावक गगन समीरा, पंच तत्व मिलि बनेहु शरीरा" और इसलिए पंच तत्वों से बना यह शरीर तभी तक स्वस्थ रह सकता है, जब तक इन अवयवों का बाह्य जगत में संतुलन बना है। शरीर नष्ट होने के उपरांत कहा जाता है "पंचत्वं गतः" अर्थात शरीर पंच तत्व में विलीन हो जाता है।

पंच तत्वों में क्षिति यानी धरती की बात करते हैं, तो मिट्टी और वनस्पति तथा उस पर रहने वाले जीव सम्मिलित रहते हैं। जल हमारी पृथ्वी की सतह पर और पृथ्वी के अंदर भूमिगत जल के रूप में पाया जाता है। जल को हमारे ऋषियों ने जीवन के नाम से भी संबोधित किया है। तीसरा तत्व पावक यानी अग्नि हमारे शरीर में जठराग्नि यानी पेट की आग के रूप में रहती है। पृथ्वी पर दावाग्नि यानी जंगल की आग, बड़वाग्नि यानी समुद्र की आग के रुप में पाई जाती हैं। चौथा तत्व गगन अर्थात सौर उर्जा हमें सूर्य से प्राप्त होती है और वायुमंडल को चीरती हुई हम तक पहुंचती है। पांचवां तत्व समीर अर्थात वायु हमारे शरीर के अंदर और बाहर समान रूप से सदैव विद्यमान रहती है, इसमें मौजूद प्राणवायु के बिना हम जीवित ही नहीं रह सकते। ये घटक वायुमंडल, जल मंडल, जीव मंडल, शैलमंडल आदि के रूप में विद्यमान रहते हैं। वायुमंडल में पक्षी, जलमंडल में जलीय जीव और शैलमंडल में ज़मीन के अंदर रहने वाले जीवों का निवास है। समस्त प्राणी अन्योन्याश्रित हैं अर्थात एक दूसरे पर आश्रित हैं।

जब इस पृथ्वी पर मानव का जन्म हुआ, तो उसे आदर्श रमणीक पर्यावरण मिला, न प्रदूषण था और न प्राणवायु की कमी थी। मानव प्रजाति ने केवल

पिछले दस हज़ार वर्षों में ही उसे क्षत-विक्षत कर दिया। चूल्हा जलाने, फ़सल के अवशेष खेतों में जलाने और कल कारख़ानों के माध्यम से वायुमंडल में कार्बन डाइऑक्साइड की अनियंत्रित मात्रा छोड़ने और वृक्ष और वनस्पति को काटने के काम में लग गया मनुष्य और बिगड़ गया पर्यावरण। नतीजा हुआ वायुमंडल का तापमान बढ़ने लगा, समुद्र के किनारे बसे नगरों के जलमग्न होने का संकट मंडराने लगा, हिमनद पिघलने लगे, समुद्र का जलस्तर ऊंचा उठने लगा और ऑक्सीजन का अंश वायुमंडल में 21 प्रतिशत के नीचे आने लगा। ये सभी लक्षण मानव प्रजाति के अस्तित्व पर चोट करेंगे। पश्चिमी विचारधारा के लोगों में प्रकृति पर विजय पाने और उसे दासी बनाने की होड़ लग गई और इसका परिणाम हुआ प्रकृति का विनाश।

भारत के लोगों ने सदा ही माना है कि पृथ्वी से हमारा नाता बहुत पुराना है और यहां बार-बार आना है, इसलिए धरती और प्रकृति को संरक्षित रखना ज़रूरी है। यह पृथ्वी न तो ईसाई मान्यता के अनुसार इतनी नई है और न इस्लामिक सोच के अनुसार इतनी जल्दी समाप्त होने वाली है। सनातन भारत के लोग जब तक पश्चिमी प्रभाव में नहीं आए थे, हम पृथ्वी के प्रति मातृवत व्यवहार करते रहे। यहां की धरती शस्यश्यामला थी, रमणीक वन थे, नदियों में शीतल शुद्ध जल था, शीतल मन्द सुगंध वाली समीर थी और लोग सहज भाव से शांत और धैर्यवान हुआ करते थे। अब पर्यावरण संरक्षण इस बात पर निर्भर करेगा कि हम इस धरती और प्रकृति के साथ माता तुल्य व्यवहार करेंगे अथवा दासी जैसा।

क्रूरता चाहे जीवों के साथ हो या प्रकृति के साथ, वह सदैव आत्मघाती होगी। मुस्लिम परिवारों में देखने को मिलता है जब बकरे, भैंसे अथवा मुर्गे को ज़िबा किया जाता है और इसे पवित्र कार्य कहा जाता है। इसे बच्चे देखते हुए बड़े होते हैं, तो उनमें मनोवैज्ञानिक रूप से दयाभाव कैसे बचेगा? जब यह दशा पशुओं की है, तो वृक्षों पर कौन दया करेगा?

पहाड़ों की महिलाएं जंगल को अपना मायका कहती हैं, क्योंकि वे जंगल जाकर लकड़ी, फल, चारा आदि उसी तरह ले आती हैं, जैसे अपने

मायके से ज़रूरत की चीज़ें ले आती हैं। यही कारण है महिलाओं ने पेड़ काटने के ख़िलाफ़ चिपको आंदोलन में बढ़-चढ़ कर भाग लिया था। भारत में वृक्षों की रक्षा का यह पहला आंदोलन नहीं था। इसके बहुत पहले राजस्थान के विश्नोई संप्रदाय के लोगों ने वृक्षों से चिपक कर बड़ी संख्या में प्राणाहुति देकर वृक्षों की रक्षा की थी और चिपको आंदोलन की नींव डाली थी। वृक्षों में जीव है, यह बात भारत के लोग हज़ारों वर्षों से जानते और मानते थे।

वास्तव में वृक्षों की तुलना भगवान शिव से की गई है। बहुत ही सार्थक है यह तुलना, क्योंकि मानव कल्याण के लिए शिव ने सागर मंथन से निकले विष का पान किया था और ये वृक्ष मानव कल्याण के लिए कितनी कार्बन डाइऑक्साइड रूपी विष का पान करते हैं और बदले में देते हैं अमृत तुल्य प्राणवायु यानी-ऑक्सीजन। ऐसे वृक्ष रूपी मित्रों के साथ कृतघ्नता की सभी सीमाएं पार हो चुकी हैं। जंगल माफ़िया केवल हिमालय और उसकी तराई में ही नहीं, मैदानी क्षेत्रों में सड़कों के किनारे शांत बैठे वृक्षों को नेस्तनाबूद कर रहे हैं।

पर्वतीय क्षेत्रों में वनों के कटान से आपदाओं का अंबार लग गया है। जो पेड़ अपनी जड़ों से मिट्टी की सतह को मज़बूती देते हैं, भू-जल के ज़मीन के अंदर जाने के लिए मार्ग देते हैं, अपनी पत्तियों से मिट्टी को उर्वरा शक्ति देते हैं, पशुओं के लिए चारा और ईंधन के लिए लकड़ी प्रदान करते हैं, अब मिटते जा रहे हैं। निर्वनीकरण की यह दशा है कि पर्वत शृंखलाएं बिल्कुल नंगे सिर वाली हो गई हैं, उन पर वर्षा जल अबाध गति से बह जाता है, भू-स्खलन प्रायः होता रहता है और भू-क्षरण से तमाम उपजाऊ मिट्टी। वह भी नदियों के माध्यम से बह जाती है और बचती है पथरीली अनुपजाऊ भूमि, जिससे भारत का मुकुट हिमालय धीरे-धीरे ठंडे रेगिस्तान में बदल रहा है।

पर्वतीय क्षेत्रों में नेताओं द्वारा राजनैतिक कारणों से भू-वैज्ञानिक सलाह के बिना सड़कों का निर्माण कराया जाता है और उन पर भारी वाहनों का चलना, उनके किनारे ऊंचे भवनों का निर्माण, विवेकहीन पर्यटन सुविधाएं, बकरी पालन और कुछ हद तक बहुउद्देशीय भारी परियोजनाएं पर्वतों को अस्थिर बनाते जा रहे हैं। गढ़वाल हिमालय पर बने टिहरी, झमरानी,

धौलीगंगा आदि के विवाद में इस समय नहीं पड़ना चाहिए, परंतु इतना अवश्य कहूंगा कि इन परियोजनाओं के विषय में जो कोहराम इस समय मचा है, वह मचना चाहिए था खुलीं चर्चा के माध्यम से। परियोजनाएं आरंभ होने तथा अरबों रुपए व्यय होने के पहले। सार्वजनिक चर्चा में परियोजनाओं के आरंभ करने में विलंब और कई बार ठंडे बस्ते में जाने का डर तो रहता है, जैसे नदियों को परस्पर जोड़ने की परियोजना। इस प्रकार क्षिति पर मानव गतिविधियां स्वयं मनुष्य के लिए घातक होंगी।

वायु हमें वायुमंडल से मिलती है जिसके घटक हैं नाइट्रोजन, ऑक्सीजन, कार्बन डाइऑक्साइड, सल्फर डाइऑक्साइड, अमोनिया आदि अनेक गैसें जिनके अलग-अलग काम हैं। नाइट्रोजन पेड़ पौधों की जड़ों और पत्तियों को चाहिए, जिससे पेड़ जीवित रहते हैं, ऑक्सीजन मनुष्य के लिए प्राणवायु है, जिसके बिना जीवन असंभव है। इसी प्रकार अन्य गैसों की उपयोगिता है, लेकिन ऑक्सीजन के तीन परमाणुओं से मिलकर बनी ओज़ोन का अपना अलग महत्व है। ओज़ोन गैस की परत वायुमंडल के ऊंचे भागों को आच्छादित किए है और जीव मंडल को सूर्य की हानिकारक पराबैंगनी किरणों से बचाती है।

कुछ गैसें जिनमें प्रमुख हैं क्लोरोफ्लोरोकार्बन, नाइट्रस ऑक्साइड, अमोनिया, मीथेन और कार्बन मोनोऑक्साइड, जो पृथ्वी की सतह से उठकर वायुमंडल के ऊपरी भाग में पहुंचती हैं और प्राणवायु के स्रोत ओज़ोन के साथ रसायनिक क्रिया करके उसे नष्ट कर देती हैं। इन गैसों में सर्वाधिक घातक है क्लोरोफ्लोरोकार्बन, जो एअरकंडीशनर्स और रेफ्रिजरेटर्स बनाने में प्रयोग होती है।

जब से यह तथ्य उजागर हुए हैं, तब से पश्चिमी देशों ने अपना संयंत्र बनाने का शिल्पविज्ञान बदल लिया है, परंतु जो संयंत्र बने पड़े हैं उन्हें विकासशील देशों को औने-पौने दामों पर बेचा जा रहा है। इसी तरह रसायनिक प्रतिष्ठानों तथा शराब के कारख़ानों से निकलने वाली गैसें और ठोस कचरा पर्यावरण को अपूरणीय क्षति पहुंचा रहे हैं। मथुरा रिफाइनरी से निकलने वाली गैसों

का निर्जीव ताजमहल पर क्या प्रभाव पड़ेगा, इसकी चिंता तो सभी को है, लेकिन उन गैसों का आगरा वासियों के फेफड़ों पर क्या प्रभाव होगा इसकी चर्चा नहीं होती।

ध्वनि प्रदूषण भी एक गंभीर समस्या बन गई है। मोटर गाड़ियों, कल-कारख़ानों की मशीनों और पूजास्थलों पर लगे लाउडस्पीकरों के कारण अस्पतालों के मरीज़ों, तनावग्रस्त प्राणियों और जन सामान्य का भी जीवन कष्टमय हो गया है। अब तो शक्तिशाली ध्वनिविस्तारक प्रयोग में लाए जा रहे हैं। इसी तरह मंदिरों और मस्जिदों पर स्थाई रूप से ध्वनिविस्तारक यंत्र लगे हैं, पूरी रात देवी जागरण होता है और नेताओं की सभाओं में लाउडस्पीकरों की भरमार रहती है। गाँवों में यह समस्या नहीं थी, लेकिन अब शादी ब्याह और अखंड रामायण के लिए ध्वनिविस्तारक के ख़ूब प्रयोग होते हैं।

इतिहासकारों ने बताया है कि मध्यपूर्व की बेबीलोन सभ्यता के समय सिंचाई की नहरों का जाल बिछा था, लेकिन वहां की नहरें बालू मिट्टी से इसलिए पट गईं कि ऊंचे भागों में जंगलों का अत्यधिक कटान और मृदा अपक्षय हुआ। इसी प्रकार सीरिया, इराक़, लेबनान और तुर्की की भूमि और जलवायु के लिए स्वयं मनुष्य की विनाशकारी गतिविधियां उत्तरदायी हैं। मध्ययुग में स्पेन एक समुद्री महाशक्ति बन गया था, परंतु जहाज़ों के बनाने में स्पेन वासियों ने इतने जंगल काट डाले कि स्पेन वीरान हो गया। मैक्सिको की माया सभ्यता इसलिए विलुप्त हुई कि वहां की धरती में इतनी खाद्यान्न उत्पादन की क्षमता नहीं बची थी कि वह अत्यधिक आबादी का पोषण कर सकती। हमारे गाँवों की मानसिकता, आस्थाएं और जीवन शैली में बिगड़ते पर्यावरण की चुनौतियों को स्वीकार करने की अंतरशक्ति विद्यमान है।

हाल के वर्षों में बाढ़ और भूस्खल ने जून 2013 को गढ़वाल हिमालय के केदारनाथ में जो तांडव किया, उसकी विकरालता बढ़ाने में भी स्वार्थी मनुष्य का योगदान है। अनेक स्थानों में बाढ़ और केदारनाथ घाटी में भू-स्खलन को शायद रोका तो नहीं जा सकता था, परंतु इसकी विनाशलीला को कम अवश्य किया जा सकता था। आपदा प्रबंधन का तंत्र तभी सक्रिय

होता है, जब आपदा सिर पर होती है। आपदा के पहले और आपदा गुज़र जाने के बाद प्रबंधन भी शांत हो जाता है। लोग बड़े गर्व से कहते हैं अब तो बद्रीनाथ के दरवाज़े तक गाड़ी चली जाती है, उन्हें कौन बताए यह वरदान नहीं अभिशाप है।

पहाड़ों पर विकास कार्य करते समय यदि मैदान और पहाड़ की ज़मीनी हक़ीक़त के अंतर को ध्यान में न रखा गया, विकास का मैदानी मॉडल पहाड़ों पर थोपा जाता रहा, तो हिमालय एक दिन ठंडा रेगिस्तान बन जाएगा। इसी तरह हम थर्मल बिजली उत्पादन के लिए वायुमंडल में कार्बन डाइऑक्साइड छोड़ते हैं, जो वायुमंल को प्रदूषित करती है। भारत के पश्चिमी भाग में जहां कभी सरस्वती नदी बहती थी, आज रेगिस्तान है।

लालची मनुष्य ने दुधारू पशुओं का दूध निकालने के लिए ज़हरीला इंजेक्शन लगाकर उनका मांस ज़हरीला कर दिया है और उनके मरने के बाद ज़हरीला मांस खाकर गिद्ध मरने लगे हैं, लगभग समाप्त हो गए हैं। अब मरे जानवर की खाल ठेकेदारों द्वारा निकाले जाने के बाद खुले मैदान में पड़े मांस पर कौवे और कुत्ते गिद्धों की कमी पूरा करने की कोशिश करते हैं। ज़हरीला मांस खाकर वे भी नहीं बचेंगे और ज़हरीला मांस खुले में सड़ता रहेगा, जिससे नई-नई बीमारियां फैलेंगी।

जीव विविधता में सब एक दूसरे के लिए भोजन शृंखला बनाते हैं, जैसे घास और वनस्पति को वन्य जीव खाते हैं और उन्हें शेर खाता है। परंतु जब वन्य जीवों को मनुष्य खाने लगेगा और शेर का भोजन छिन जाएगा, तो वह मनुष्य को खाएगा। इसलिए पशु-पक्षियों, कीट-पतंगों तथा वनस्पति को जीवित रखकर जीव विविधता में भोजन शृंखला को बचाए रखना है। पेड़ों के कटने से छाया, चारा, फल और औषधि के जाने के साथ ही पेड़ों पर रहने वाले पक्षियों और कीट-पतंगों का संसार भी उजड़ जाता है, उसके दुष्परिणाम भी झेलने होंगे। गाँवों में नित्य स्नान करना, घर और दरवाज़ा साफ़ रखना, जानवरों को नहलाना, चौका चूल्हा साफ़ रखना और शादी ब्याह के समय घर चमकाना जीवनचर्या है। इसमें मुहल्ला, गाँव

अथवा पंचायत की आबोहवा की चिंता गौण है। लेकिन अब स्वच्छता को लेकर सोच में बदलाव आ रहा है। प्रधानमंत्री नरेंद्र मोदी ने देवालय से पहले शौचालय बनाने का आवाहन किया, तो लगा कि राम मंदिर समर्थकों से इसका प्रतिवाद होगा, परंतु ऐसा कुछ नहीं हुआ। अधिकांश लोगों ने उनके बयान को सही अर्थों में लिया। लोग बड़े उत्साह से अपने दरवाज़े पर शौचालय बनवा रहे हैं, दरवाज़े पर से गोबर के घूर हटा रहे हैं, एक हद तक प्लास्टिक से परहेज कर रहे हैं। उन्हें समझ में आ रहा है कि आदमियों और पशुओं में अधिकांश बीमारियों के लिए गंदगी ज़िम्मेदार है।

अभी भी मंदिरों के फूल, पत्ते और प्रयोग हो चुकी पूजा सामग्री का निस्तारण, सेप्टिक टैंकों के अभाव में शौचालयों का मल मूत्र, खेतों से बहकर आए कीटनाशक और उर्वरक, मेलों और धार्मिक आयोजनों से निकली प्लास्टिक और गंदगी तथा विविध प्रदूषकों पर ध्यान देने की ज़रूरत है। नदियों के किनारे शवदाह से मोक्ष मिले या न मिले, नदी में अधजले शव डालने से जल प्रदूषण और बीमारियां अवश्य मिलेंगी। हर साल नदियों, झीलों या तालाबों में दुर्गा, गणेश, सरस्वती और छठ पूजा या फिर अन्य देवी देवताओं की मूर्तियां विसर्जित की जाती हैं। आजकल कुछ मंदिरों में चढ़ावे के फूलों से पवित्र खाद बनाने का काम आरंभ हुआ है, यह सराहनीय क़दम है, लेकिन प्लास्टिक की थैलियों के बारे में भी सोचना होगा, जिनमें पूजा सामग्री आती है।

गाँवों के बाज़ारों में मछली, मुर्गों और बकरों का ख़ून, सब्ज़ी मंडी की गंदगी सब मिट्टी, पानी और हवा के प्रदूषण की जड़ हैं। हमारी मानसिकता है जिसे बदलने में समय लगेगा। स्वच्छ भारत का निर्माण कैसे कर सकते हैं, यदि स्कूल कॉलेजों में छात्रों से अपनी कक्षाएं साफ़ करने के लिए कहा जाए, तो पत्रकार कैमरा लेकर पहुंच जाते हैं। दफ़्तरों के बाबुओं की मेज़ कैसे साफ़ रहेगी, जब चतुर्थ श्रेणी कर्मचारी केवल फ़ाइलें एक मेज़ से दूसरी मेज़ तक पहुंचाना ही अपनी ड्यूटी समझते हैं। गंदगी और ज़हरीले पदार्थ ज़मीन के अंदर गड्ढे में ढक दिए जाते हैं, जिससे भू-जल प्रदूषित होगा जो कभी शुद्ध नहीं हो पाएगा।

सार्वजनिक जीवन में स्वच्छता पर आग्रह नहीं है। आज़ादी के बाद भी यदि इस दिशा में ध्यान गया होता, तो प्रत्येक गाँव में सुलभ शौचालय की तर्ज़ पर सामूहिक शौचालय बनाकर बायोगैस और खाद मिल सकती थी और खेतों में शौच के लिए जाने की आवश्यकता नहीं पड़ती। गाँवों में सत्संग में भक्तों के लिए और मस्जिदों में नमाज़ियों के लिए मजलिस कम ही संदेश देते हैं कि सार्वजनिक सफ़ाई के अभाव में फैली बीमारियां जाति धर्म नहीं देखेंगी। कार में बैठे लोग मूंगफली, समोसा खाकर प्लास्टिक थैली चलती गाड़ी से सड़क पर फेंकने में संकोच नहीं करते। शहरों के शौचालयों में आबदस्त के लिए अब जेटशॉवर या हैंड शावर जैसे इंतज़ाम हो गए हैं, जो स्वच्छता का प्रतीक है, लेकिन गाँवों में यह सब अभी दूर है। क़रीब पचास साल पहले तो हालत और भी ख़राब थी।

कुछ साल पहले मैंने स्कूल के बच्चों से पूछा, क्या तुम्हारे हाथ साफ़ हैं? सब ने कहा हां, लेकिन जब साबुन से उनके हाथ धुलवाए, तो गंदा पानी गिरा, वे शर्मिंदा दिखे। साबुन से हाथ धोने की बात उन्हें घरों में बताई ही नहीं जाती, लेकिन फिर कोरोना वायरस ने सबको मजबूर कर दिया साबुन से हाथ धोने के लिए। सफ़ाई की कल्पना उत्तर और दक्षिण भारत के गाँवों की अलग-अलग है। एक बार 1972 में मेरे मित्र सिम्हाराव जो कनाडा में मेरे साथ रहे थे, मेरे गाँव देवरा आए थे। सवेरे गाँव वालों की ही तरह खेतों में शौच के लिए गए और कुएं पर बैठ कर हाथ धो रहे थे। उनके बाएं हाथ में साबुन था और बगल में रखी पानी भरी बाल्टी से दाहिने हाथ से पानी उलीच कर बाएं हाथ पर डाल रहे थे और बायां हाथ साफ़ कर रहे थे। एक महिला ने देखा और पूरे गाँव में बात फैल गई कि इनके घर का पानी नहीं पीना है। सिम्हाराव के हिसाब से केवल बायां हाथ गंदा हुआ था जब कि उस महिला के हिसाब से दोनों हाथ गंदे थे।

गाँवों में शौचालय बनवाने का सरकारी अभियान तेज़ गति से चल रहा है, लेकिन कई बार यह निरर्थक प्रयास लगता है। गाँव के लोग शौचालयों में कंडे लकड़ी भरते हैं और बाहर शौच के लिए जाते हैं। घर के शौचालय

को ग्रामीण तभी बेहतर विकल्प मानेंगे, जब इनमें पानी की उचित व्यवस्था होगी, रौशनी और हवा के आवागमन के लिए डिज़ाइन सही की जाएगी और सफ़ाई की उचित व्यवस्था होगी। सफ़ाई कर्मी बड़ी संख्या में अच्छे वेतन पर सरकार द्वारा नियुक्त किए गए हैं, परंतु वे नालियां और गलियां भी साफ़ नहीं करते, शौचालय क्या साफ़ करेंगे। अपना शौचालय ख़ुद साफ़ करने की संस्कृति न है और न उसका प्रयास है।

ताल, पोखर, झीलों और नदियों के जलस्रोत प्रदूषित हो चुके हैं, उनका पानी जानवरों के पीने लायक भी नहीं बचा है। हमारे गाँव के दो बड़े तालाब, जिनमें साल भर पानी भरा रहता था, अब जलकुंभी, काई और मिट्टी से पट चुके हैं। तालाबों की कौन कहे, नदियों का पानी भी इतना प्रदूषित है कि हिंदू परंपरा के अनुसार अंतिम घड़ी में मुंह में दो बूंद गंगा जल डालते थे और पूजा अर्चना में प्रयोग में लाते थे, उसी गंगा के प्रति हमारी आस्था घट रही है। अब तो घरवालों से पूछना पड़ता है गंगाजल बोतल में कहां से लाए थे। कानपुर और उन्नाव का चमड़ा उद्योग और शहरों के बूचड़खाने जब तक स्थानांतरित नहीं किए जाते, तब तक स्वच्छ गंगा जल की बात सोचना भी नादानी होगी। मिट्टी, पानी और हवा के प्रदूषण की जड़ में मुख्य रूप से देश की आबादी और उसकी मानसिकता है। सफ़ाई अभियान के अंतर्गत सड़कों पर झाड़ू लगना ही काफ़ी नहीं है, कचरा निस्तारण उतना ही ज़रूरी है।

इसी प्रकार जीवन भर जो जानवर सेवा करता है, उसके मर जाने पर उसे दफ़ना भी नहीं सकते। ठेकेदार उसकी खाल निकाल ले जाते हैं और मांस खुले में, खेतों में छोड़ जाते हैं, जो सड़ता है और बदबू फैलाता है। क्या हमारी सरकार ग्राम प्रधान को स्वच्छता के विषय में प्रशिक्षण देकर प्रेरित नहीं कर सकती। स्वच्छ भारत के लिए अनुकरणीय उदाहरण प्रस्तुत करके प्रेरित किया था महात्मा गांधी ने जब कलकत्ता में कांग्रेस पार्टी का अधिवेशन हो रहा था और किसी ने आकर गांधी जी से धीरे से कहा पिछवाड़े बेतहाशा मल-मूत्र पड़ा है। गांधी जी चुपचाप उठकर गए, तो सचमुच गंदगी के अंबार लगे थे, जो कार्यकर्ताओं के शौच के थे। गांधी जी सफ़ाई में जुट गए। जब

लोगों का ध्यान गया कि सभा में गांधी जी नहीं हैं तो ढूंढ़ना शुरू किया और पिछवाड़े उन्हें गंदगी साफ़ करते पाया। फिर क्या था, सभी कार्यकर्ता झाड़ू उठाकर लग गए सफ़ाई करने में। यह बात प्रत्येक गाँव में बताई जानी चाहिए कि हर व्यक्ति अपना शौचालय स्वयं साफ़ करे।

दुनिया के जिन देशों में प्रजातंत्र के साथ सार्वजनिक जीवन में शुचिता और शुद्धता लाने में सफलता पाई है, उन्हें लंबा समय लगा है। इसके विपरीत रूस और चीन जैसे देशों में जल्दी परिवर्तन आए हैं दंडात्मक नीतियों के कारण। हमारे यहां भी मुग़लों और अंग्रेज़ों की गुलामी में दंडात्मक शासन की आदत बनी थी, इसलिए इंदिरा गांधी के आपातकाल में जब तक ज़िम्मेदाराना शासन रहा, जल्दी परिवर्तन आया था। दो ही तरीक़े हैं प्रजातांत्रिक व्यवस्था में धीरे-धीरे परिवर्तन या फिर कड़क शासन द्वारा दंडात्मक सुधार। गंदगी का बड़ा कारण है हमारी आबादी जिसे घटाने की न कोई योजना है और न चर्चा। कुछ लोग हिंदू आबादी बढ़ाने की मूर्खतापूर्ण सलाह देते हैं, क्योंकि मुस्लिम आबादी तेज़ी से बढ़ रही है। आबादी के मामले में हिंदू-मुस्लिम की चिंता से हटकर तरीक़े खोजने होंगे, धर्मपरिवर्तन तो होते रहेंगे। ग़रीबी और गंदगी का रिश्ता तो है परंतु अनेक बार यह अमीरों के लिए बहाना भी बन जाता है।

कुएं की रस्सी

कुछ साल पहले तक गर्मियों में भी कुएं से पानी निकालने के लिए करीब 20 फीट की रस्सी लगती थी। जलस्तर इतनी तेज़ी से नीचे गिर रहा है कि रस्सी की लंबाई हर साल बढ़ती जा रही है।

पानी के बिना एक दिन का निर्जल व्रत भी नहीं कट पाता है, तो जीवन कैसे बीतेगा? यही कारण है कि जल का दूसरा नाम जीवन है। किसान के लिए तो जल का विशेष महत्व है, क्योंकि इसके बिना अन्न भी नहीं पैदा होगा। वैसे हमारे देश की धरती पर लगभग 4000 घन किलोमीटर वर्षाजल प्रतिवर्ष गिरता है, जिससे विशाल जल भंडार भू-जल के रूप में बनाया जा सकता था, परंतु विडंबना है कि देश पर जल संकट की काली छाया मंडराती रहती है। जल संकट इसलिए नहीं है कि पानी नहीं बरसता, बल्कि इसलिए है कि हम पानी की बे-क़दरी करते हैं, उसे संभालते ही नहीं। यदि किसान अपनी फ़सल को सहेज कर न रखे अथवा फ़िज़ूलख़र्ची करता रहे, तो साल के अंत में भुखमरी आ सकती है। इसी तरह पानी की फ़सल भी मानसून के समय हर साल एक बार ही मिलती है, उसे संभाल कर रखना या बह जाने देना हम पर निर्भर है।

उत्तर भारत में तालाबों, कुओं और नहरों से सिंचाई होती है, कई बार किसान खेतों में नहर का पानी खोल कर घर में सो जाता है और खेत भर जाते हैं। इससे पानी तो बर्बाद होता ही है, मिट्टी में क्षारीयता भी बढ़ती है। पानी का किफ़ायत के साथ प्रभावी ढंग से उपयोग ड्रिप इरिगेशन और स्प्रिंकलर विधियों द्वारा किया जाए तो पानी का कम ख़र्चा होगा और खेतों की मिट्टी में क्षारीयता भी नहीं बढ़ेगी। इसलिए नहरों की अपेक्षा तालाबों में संचित पानी किसान के लिए अधिक उपयोगी होता है, क्योंकि यह स्थाई रूप से उपलब्ध रहता है और इसमें जैविक खाद भी होती है। साठ के दशक तक तालाबों से बेड़ी द्वारा पानी उलीच कर किसान अपने खेतों की सिंचाई करते थे। उसके बाद पंपसेट द्वारा तालाबों का पानी निकालने लगे। लेकिन अब तालाबों पर भू-माफ़ियाओं का क़ब्ज़ा है, या उनकी जगह खेत बन गए

हैं या फिर उनमें पानी ही नहीं बचा। धरती की सतह पर पानी के भंडारण की दशा तो दयनीय है ही, भूमिगत जल का भंडारण भी बाधित है।

भूमिगत पानी के भंडारण को बढ़ाने के लिए आवश्यक है सड़कों, गलियारों, नहरों के किनारे पेड़ लगाए जाएं, तालाबों का समतलीकरण रोका जाए और धरती पर उपलब्ध जल का मितव्ययिता से उपयोग हो। सघन सर्वेक्षण द्वारा पंचायत स्तर पर ऐसे आंकड़े और मानचित्र तैयार किए जाएं, जिससे पता लगे कि प्रत्येक पंचायत में भूतल पर जल संग्रह की कितनी क्षमता है।

जल संकट हमारे देश की लगभग पचास साल पुरानी समस्या है, जिसमें अतिवृष्टि और अनावृष्टि दोनों ही शामिल हैं, कहीं बाढ़ तो कहीं सूखे की समस्या रहती है। इसके लिए एक हद तक हरित क्रांति लाने वाली धान और गेहूं की बौनी प्रजातियां ज़िम्मेदार हैं। इन प्रजातियों ने पैदावार तो ख़ूब बढ़ाई, लेकिन पानी और खाद की खपत भी बढ़ा दी। सत्तर के दशक में किसानों को लगा हम जितना यूरिया डालते जाएंगे, उतनी ही पैदावार बढ़ती जाएगी, लेकिन यह ज़्यादा समय नहीं चला।

यूरिया पौधे को केवल नाइट्रोजन देती है, उसे फ़ास्फ़ोरस और पोटाश तथा सूक्ष्म तत्व भी चाहिए। किसानों ने एनपीके अर्थात नाइट्रोजन-फ़ास्फ़ोरस-पोटाश बढ़ाई, तब भी कुछ समय बाद प्रति एकड़ पैदावार बढ़नी बंद हो गई, क्योंकि ज़मीन में खादों के साथ जस्ता, तांबा, मैंगनीज़, बोरान, कैल्शियम, सल्फ़र जैसे सूक्ष्म तत्वों की खपत भी बढ़ती गई और बढ़ता गया पानी का उपयोग। सूक्ष्म तत्वों की पूर्ति नहीं हुई और परिणाम उल्टे मिले। पंजाब, हरियाणा और पश्चिमी उत्तर प्रदेश में जहां पैदावार बढ़ी, वहीं मिट्टी का स्वास्थ्य बिगड़ता चला गया और जलस्तर भी नीचे गिरता गया। कुछ इलाक़ों में एक मीटर प्रतिवर्ष की दर से पानी ज़मीन के नीचे उतरा है।

नई प्रजातियों में पानी और उपज के बढ़ने के साथ ही बीमारियां भी बढ़ीं, जिनसे छुटकारा पाने के लिए कीट-नाशक, फफूंदनाशक और न जाने कितने प्रकार के इंसेक्टिसाइड और पेस्टीसाइड प्रयोग होने लगे। पानी की

मांग बढ़ रही थी, जलस्तर गिर रहा था और उससे भी अधिक गंभीर परिणाम हुए जब दवाइयां छिड़कते रहने से वायु और जल का प्रदूषण बढ़ा। दवाइयों के अधिक प्रयोग से जीव-जंतुओं में वनस्पति के माध्यम से विष फैलता गया, रसायनिक विकिरण से हवा ज़हरीली हो रही है, यहां तक कि मनुष्यों में कैंसर की बीमारी फैल रही है। बैक्टीरिया, फफूंद और वायरस के साथ ही कीड़े- मकौड़ों पर दवाइयों का पहले जैसा असर नहीं होता, वे इम्यून हो रहे हैं।

पेड़ पौधों का स्वास्थ्य तभी तक ठीक रहेगा, जब मिट्टी का स्वास्थ्य ठीक रहेगा। इसके लिए हमें फिर गोबर, हरी खाद, खेत को आराम देना, धरती मित्र केंचुआ, फ़सल मित्र मधुमक्खी आदि की मदद लेते रहना होगा। हवा और मिट्टी के प्रदूषण के साथ ही पीने के पानी का संकट भी गहरा रहा है। धरती पर निर्वनीकरण से वनस्पति की चादर आधी रह गई है, तथा सड़कें और मकान बनने से मिट्टी की रंध्रता और पारगम्यता भी घट गई है। बढ़ती आबादी, शहरीकरण और औद्योगीकरण के साथ ही खेतों में पानी की मांग ने भूमिगत पानी पर दबाव बढ़ाया है। ज़रूरत है पानी के भंडार को बर्बाद होने और प्रदूषण से बचाने की।

पानी के सदुपयोग के लिए जड़ में बार-बार पानी भरने के बजाए पत्तियों पर पानी छिड़कने (स्प्रिंकलर द्वारा) से कम पानी लगेगा और अधिक लाभ मिलेगा। परंपरागत तरीक़े से सिंचाई के पानी से पौधों के उपयोग में केवल 30 प्रतिशत पानी आता है। अतः केवल सिंचाई में पानी की किफ़ायत करके बिना पैदावार घटाए ही पानी की बहुत बचत संभव है। हमारे देश में मनमाने तरीक़े से जल का उपयोग होता है, जिससे जल का अपव्यय बहुत होता है। इसके लिए जलनीति बनाने की आवश्यकता है। अमेरिका जैसे देशों में जल संसाधन नियंत्रण बोर्ड (वाटर रिसोर्स कंट्रोल बोर्ड) और जल अधिकार विभाग (वाटर राइट्स डिवीजन) बने हैं जिनमें ज़िला परिषद, कृषक मंडल, उद्योगपति और स्वयंसेवी संस्थाओं का प्रतिनिधित्व रहता है।

ग्रामीण क्षेत्रों में उपलब्ध पेय जल की उचित व्यवस्था करके गाँव का इलाक़ा उसी तरह शहरों को पेय जल दे सकता है जैसे अनाज, फल और

सब्ज़ियां देता है। गाँवों में यदि उद्योग लगाए जाएं तो, उनके लिए भी यह पानी उपलब्ध रहेगा। आजकल भू-तल पर मौजूद पानी से पहले की अपेक्षा एक चौथाई क्षेत्र में ही सिंचाई हो रही है। यदि सिंचाई का काम भूतल पर मौजूद जल से हो सके, तो भू-जल बचाया जा सकता है और शहरों को भेजा जा सकता है। हमें अध्ययन करना चाहिए कि इज़राइल ने कम पानी होते हुए रेगिस्तानी इलाक़े में किस तरह फ़सलों और सिंचाई का तालमेल बिठाकर अच्छी पैदावार ली और खारे पानी को शुद्ध पेयजल बनाया है। इस पर पर्याप्त रिसर्च होनी चाहिए और प्रभावी सिंचाई के लिए सस्ते उपकरण मिलने चाहिए। गाँवों में जल और वायु प्रदूषणमुक्त रहते थे इसलिए मनुष्य का स्वास्थ्य भी अच्छा था। अब गाँव के जल और वायु का स्वास्थ्य बिगड़ने के कारण लोगों का स्वास्थ्य भी वैसा नहीं रहा, जैसा पहले रहा करता था। शहरी जीवनशैली अपनाकर गाँवों में भी गंभीर शहरी बीमारियां फैल रही हैं, जिनका मुक़ाबला करने के लिए गाँव तैयार नहीं हैं। अंग्रेज़ी अस्पताल शहरों तक सीमित हैं और गाँवों में आयुर्वेदिक अस्पताल और वैद्य जहां-तहां ही बचे हैं।

पर्वतीय क्षेत्रों के ग्रामीण इलाक़ों में जल-प्रपातों, स्रोतों और नालों के माध्यम से शुद्ध पेयजल अनादि काल से मिलता रहा है, अब प्रदूषित हो रहा है और वहां की महिलाओं को दूर घाटियों में मीलों उतरकर पेय जल लाना पड़ता है। इस समस्या के लिए भी लकड़कट्टा संस्कृति उत्तरदायी है, क्योंकि निर्वनीकरण के फलस्वरूप वहां की ढलान पर वर्षा जल की प्रवाह गति तीव्र हो जाती है और उसे भूमि प्रवेश का समय ही नहीं मिलता, पानी बह जाता है तथा स्रोतों के रूप में निकलने के लिए भू-जल संगृहीत होता ही नहीं।

पानी पहाड़ों पर ठोस बर्फ़, मैदानों में द्रव और वायुमंडल में वाष्प के रूप में पाया जाता है। बरसात में जो पानी पहाड़ों और मैदानों में धरती पर गिरता है, वह नदियों के माध्यम से समुद्र तक पहुंचता है, जिसकी सतह से भाप बनकर पानी आसमान में जाता है, जहां पर ठंडा होकर फिर द्रव बनकर धरती पर गिरता है। इसे जलचक्र कहते हैं। यदि मनुष्य प्राकृतिक ढंग से चल रहे जल चक्र में व्यवधान न डाले, तो यह चलता रहता है और जल की मात्रा

निश्चित बनी रहती है, उसके केवल रूप बदलते रहेंगे। जब पृथ्वी के कुछ भागों में अतिवृष्टि और कुछ में अनावृष्टि होती है, तो जल प्रबंधन पर ध्यान देने की विशेष आवश्यकता होती है।

अनादि काल से नदियों के किनारे शहर बसते रहे हैं, जहां उद्योग धंधे लगे, जिनसे औद्योगिक कचरा और मानव जनित प्रदूषक पदार्थ सब नदियों में जाते हैं। गंगा और यमुना के प्रदूषण पर भले ही आंदोलन हो रहे हैं, परंतु सभी सहायक नदियों, झीलों, तालाबों और जलाशयों का पानी प्रदूषित है। तालाबों का जो पानी सिंचाई के काम आता था, पशु-पक्षियों के पीने के और ग्रामवासियों के नहाने और कपड़े धोने के भी काम आता था, अब पशुओं तक के पीने लायक नहीं रहा। मछलियां और दूसरे जलजीव, जो पानी की शुद्धता बनाएं रखते थे, प्रदूषण के कारण मर रहे हैं। जो पानी जानवरों के काम का नहीं रहा, वह मनुष्य के किस काम आएगा।

गाँवों में जल उपयोग की स्पष्ट परंपराएं थीं, जो बदलती रही हैं। पहले भूमिगत जल का मुख्यतः पीने के लिए उपयोग होता था, लेकिन अब भूमिगत जल का बेहिसाब दोहन हो रहा है। ख़ैरात की बिजली और सरकारी अनुदान की बोरिंग का लाभ लेकर बोर वेल बन रहे है सिंचाई और मछली पालन के लिए। सरकारी ट्यूबवेल भी बड़ी संख्या में बन रहे हैं, भू-जल से मनरेगा के तालाब तक भरे जा रहे हैं, मछली पालन हो रहा है, उद्योग धंधों में धरती के अंदर सुरक्षित शुद्ध पानी का प्रयोग हो रहा है। परिणाम यह है कि जलस्तर गिरता जा रहा है। लगातार खतरे की घंटी बज रही है। पुराने लोगों को याद होगा प्रकृति द्वारा संचित इसी भू-जल ने 1967-68 में अकाल से बिहार को बचाया था।

भू-तल पर उपलब्ध पानी के अधिकाधिक उपयोग के उद्देश्य से सत्तर के दशक में इंजीनियर के. एल. राव ने भारत की नदियों को आपस में जोड़ने का प्रस्ताव दिया था, जिस पर मोरारजी देसाई की जनता पार्टी की सरकार ने 1977 में कार्य भी आरंभ किया था। जब जनता पार्टी 1980 में सत्ता से बाहर हो गई, तो इस योजना को ठंडे बस्ते में डाल दिया गया। एक बार फिर

1999 में अटल बिहारी वाजपेयी की सरकार ने योजना को पुनर्जीवित करना चाहा और प्रयास किया, लेकिन 2004 में उनकी सरकार जाने के साथ ही नदियों को परस्पर जोड़ने की योजना फिर चली गई। एक जीवन रक्षक योजना राजनीति का फुटबॉल बनकर रह गई है।

संतानों के लिए जल अनुपलब्धता की विरासत नहीं छोड़ना चाहते और उनके लिए भू-जल बचाना चाहते हैं, तो नदियों को परस्पर जोड़ना एक अपरिहार्य विकल्प है। बेहतर होगा टीवी चैनल इस प्रकार के विषयों के विशेषज्ञों की खुलीं बहस कराएं, न कि राजनेताओं की चोंचों में समय बिताएं। हमें यह भ्रम नहीं होना चाहिए कि पानी असीमित है, अथाह है और जितना चाहेंगे ज़मीन से लेते रहेंगे। ऐसा तभी संभव है, जब सतह पर और ज़मीन के अंदर अधिकाधिक मात्रा में जल संचय हो और उसका विवेकपूर्ण उपयोग हो। आज़ादी के समय गाँवों की आबादी 80 प्रतिशत थी, जो घट कर 70 प्रतिशत रह गई है। इसमें जल की अनिश्चित उपलब्धता एक प्रमुख कारण है।

किसान की खेती के लिए औसत वर्षा का महत्व नहीं है और न ही इस बात का कि कुल कितने सेंटीमीटर पानी बरसा, बल्कि महत्व इसका है कि कितने-कितने अंतराल पर पानी बरसता रहा। साल की पूरी बरसात में पानी न बरसे और अंत में घनघोर पानी बरस जाए और औसत पूरा हो जाए, तो इससे किसान की फ़सल का भला नहीं होगा। मौसम विज्ञानी के. निरंजन और उनके साथी शोधकर्ताओं ने अपनी रिसर्च का परिणाम 2013 में छापा और इंटरनेट पर उपलब्ध कराया। इसमें कहा गया है कि 1901 से 2010 के बीच देश में 21 बार सूखा पड़ा है। समय के साथ हालात बिगड़ ही रहे हैं। ग्राम प्रधानों की ज़िम्मेदारी निश्चित की जानी चाहिए कि वे मनरेगा द्वारा बनाएं गए तालाबों के जल पर नियंत्रण रखें, नहीं तो तालाब ख़ुदते रहेंगे और नहरों की सफ़ाई भी नाम के लिए होती रहेगी, किसान असहाय बना रहेगा।

कुछ साल पहले तक गर्मियों में भी कुएं से पानी निकालने के लिए क़रीब 20 फिट की रस्सी लगती थी। जलस्तर इतनी तेज़ी से नीचे गिर रहा है

कि रस्सी की लंबाई हर साल बढ़ती जा रही है। सरकारें विदेशी मुद्रा भंडार और खाद्य भंडार की चिंता तो करती हैं, उन्हें बढ़ाने की कोशिश भी करती हैं, लेकिन इन सबसे कहीं अधिक ज़रूरी है जल भंडार, जो प्रकृति ने हमारे जीवन के लिए ज़मीन के अंदर संचित किया है, उसे बढ़ा न सकें, तो कम नहीं करना है।

भू-जल संरक्षण के लिए रिपोर्टें तो ख़ूब बनीं, गोष्ठियां और चर्चाएं होती हैं, परंतु राष्ट्रीय जल विकास एजेंसी के प्रयास इसके आगे नहीं बढ़े। देश के उत्तरी बलुआ क्षेत्रों में तो पर्याप्त भू-जल मौजूद है, लेकिन दक्षिण भारत के चट्टानी इलाक़ों में ज़मीन के नीचे जल संचय अधिक नहीं हो पाता। चीन जैसे देशों में भी भू-जल की कमी है। दक्षिण के लोगों नें धरती की सतह पर जल संचय करके इसकी पूर्ति की है। भू-जल की मात्रा के साथ ही सबसे महत्वपूर्ण है इसे प्रदूषण से बचाना, क्योंकि एक बार प्रदूषित हो जाने के बाद इसे शुद्ध करना संभव नहीं।

वैज्ञानिकों ने समय-समय पर सरकार और समाज को आगाह किया है कि भूमिगत जल का स्तर तेज़ी से नीचे जा रहा है। ज़रूरत है पारंपरिक वाटर हार्वेस्टिंग और प्राकृतिक रीचार्ज की, जिसकी आवश्यक तैयारी नहीं हुई है। पानी के भंडार को बढ़ाने के लिए आवश्यक है कि पृथ्वी को वनस्पति से आच्छादित किया जाए। सड़कों, गलियारों, नहरों के किनारे पेड़ लगाए जाएं, तालाबों का समतलीकरण रोका जाए और धरती पर उपलब्ध जल का सदुपयोग किया जाए।

पंचायत स्तर पर तालाबों के आंकड़े तैयार किए जा सकते हैं, साल भर जल से भरे रहने वाले और मौसमी तालाब। मौसमी तालाबों को वर्षभर जल से भरे रहने वाले तालाबों में परिवर्तित करके उन्हें उपयोगी बनाने का प्रयास होना चाहिए। आने वाले संकट से उबरना कठिन तो है, असंभव नहीं। इसके साथ ही पानी ख़र्च करने में मितव्ययिता उतनी ही महत्वपूर्ण है, जितना जल संचय। यदि समझदारी से जल का उपयोग किया जाए, तो मानव जाति के लिए हमेशा ही जल उपलब्ध रहेगा, लेकिन दुरुपयोग करने से बूंद-बूंद पानी

के लिए मनुष्य तरस जाएगा। वास्तव में वर्तमान जल संकट विभिन्न सरकारों के लोक लुभावन प्रयासों का दुष्परिणाम है। इन सरकारों ने वैज्ञानिकों के सचेत करने पर भी ध्यान नहीं दिया। ऐसे स्थानों पर भी अनगिनत सरकारी ट्यूबवेल बनाएं गए और मुफ़्त बोरिंग का मौक़ा दिया गया जहां भूमिगत जल दस से बारह मीटर की गहराई पर है। ग्राउंडवाटर बोर्ड के भू-वैज्ञानिकों की सलाह है कि जहां छः मीटर से अधिक गहराई पर वाटर टेबल पहुंच गया हो, वहां सिंचाई के लिए भूमिगत जल का उपयोग नहीं करना चाहिए। इससे कम गहराई पर वाटर टेबल हो तो ही करना चाहिए।

ऐसी फ़सलें जिनमें सामान्य से बहुत अधिक पानी लगता हो, उन्हें हतोत्साहित करना चाहिए, जैसे मेंथा की खेती, जिसमें भूमिगत जल का बहुत दुरुपयोग होता है। कहते हैं चीन जैसे देशों ने मेंथा की खेती पर रोक लगाई थी। मेंथा की खेती दाल और सब्ज़ियों के बदले उगाई जाती है, इसलिए और भी अहितकर है। पानी की अधिक खपत वाली फ़सलों को उन क्षेत्रों में उगाया जाना चाहिए, जहां जल संकट नहीं है। जल की कमी की पूर्ति के लिए दो उपाय सोचे गए हैं, एक तो सतह पर वर्षा जल का संचय और दूसरे भूमिगत जल को रीचार्ज करके। दोनों ही विधियां दूरगामी परिणाम ला सकती हैं।

उत्तर प्रदेश के लगभग 98 हज़ार गाँवों में जलसंग्रह के लिए तालाबों की कमी नहीं, उनके रखरखाव में कमी है। शायद ही किसी पंचायत के पास आंकड़े हों कि मनरेगा में तालाबों की खुदाई आरंभ होने के पहले तालाबों में कितने पानी का संचय हो सकता था और उनकी सफ़ाई खुदाई करने के बाद जलधारक क्षमता में कितनी वृद्धि हुई। यदि तालाबों की क्षमता बढ़ेगी और वनस्पति ख़ूब होगी, तो धरती पर वर्षा जल का प्रवाह धीमा होगा और बरसात के पानी को धरती के अंदर जाने के लिए प्रकृति को अधिक समय मिलेगा, जल भंडारण अधिक होगा।

ज़मीन के अंदर वाटर टैंक बनाकर वाटर हार्वेस्टिंग करने से वर्षा जल के स्वाभाविक भूमि प्रवेश जैसी शुद्धता नहीं रहेगी। अतः शहरी वाटर

हार्वेस्टिंग और कृत्रिम रीचार्ज से जलाभाव का एक छोटा अंश ही पूरा होगा। अतः भू-जल का यथासंभव प्राकृतिक रीचार्ज होना चाहिए, जिसके लिए वनस्पति आच्छादित भूमि में वर्षाजल का कुछ भाग ज़मीन के अंदर जाकर पहाड़ी और मैदानी इलाक़ों में संचित हो सकेगा और उसी प्रकार उपलब्ध रहेगा, जैसे किसान अपने लिए फ़सल के बाद अनाज बचाकर रखता है। उत्तर भारत के अनेक भागों में जल संचय में बाधक है कंकड़ की वह परत, जो ज़मीन के नीचे तीन चार फिट की गहराई पर चादर की तरह बिछी है। कंकड़ की यह परत बरसात में वर्षा जल को ज़मीन के अंदर घुसने नहीं देती और गर्मी के दिनों में अंदर का पानी कैपिलरी एक्शन द्वारा ऊपर आने नहीं देती। जल भराव और सूखे की जड़ में यही कंकड़ की परत है।

वृक्षारोपण में पारंपरिक पेड़ जैसे आम, जामुन, महुआ, पीपल, पकरिया, गूलर और अर्जुन की जड़ें ज़मीन को पंक्चर करतीं और ज़मीन में पानी को अंदर जाने देती हैं और गर्मियों में पेड़ पौधों के लिए कैपिलरी एक्शन द्वारा पानी उपर आने देती हैं।

घरबैठी

महिलाओं को तलवार उठाने का अधिकार नहीं था, सती होने का कर्तव्य था।

कहते हैं जहां नारी पूजी जाती है, वहां देवता वास करते हैं, लेकिन यह बहुत पुरानी बात रही होगी। यह बात सवर्णों पर लागू होती होगी, जिनके विषय में कहा जाता था घर में डोली आती है और अर्थी निकलती है। पिछड़ी जातियों के घरों में मैंने देखा था औरत को मारते-पीटते थे और घर से भगा देते थे। उसके माता-पिता आते और सुलह न होने पर वह किसी की "घरबैठी" बन जाती थी। कहावतों की व्याख्या चाहे जैसे की जाए, लेकिन कहा तो गया है "ढोल गंवार शूद्र पशु नारी, ये सब ताड़न के अधिकारी"। ऐसे समाज में नारियों की पूजा सहज व्यवहार नहीं प्रतीत होता। महिलाओं को तलवार उठाने का अधिकार नहीं था, सती होने का कर्तव्य था। यह सब शायद एक हज़ार साल की ग़ुलामी का अभिशाप रहा हो, जो इतिहास बन चुका है। आज़ादी के बाद बहुत कुछ बदला है और महिलाओं की दशा बहुत बदली है।

प्राचीन काल में पढ़ाई के लिए लड़के और लड़कियों के सम्मिलित विद्यालय होते थे। अनेक महिलाएं जैसे गार्गी, जाबाला, मैत्रेयी, अपाला आदि ऐसे ही संस्थानों से निकलीं थी और विद्वानों के साथ शास्त्रार्थ करती थीं। समय बदला और लड़के-लड़कियों के स्कूल अलग-अलग होने लगे, परिस्थितियां बदलीं और महिलाओं का दूसरे पुरुषों से सार्वजनिक रूप से घुलना-मिलना बंद हो गया, महिलाओं और पुरुषों का संसार अलग-अलग हो गया। भारतीय समाज के विपरीत मैंने पश्चिमी देशों में साठ के दशक में देखा वहां महिलाओं के प्रति आदर का भाव था। हमारे देश के मनीषियों

ने पश्चिमी देशों से बिल्कुल अलग व्यवहार का सुझाव देते हुए अलग तौर तरीक़े बताए थे। सोचने का विषय है कि इस देश में महिला कब और कैसे बन गई अबला।

सीता और द्रौपदी को अबला बनाया रावण और दुर्योधन जैसे राक्षसों ने। दुखद प्रसंग है जब इंद्र ने अहिल्या का यौन उत्पीड़न किया, तो उसके पति ने अहिल्या को पत्थर बनने का श्राप दिया और इंद्र फिर भी देवताओं का राजा बना रहा। यौनाचार के मामलों में पुरुषों के अपराध के लिए भी महिलाओं को दोषी मानना एक ग़लत पररम्परा थी। आज सड़कों पर जो तथाकथित बड़े लोगों के बेटे अभद्र व्यवहार करते हैं, वे राक्षसों के डीएनए लेकर पैदा हुए हैं। नारी के अबला बनने का कारण है कि महिलाएं संगठित नहीं हैं और दुष्ट लोग गैंग बनाकर अनाचार करते हैं।

इस देश में अर्धांगिनी के बिना देवता भी अधूरे हैं, जैसे मनु और सतरूपा, राम और सीता, कृष्ण और रुक्मिणी, शंकर और पार्वती, विष्णु और लक्ष्मी ऐसे न जाने कितने उदाहरण हैं, जिनमें अर्धांगिनी के बग़ैर पुरुष अधूरा माना गया और यज्ञ तक नहीं कर सकता था। यह हमारे समाज के सयाने लोगों का दायित्व है कि वे कौन से उदाहरण बच्चों को सिखाते और बताते हैं। पश्चिमी प्रभाव में हम फ़्रेंडशिप डे या वेलेंटाइन डे मनाते हैं, लेकिन रक्षाबंधन को सिस्टर्स डे नहीं मनाएंगे।

हमारे समाज का दुर्भाग्य है कि देश के नौजवान और नवयुवतियां रक्षाबंधन और भाई दूज में रुचि नहीं लेते, क्योंकि वे अलग किस्म के प्रेम भाव पर आधारित हैं। वे गुरु पूर्णिमा को गुरु-शिष्य सम्बन्धों से नहीं जोड़ते, कृष्ण सुदामा की मित्रता का उत्सव नहीं मनाते।

हम विदेशी तौर तरीक़ों को आस्थापूर्वक अपना रहे हैं। अब नववर्ष की पार्टी हो या वीकेंड में डांस-डिनर पार्टी, सभी में लड़के-लड़कियों का व्यवहार खुला और कभी-कभी उच्छृंखल होता है। टीवी सीरियल और सिनेमा सब में सेक्स की प्रधानता है। एक मशहूर सिने निर्माता ने एक बार टीवी चर्चा में कहा था हमारा काम है मनोरंजन और हम "सेक्सुअलिटी

तथा सेंसुअलिटी" अराउज़ करते हैं। यह एक ईमानदार वक्तव्य है, लेकिन ख़तरनाक भी है।

दिल्ली में दिसंबर 2012 में सामूहिक बलात्कार की दिल दहलाने वाली घटना के बाद तो ऐसी घटनाओं की झड़ी लग गई है। इस बात का महत्व नहीं कि ऐसी पीड़िताओं के नाम, जाति, धर्म या शहर क्या हैं। महत्व इस बात का है कि ऐसी घटनाओं को हमारा समाज और सरकार रोकने में असमर्थ है। गाँवों में ऐसी घटनाएं प्रकाश में नहीं आतीं, क्योंकि गाँव में ही रफ़ा-दफ़ा कर दिया जाता है। शहरों में भी आज से 25-30 साल पहले तक सामूहिक बलात्कार जैसी घटनाएं सुनने में कम ही आती थीं और गाँवों में तो कभी नहीं। तो फिर इस अंतराल में ऐसा क्या हो गया कि यौन प्रेरित राक्षसी भावनाओं का उदय हुआ। पिछली एक चौथाई शताब्दी में जो सामाजिक परिवर्तन आए उससे दौलत बढ़ी है, औसत आयु बढ़ी है, शिक्षा और चिकित्सा की सुविधाएं बढ़ी हैं और इन सब के साथ ही बढ़ा है असंयमित यौनाचार। पिछली अर्ध शताब्दी में एक और परिवर्तन आया है, टीवी सीरियल और इंटरनेट घर-घर पहुंचे हैं।

फ़िल्मकारों का कहना है कि उनका काम है समाज का मनोरंजन, लेकिन वह मनोरंजन समाज में विकृति लाए, तो ठीक नहीं। सच यह है कि सिनेमा और टीवी जो कुछ दिखाते हैं, वह हमेशा स्वस्थ मनोरंजन की श्रेणी में नहीं आता। पुराने ज़माने में गाँवों में नाटक, नौटंकी, बाज़ीगर, कलाबाज़, जोकर, अखाड़ा, क़व्वाली, कीर्तन और न जाने कितने प्रकार के मनोरंजन होते थे, परंतु उनके केंद्र में वासना नहीं रहती थी। मुस्लिम समाज में क्या होता था, उसकी अधिक जानकारी हिंदू समाज को नहीं रहती थी, लेकिन उनके समाज का मनोरंजन भी सेक्स केंद्रित नहीं रहता था।

सभ्य दिखने वाले कुछ लोग टीवी पर कहते हैं कि बलात्कार अमेरिका और जर्मनी में भी होते हैं, लेकिन वहां ऐसे लोगों के नाम पते और फ़ोटो तक इंटरनेट पर डाल दिए जाते हैं और बैंकों तथा नौकरी देने वाली कंपनियों को भेज दिए जाते हैं, उन्हें फांसी तो नहीं दी जाती, लेकिन वे किसी काम के नहीं

रहते। भारत में नाबालिग बच्चियों के साथ जो कुछ हो रहा है, उसे जानवर भी उचित नहीं मानते हैं। गाँवों के लोगों ने देखा होगा कि चाहे जितना बिगड़ैल भैंसा हो, चाहे जितना मदमस्त सांड हो, वे पड़िया और बछिया का पीछा नहीं करते। शारीरिक संबंध के लिए वे भैंस और गाय से सहज सम्पर्क स्थापित करते हैं। इसके विपरीत अपने को इंसान कहने वाले तमाम लोग 5 साल तक की बच्चियों से बलात्कार करते हैं और मार डालते हैं। राजनेता परस्पर दोषारोपण करते हैं कि विरोधी पार्टी के शासन में ज़्यादा बलात्कार हुए हैं, मानो टूर्नामेंट या कम्पटीशन हो रहा हो।

मैंने पश्चिमी देशों में देखा था कि टीवी पर और सिनेमाघरों में कामुकता जगाने वाले सीन हमारे देश से कहीं अधिक दिखाए जाते हैं, परंतु वहां बलात्कार की घटनाएं यदा-कदा ही होती हैं। उनकी सामाजिक मान्यताएं हम से अलग हैं। वहां 15 साल की उम्र की लड़कियां माता-पिता की अनुमति से डिनर और डेटिंग यानी लड़कों के साथ सिनेमा देखने, डांसबार, रेस्टोरेंट अथवा पिकनिक पर जाना आरंभ कर देती हैं। इस प्रक्रिया में लड़कियां अपना जीवन साथी स्वयं चुनती हैं और माता-पिता को तब बताती हैं, जब अपना साथी चुन लेती हैं। केवल सूचित करती हैं, वे लड़के की जाति और परिवार की आय नहीं पूछते।

हमारे समाज में कठिनाई इसलिए हो रही है कि जिस तेज़ी से टीवी, सिनेमा और इंटरनेट बढ़ा है उस तेज़ी से हमारे समाज की सोच न बदली है और न बदल पाएगी। विकल्प दो ही हैं, या तो मनोरंजन के माध्यमों की लक्ष्मण रेखा तय हो अथवा हमारा समाज, किशोरावस्था से लड़के-लड़कियों को सहज भाव से मिलने-जुलने की अनुमति दे यानी पश्चिमी संस्कृति को अंगीकार करे। हम जिस कशमकश से गुज़र रहे हैं, यूरोप के देश भी इस ऊहापोह से गुज़रे हैं। बिना सोचे-समझे पश्चिम की नक़ल करने से कुछ भला नहीं होगा। उदाहरण के लिए “वेलेंटाइंस डे” का हमारे युवा और युवतियां न तो संदर्भ जानते हैं और न महत्व। पश्चिम में यह दिन प्रेमी-प्रेमिका बड़े धूमधाम से मनाते हैं। इस परंपरा के आरंभ में साल में एक दिन युवक

युवतियां इकट्ठा होते थे और साल भर के लिए अपना साथी चुनते थे। साल बाद वह साथी बदल भी सकते थे या उसी के साथ रह सकते थे। परंपरा का आरंभ इटली से हुआ था और यह सेक्स आधारित होता था और इसमें साल भर के लिए पति-पत्नी का संबंध रहता था। विदेशी परंपराएं अधिकतर हमारे देश के शहरों तक सीमित रही हैं, लेकिन अब कामुक मानसिकता जनित अपराधों का गाँवों में भी विस्तार हो रहा है। यह वही देश है जहां शंकर जी ने कामदेव को भस्म कर दिया था यानी नियंत्रण में ले लिया था। अब गाँव-गाँव तक टीवी पहुंच चुका है और फ़िल्म-निर्माताओं की ही तरह टीवी के सीरियल भी कामुकता जगा रहे हैं। वहां मोबाइल फ़ोन और इंटरनेट भी आ पहुंचा है, जो कामोत्तेजक सामग्री की कमी नहीं होने देते। टीवी और सिनेमा वाले भारत के लोगों को वह सब दिखाना चाहते हैं, जो फ्रांस के पेरिस और स्वीडन, स्टॉकहोम के सिनेमाघरों में दिखाया जाता है, परंतु वे यह नहीं सोचते कि भारत में अभी ब्वॉयफ्रेंड-गर्लफ्रेंड संस्कृति विकसित नहीं हुई है। लेकिन संपन्न परिवारों के माता-पिता के पास बच्चों के लिए समय नहीं है, इसलिए वे बच्चों का मार्गदर्शन नहीं कर पाते, बच्चे नौकरों के सहारे पलते हैं। जब तक बच्चों के मन पर अंकुश नहीं लगेगा, चाहे भय के कारण अथवा संस्कारों के कारण, तब तक समाज से यौन उत्पीड़न नहीं समाप्त होगा। कड़े क़ानूनों की भूमिका सीमित है।

पश्चिमी देशों में यौन संबंधों का खुलापन तो है, परंतु नवयुवक और नवयुवतियां अपनी सीमाएं जानते हैं और उनका पालन करते हैं। हमारे देश में लड़कियों और महिलाओं को बाहरी कम, प्रायः अपनों या परिचितों के थपेड़े झेलने पड़ते हैं। पीड़िता के मन में भय, शर्म और लोकलाज रहती है, इसलिए अपराध उजागर नहीं हो पाते। पश्चिमी देशों की लड़कियां और महिलाएं अपनी व्यथा उजागर करने में संकोच नहीं करतीं, जिससे गुनहगार भी डरते हैं। अब हमारे देश में भी कुछ लड़कियों और महिलाओं ने अपराधी का नाम बताने का साहस जुटाना आरंभ कर दिया है।

मुस्लिम समाज की महिलाओं ने भी हलाला जैसे यौन उत्पीड़न के ख़िलाफ़ आवाज़ें उठाई हैं, महिलाएं मुखर हुई हैं और उत्पीड़न तथा अपने अधिकारों के लिए अदालत का दरवाज़ा खटखटाना आरंभ किया है। हलाला में तलाक़शुदा महिला को पुराने शौहर के पास जाने के पहले ग़ैर मर्द के साथ शारीरिक संबंध स्थापित करने होंगे; इसका विरोध हो रहा है।

छात्रों में माता-पिता, अध्यापक और यहां तक कि सरकार और समाज का भी भय मिट गया है। जब अनाचार करने वाले ऐसे लोग होते हैं, जो संपन्न घरों से आते हैं और जिनके माता-पिता अपने बेटों के अपराधों को जानते हुए भी अपने बल का दुरुपयोग करके उन्हें छुड़ा लेते हैं, तो सुधार कैसे होगा? हमारी पुलिस चाहे संपन्न परिवारों के दबाव में या फिर यौन उत्पीड़न की गंभीरता को न समझते हुए अदालतों में गुनहगारों का गुनाह साबित नहीं करा पाती। चिंता का विषय है कि जिन परिवारों में दौलत है, वर्चस्व है और समाज को सुधारने का दायित्व है, वे ही अपने बच्चों पर ध्यान नहीं देते, बच्चे क्या पढ़ते या देखते हैं, इसकी खोज-ख़बर नहीं रखते। ऐसे परिवारों के बच्चे बुरी संगत में पड़कर अपराधी बन जाते हैं। दोष नौजवानों का कम, अभिभावकों का अधिक है। चिंता का विषय यह भी है कि पुलिस को अपराधियों और उनके परिवारों की पूरी जानकारी रहती है और उसी जानकारी के आधार पर अपराधी पकड़े भी जाते हैं, लेकिन पुलिस की गिरफ़्त में आने के बाद भी दोषियों को सज़ा नहीं मिल पाती। क्या पुलिस पूरी जानकारी अदालतों में पेश करने में असमर्थ होती है या हमारा क़ानून ही लाचार है?

समस्या तब और जटिल हो जाती है, जब समाज के रक्षक, न्यायदाता और मार्ग दर्शक पुलिस, जज और साधु संत भी इस अपराध में लिप्त पाए जाते हैं। उच्चतम न्यायालय के पूर्व न्यायाधीश और पश्चिम बंगाल मानवाधिकार आयोग के एक सदस्य द्वारा यौन उत्पीड़न का एक प्रकरण चल ही रहा था कि एक दूसरे न्यायाधीश द्वारा न्यायिक प्रशिक्षु महिला के यौन उत्पीड़न का 2011 का मामला सामने आ गया। यदि यौन उत्पीड़ित महिलाएं वर्षों

बाद आरोप लगाएंगी, तो केस कमज़ोर हो सकता है। लम्बे समय बाद यह सुनिश्चित नहीं किया जा सकता कि घटना सहमति से, प्रलोभनवश अथवा पुरुष की बर्बरता के कारण हुई थी। उत्पीड़न के विरुद्ध अविलंब आवाज़ उठनी चाहिए, वर्षों बाद नहीं। कुछ महिलाओं ने साहस दिखाया जिसके कारण आज आसाराम और तेजपाल जैसे लोग सलाखों के पीछे जीवन बिता रहे हैं।

यह सच है कि जघन्य यौन अपराधों के लिए दस-बीस लोगों को फांसी पर लटकाने से कुछ डर तो पैदा होगा, परंतु अपराध रुकेंगे नहीं। विभिन्न देशों की अपनी व्यवस्थाएं और सोच हैं, जैसे इस्लामिक देशों में सख़्त से सख़्त क़ानून हैं और पश्चिमी देशों में जघन्य अपराधियों को भी सुधरने का मौक़ा दिया जाता है, लेकिन बे-नक़ाब किया जाता है। हमारे समाज में दोषियों की पहचान तक कभी-कभार ही सामने आती है। हमारी अदालतें मानतीं हैं चाहे सैकड़ों गुनहगार छूट जाएं, लेकिन एक बेगुनाह दंडित नहीं होना चाहिए। और न्यायिक प्रक्रिया में सचमुच गुनहगार छूट जाते हैं। हमारे देश में यौन अपराधों के लिए कड़े कानूनों के बावजूद यौन अपराधों में कमी नहीं आ रही। और फिर कड़े क़ानूनों को लागू करने वाली मशीनरी तो वही है, जो पहले थी जो अदालत में सबूत ही पेश नहीं कर पाती।

अमेरिका जैसे देशों में यौन उत्पीड़न करने वालों के रजिस्टर बने हैं, आप उनके नाम, पता आदि इंटरनेट पर देख सकते हैं, उन्हें बैंक से क़र्ज़ा नहीं मिलेगा और किराए का मकान भी नहीं। हमारी व्यवस्था में समाज ने रक्षात्मक रुख अपनाते हुए महिलाओं को ही पर्दे में डाल दिया और घर से निकलना बंद कर दिया अथवा बाल विवाह कर दिया। यह पलायनवादी नज़रिया है। महिलाओं को घूंघट में छुपाया जाए अथवा बुर्क़े में दोनों तरह से पलायनवाद ही है। उन्हें परिस्थितियों से लड़ने की शक्ति प्रदान करनी होगी।

जब तक ग़रीबी, अव्यवस्था और अन्याय को मिटाने के लिए प्रयास टुकड़ों-टुकड़ों में होता रहेगा, कोई भी क़ानून अपने लक्ष्य तक पहुंच नहीं सकेगा, गुनाह होते रहेंगे और गुनहगार छूटते रहेंगे। राक्षसी मानसिकता के

उन्मूलन के लिए बच्चों के अभिभावक, विद्यालयों के प्रशासक, देश के राजनेता, फ़िल्म-निर्माता और हमारी पुलिस को अपनी-अपनी ज़िम्मेदारी निभानी होगी। अदालतें तभी अपना काम कर पाएंगी, जब उनके सामने सबूत होंगे, सबूत पेश करना पुलिस का काम है जो अपने ढंग से काम करती है। लेकिन महिलाएं अपना अबला का जामा कब उतार फेंकेंगी।

महिला पत्रकारों ने चुनौतियों के बावजूद पिछले कुछ सालों में खुलकर बोलने और लिखने का जो साहस दिखाया है, बस यही है आशा की किरण। महिलाएं मुखर होकर बोलने लगी हैं कि उनके साथ अपराधिक व्यवहार हुआ है, उनका यौन शोषण हुआ है। यदि तहलका में काम करने वाली महिला पत्रकार या आसाराम की शिष्या ने सब कुछ सह लिया होता, तो तेजपाल और आसाराम पर से पर्दा न उठता, उनका व्यवहार भी नहीं बदलता और वे सलाख़ों के पीछे न होते। अनेक बार महिलाएं ही महिलाओं की दुश्मन बन जाती हैं। राम-रहीम, आसाराम और उनके बेटे साईंनाथ के जाल में लड़कियों को ढकेलने वाली महिलाएं ही थीं। बहला फुसलाकर, डरा-धमकाकर, आस्था और विश्वास की दुहाई देकर, उन्हें गर्त्त में ढकेल दिया। तेजपाल प्रकरण में भी तहलका की प्रमुख पर सवाल उठे थे।

ग्रामीण महिलाओं को रेवेन्यू विभाग किसान मानता ही नहीं था और पति के देहांत के बाद ज़मीन पत्नी के नाम नहीं बड़े बेटे के नाम हो जाती थी। यह अन्याय अंग्रेज़ों की देन है, जब उन्होंने महिलाओं को संपत्ति के अधिकार से वंचित कर दिया था, अन्यथा भारतीय समाज में हर क्षेत्र में अतीत में महिलाओं ने अग्रणी भूमिका निभाई थी। इस्लामिक क़ानून की प्रशंसा करनी पड़ेगी, जिसमें पहले से ही पिता की संपत्ति में भाइयों के बराबर बहनों का हक़ माना गया है। जब भी समान नागरिक संहिता बने, तो इन बातों का उसमें समावेश किया जाना चाहिए।

समाज में महिलाओं की न्यायसंगत भागीदारी के लिए महिला आरक्षण ज़रूरी है, लेकिन आरक्षण में आरक्षण का पेंच फंसाकर पिछड़ी जातियों के लंबरदारों ने उसमें बाधा डाल दी है। इसी तरह काम के बंटवारे के विषय

में पुरुष वर्ग की पुरातन सोच बदलने से अंतर आ सकता है और अनेक पुरुष चौका-चूल्हा संभालने भी लगे हैं। परंतु इतना ही काफ़ी नहीं होगा। महिलाओं को सेना, पुलिस और विविध तकनीकी कामों की ज़िम्मेदारी भी मिलनी चाहिए। ऐसी महिलाओं के ख़िलाफ़ भी कठोर कार्रवाई होनी चाहिए, जो उत्पीड़न में सहभागी बनती हैं जैसे निराश्रित बेटियों के पनाहगारों के संचालन में व्याभिचार के मामले। समाज ऑनर किलिंग कर सकता है, राहत नहीं दे सकता। कुछ लोग कहते हैं इस्लामिक देशों में लोग क़ानून से डरते हैं, क्योंकि वहां अपराधों का फ़ैसला जल्दी होता है और अपराधी को दंड कठोर और ज़रूर मिलता है। लेकिन उसी व्यवस्था में अलक़ायदा, आइसिस, अलफ़तह और बोको हराम जैसे संगठन जन्मे हैं, जो महिलाओं पर जघन्य अपराध करते हैं, इस्लामिक न्याय व्यवस्था ऐसे अपराधियों को दंड नहीं दे पाती। वर्तमान भारतीय व्यवस्था में महिलाओं को न्याय मिल सकता है यदि अदालती फैसलों में देरी न हो। कुछ सराहनीय बदलाव जैसे ज़मीन पर महिलाओं का बराबर का अधिकार, सेना, पुलिस और हवाई सेवाओं में बराबर की भागीदारी, यह सब हाल के वर्षों में लागू हुआ है।

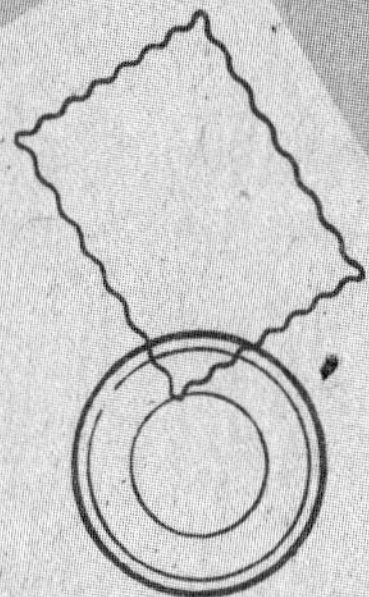

मेरी मर्ज़ी

समाज में ऐसी सहनशीलता चाहिए
जिसमें होली और ईद के त्योहार
कभी ग़म के त्योहार न बनें और ताज़िए
और मूर्ति विसर्जन के समय रास्ते को
लेकर आवेश का माहौल न बने।

कहते हैं एक आदमी अपनी छड़ी को इधर-उधर घुमाता हुआ जा रहा था, तो दूसरे आदमी ने कहा ऐसा क्यों कर रहे हो, तो छड़ी वाला बोला मुझे कुछ भी करने की आज़ादी है। जैसे चाहूंगा अपनी छड़ी घुमाऊंगा। दूसरे ने कहा आप की आज़ादी वहीं तक है, जहां से मेरी नाक शुरू होती है। तात्पर्य यह कि किसी व्यक्ति की निजी आज़ादी तब समाप्त हो जाती है, जब दूसरे लोगों को उसके व्यवहार से कष्ट हो या नुक़सान पहुंचे। वैसे यह इंग्लैंड के बर्टरांड रसेल और बर्नार्ड शॉ के बीच की बात है, लेकिन आज की परिस्थितियों में हमारे देश के समाज पर लागू होती है। कुछ लोग कहते हैं कि हमारे निजी क़ानून कोई नहीं बदल सकता, उन्हें मानने के लिए हम आज़ाद हैं। लेकिन उनकी आज़ादी का दूसरे वर्गों पर क्या प्रभाव पड़ रहा है यह उतना ही या उससे अधिक महत्वपूर्ण है।

हमारी सनातन सोच के अनुसार सारी दुनिया हमारा कुटुम्ब है, इसलिए सब सुखी और निर्भय रहें, ऐसी कामना करते थे। कभी दूसरे देशों पर हमला करने नहीं गए और दूसरों पर अपने विचार नहीं थोपे। सनातन मूल्यों को लेकर विदेशों को गए भी तो, एक आदर्श और संदेश लेकर, कभी बौद्ध धर्म का संदेश तो कभी सनातन सोच का विचार। इसके लिए कभी तोप तलवार लेकर नहीं गए, तब इस देश में असहिष्णुता और असभ्यता कौन लाया। सनातन भारत में चार्वाक पर भी पाबंदी नहीं लगी, जो सनातन मूल्यों के बिल्कुल विपरीत बात करता था। वह कहता था "जब तक जियो सुख से जियो, क़र्ज़ा लेकर घी पियो।" किसी ने उसे मारा नहीं।

अतीत में न भी जाएं तो विधवा ब्राह्मणी से जन्में कबीर का ज्वलंत उदाहरण है, जिन्होंने बिना लाग-लपेट के अपनी बात कही। इतिहासकारों की मानें, तो अभिव्यक्ति की आज़ादी पर अंकुश मुगल काल से पहले कभी नहीं लगा। अभिव्यक्ति की आज़ादी छीनी गई गुरु गोविन्द सिंह के बेटों से, जिन्हें दीवार में इसलिए चुनवा दिया गया कि वे अपनी आस्था पर क़ायम रहने की आज़ादी चाहते थे। इस देश पर मोहम्मद ग़ोरी, गज़नवी, चंगेज़ खां, नादिरशाह जैसे न जाने कितने लुटेरे आए और लूट-पाट कर चले गए, समाज पर कोई स्थाई प्रभाव नहीं पड़ा। लेकिन मुग़लों की सोच इन सब से अलग थी। मुग़लों ने आक्रमण तो किया, लेकिन अंग्रेज़ों की तरह यहीं रह कर हुकूमत करनी आरंभ कर दी। उनके साथ आए धर्म प्रचारकों ने लालच और दमन द्वारा धर्मांतरण कराया और इस प्रकार समाज के दो वर्ग बन गए एक शासक वर्ग और दूसरा शासित वर्ग। अंग्रेज़ों के आने के बाद भी मुस्लिम समाज अपने को शासक वर्ग ही मानता रहा रहा। हिंदू समाज को अति सहिष्णु कह सकते हैं और चाहें तो कायर और बुज़दिल।

मुहम्मद अली जिन्ना से पहले यह सवाल कभी नहीं उठा कि हिंदू और मुसलमान भारत में एक साथ नहीं रह सकते। जिन्ना ने पहली बार सवाल उठाया कि भारत में दो क़ौमें हैं, जिनके अलग-अलग हीरो हैं, अलग तौर-तरीक़े हैं, इसलिए हिंदू मेजॉरिटी के साथ मुसलमान सुरक्षित नहीं रहेगा। मुसलमानों को अलग मुल्क चाहिए। यह मान भी लें कि हिंदू और मुसलमानों के हीरो एक दूसरे के शत्रु रहे थे, जैसे अकबर और राणा प्रताप, औरंगज़ेब और शिवाजी, बाबर और राणा सांगा, फिर भी दोनों कौमें एक साथ रह तो सकती थीं। जिन्ना के विचारों को मानने वाले मुसलमान तो दारुल-इस्लाम में पाकिस्तान चले गए और मौलाना आज़ाद की बात मानकर बाक़ी मुसलमानों ने भारत को दारुल हरब नहीं माना, इसे दारुलअमन माना और सेक्युलर मूल्यों को मानते हुए यहीं रुके रहे। अतः विभाजित भारत में अभिव्यक्ति की आज़ादी उतनी ही सीमा तक ठीक है, जहां तक किसी अन्य कौम को अलग पहचान की ज़रूरत पैदा न हो। इसके लिए ज़रूरी है साझी राष्ट्रीयता,

समान नागरिक संहिता और भारतीय अतीत का सम्मान। कहना कठिन है कि सहनशीलता की कमी कहां है।

समय और स्थान के साथ विभिन्न वर्गों में सहिष्णुता बदलती रहती है। जब भारत के हिंदू और मुसलमान अमेरिका जाते हैं, तो दोनों ही वहां की व्यवस्था के हिसाब से रहते हैं। इस देश में भी मुसलमानों का हिंदुओं के प्रति जो व्यवहार अब है, वह अंग्रेज़ी हुकूमत में नहीं था, पाकिस्तान में नहीं है और मुग़ल काल में तो बिल्कुल नहीं था। मुग़ल काल में हिंदुओं के सामने कोई विकल्प ही नहीं था, सिवाय विवशतापूर्ण सहिष्णुता के। उस सहिष्णुता का अर्थ है ग़ुलामी। पाकिस्तान के हिंदुओं के सामने भी सहिष्णुता के अलावा दूसरा रास्ता नहीं है। लेकिन आज़ाद भारत में उस प्रकार की सहिष्णुता की न तो ज़रूरत पड़ी और न अब संभव है। अब समानता और बराबरी का रास्ता खोजना चाहिए, जिसमें एक दूसरे के लिए अपने पूर्वाग्रह छोड़ने होते है।

एक बार तत्कालीन प्रधानमंत्री मनमोहन सिंह ने कहा था कि देश के संसाधनों पर पहला हक़ अल्पसंख्यकों का है यानी मुसलमानों का। वास्तव में ऐसा बयान मुग़लकाल में तो ठीक था और पाकिस्तान में भी ठीक है परंतु सेक्युलर भारत में नहीं। तथाकथित सेक्युलर सरकारों ने बड़ी मशक्कत से बंटवारे के बाद भी मुसलमानों की मुस्लिम पहचान बनाएं रखने का प्रबंध किया और अलग पहचान इतनी प्रगाढ़ कर दी कि आपस में घुलने मिलने की कोई गुंजाइश नहीं बची।

इस देश का हिंदू हज़ारों साल से गाय के प्रति सम्मान भाव रखता आया है, वह सम्मान अब प्रासंगिक हो या न हो, उस भावना का सम्मान होना चाहिए था। मुग़लकाल में और अंग्रेज़ों के समय में अथवा सेक्युलरवादियों के राज में हिंदुओं ने मन मसोस कर गोवध बर्दाश्त किया। अब भी कुछ लोगों की ज़िद है कि हम गोमांस ही खाएंगे और न मिला तो बारात लौट जाएगी। यदि सरकार ने गोवध पर प्रतिबंध लगाया, तो वे इसे अपनी आज़ादी में ख़लल मानते हैं। उनका कहना है हम कुछ भी खाएं उस पर रोक नहीं लग

सकती, ऐसी सहिष्णुता को विवशता कहा जाएगा, जो संभव नहीं। वैसे यह सच है कि इंदिरा गांधी ने 1975 से 1977 तक के कालखंड में अभिव्यक्ति की आज़ादी छीन ली थी। सच यह है कि न तो उस समय के राष्ट्रपति फ़ख़रुद्दीन अली अहमद ने आपातकाल लगाया था और न संसद ने। यह इंदिरा गांधी और उनके चन्द लोगों का फ़ैसला था। आजकल तथाकथित सेक्युलरवादी लोग जो टीवी, रेडियो, फ़ेसबुक, ट्विटर पर मोदी सरकार को निरंकुश होकर गालियां दे रहे हैं, कोई कुछ नहीं कहता फिर भी बोलते हैं कि असहिष्णुता बढ़ रही है।

आरएसएस पर आज़ाद भारत में तीन बार प्रतिबंध लगाया गया और उसके कार्यालयों से प्रतिबंधित नक्शे और प्रतिबंधित टोपोशीट बरामद कराए गए, लाठी डंडे और अस्त्र-शस्त्र मिले, सब की फ़ोटो छपी। हर बार हज़ारों स्वयंसेवकों को गिरफ़्तार किया गया था, पता नहीं किन कारणों से ऐसा किया गया। जो भी हो, तीनों बार प्रतिबंध बिना शर्त हटाया गया। इसे किसी सेक्युलरवादी ने असहिष्णुता नहीं कहा।

आपातकाल के अंतिम दिनों में मध्यप्रदेश से लखनऊ आते हुए मैं रेल यात्रा के दौरान खुल कर सरकार की आलोचना कर रहा था। तब एक सहयात्री ने बीच में रोका और बोला ऐसा न बोलिए। धीरे से आपातकाल की याद दिलाई। मैं चूंकि आदिवासी इलाक़े बस्तर से आ रहा था, जहां आपातकाल का अधिक प्रभाव नहीं पड़ा था, इसलिए सोचा सार्वजनिक भाषणों पर ही पाबंदी है, रेलगाड़ी में बोल सकते हैं। कल्पना कीजिए आदमी कितना सहमा हुआ था। इसे कहतें हैं अभिव्यक्ति की आज़ादी पर अंकुश। कुछ लोग सामाजिक समरसता के नाम पर गंगा-जमुनी संस्कृति की बात करते हैं, लेकिन भारतीय संस्कृति तो गंगा, यमुना, नर्मदा, कावेरी तक है। इंतज़ार उस दिन का है, जब भारत के मुसलमान इस देश की दस हज़ार साल पुरानी संस्कृति को अपनी संस्कृति कहेंगे। भारत के इतिहास को अपना इतिहास समझेंगे।

कम्युनिस्ट विचारधारा को मानने वाले कुछ लोग तो जिन्ना के द्विराष्ट्रवाद से आगे बढ़कर कहते हैं कि भारत में अनेक राष्ट्र हैं। कुछ ऐसे ही

विचारों ने प्रभावित किया होगा नेहरू को जब उन्होंने हिंदुओं के लिए क़ानून बनाएं, मुसलमानों के लिए उनके क़ानून जारी रखे, परंतु सभी भारतीयों के लिए एक समान क़ानून नहीं बनाएं। पूरे देशवासियों के लिए एक साझा क़ौम बनाने का प्रयास होना चाहिए था, जो नहीं हुआ।

कठिनाई तब होती है जब बात-बात में अल्पंख्यक और बहुसंख्यक के नाम पर राजनीति होती है। शिक्षा में, विकास में, इबादत में, स्कूल की छुट्टियों में और ज़िंदगी के हर मोड़ पर। राजनेताओं की सोच यह है कि हज़रत अली के जन्मदिन पर छुट्टी बोल देंगे, तो मुस्लिम वोट मिल जाएंगे और परशुराम के जन्म दिन पर छुट्टी बोलने से ब्राह्मण वोट मिलेंगे, वरना पिछले 70 साल के बाद इन महापुरुषों की अचानक याद क्यों आ रहीं है?

स्वर्गीय एम. एफ़. हुसैन ने अपने चित्रों के माध्यम से हिंदू धर्म पर अक्सर करारी चोट की थी। लेकिन यदि उन्हें ऐसा करने की आज़ादी थी, तो आहत लोगों को अदालत का दरवाज़ा खटखटाने की भी आज़ादी थी। एम. एफ़. हुसैन अदालत का सामना करने के बजाए विदेश चले गए, जहां उनका देहांत हुआ। उन्होंने हनुमान की पूंछ पर सीता को उड़ते दिखाया था, नग्न सरस्वती को वीणा बजाते दिखाया था और नग्न भारत माता को दिखाया था। मैंने एक नामी गिरामी फ़िल्मकार को कहते सुना था कि इस देश में शिवलिंग की पूजा होती है, खजुराहो में कामुक मुद्राएं दिखाई गई हैं, तो सिनेमा में कामुकता दिखाने पर आपत्ति क्यों? क्या यही है आज़ादी कि चुनकर हिंदू धर्म को निशाना बनाया जाए।

अनावश्यक विवाद पैदा करने की आज़ादी किसी को नहीं होनी चाहिए। कबीर जैसे समाज सुधारक जैसी आज़ादी हर किसी को नहीं हो सकती। इसलिए रामलीला, जैसे नामों से सिनेमा बनाना और उसमें हुड़दंग दिखाना आज़ादी का दुरुपयोग है और हिंदू बहुल भारत में हिंदुओं को काफ़िर कहना भी बर्दाश्त नहीं हो सकता। अभिव्यक्ति की आज़ादी के दुरुपयोग पर विराम लगना ही चाहिए। समाज में ऐसी सहनशीलता चाहिए, जिसमें होली और ईद के त्योहार कभी ग़म के त्योहार न बनें और ताज़िए और मूर्ति विसर्जन

के समय रास्ते को लेकर आवेश का माहौल न बने। रोटी-बेटी का संबंध तो पूरे हिंदू समाज में ही नहीं है, लेकिन यदि हिंदू और मुसलमानों की लड़कियां और लड़के कोई गुनाह करें, तो उन्हें भारतीय संविधान के हिसाब से सज़ा मिले, न कि फ़तवा, खाप या महापंचायत के हिसाब से।

अच्छे दिन

किसान जिन चीज़ों को बेचना चाहता है वह सस्ती हैं और जो ख़रीदना चाहता है वह महंगी हैं यानी महंगाई सब चीज़ों पर एक समान नहीं आई है।

गाँव में निरंतर संघर्ष का जीवन रहता है, यहां फ़सल अच्छी हो गई, तो अच्छे दिन आ गए और दुधारू जानवर ने बच्चा दिया और नियमित दूध से आमदनी आरंभ हुई, तो आ गए अच्छे दिन। यह बातें लम्बे समय के बाद आती हैं और अच्छे दिन भी यदा-कदा आते रहते हैं। इसके विपरीत बुरे दिन कहीं अधिक आते हैं, चाहे फ़सल कमज़ोर हो जाए, जानवर मर जाए, ज़मीन पर कोई क़ब्ज़ा कर ले, ज़मीन का मुक़दमा हार जाए आदि। सभी राजनैतिक दल गाँव के लोगों को ख़ुशहाली का वादा करते हैं, लेकिन शायद ख़ुशहाली से उनका मतलब थोड़ी ख़ैरात और ऋण माफ़ी से होता है। किसान को ख़ुशहाली का अनुभव तब तक नहीं होगा, जब तक उसके बच्चे भूखे, नंगे, बीमार, अनपढ़ रहेंगे और आसमान के नीचे सोते रहेंगे।

अच्छे दिन तो रामराज्य में थे—"दैहिक दैविक भौतिक तापा, रामराज्य काहुहिं नहिं व्यापा"। वर्तमान परिस्थितियों में लगता है, वह एक कवि की कल्पना है। यथार्थ में अच्छे दिन इतने से ही आ जाएंगे, यदि उपज का उचित दाम मिले, सब को बराबरी से जीने के अवसर हों और कोई भूखा न सोए, स्वच्छ वातावरण हो और किसान आत्महत्या करने पर मजबूर न हो।

ऐसे दिनों का लम्बे समय से इंतज़ार है, किसान और मज़दूर अपना आत्मविश्वास खो चुके हैं और कुछ तो अपने जीवन तक से तंग आ चुके हैं। गाँवों में अच्छे दिन आएंगे, तो किसानों को आलू, प्याज़ और गन्ना सड़कों पर फेंकना नहीं पड़ेगा। प्रत्येक पंचायत में अच्छे स्कूल और अस्पताल होंगे, फूड प्रोसेसिंग और मार्केटिंग की स्थानीय व्यवस्था, मिट्टी की जांच,

कृषि परामर्श की सुविधा होगी। चकबंदी, रेवेन्यू, रजिस्ट्री आदि विभागों में तालमेल होगा और सारी जानकारी एक ही पोर्टल या साइट पर उपलब्ध होगी। किसान की ज़मीन पर भू-माफ़ियाओं का क़ब्ज़ा नहीं होगा, उसे अदालत के कम चक्कर लगाने पड़ेंगे। ग्राम समाज की ज़मीन का सार्वजनिक हित में उपयोग होगा, क्रीड़ास्थल और चरागाहों की उचित व्यवस्था होगी। अभी तक इस दिशा में कुछ दिखाई नहीं दे रहा।

शायद कुछ लोगों का मानना है कि अच्छे दिन आने लगे हैं, लेकिन सवाल है कि जो अच्छे दिन संपन्न वर्ग में आ रहे हैं, वे मध्यम और वंचित वर्ग तक पहुंचेंगे या नहीं। कुछ अच्छे दिन व्यवस्थागत होते हैं, जैसे सस्ते डीज़ल का लाभ, अनाज के उचित दाम, कपड़ा और मकान, शिक्षा प्रबंधन आदि। इनके सुधार का असर अधिकाधिक लोगों तक पहुंचे इसके लिए ज़रूरी है व्यावहारिक राष्ट्रनीति पर आधारित बजट बने। जिन बातों का पूंजी से मतलब नहीं, वे व्यक्तिगत होती हैं जैसे स्वच्छता, मेहनत, ईमानदारी, अनुशासन और समय की पाबंदी, इन्हें दूसरों तक पहुंचाने के लिए ख़ुद को आदर्श बनना पड़ता है, सरकारी अंकुश भी अधिक कारगर नहीं होता।

कुछ समय पहले जब डीज़ल सस्ता हुआ, तो इस दाम गिरने का लाभ रेल यात्रियों तक भी पहुंचना चाहिए था। केंद्र सरकार ने रेल का भाड़ा नहीं घटाया और न सरकारों ने बस का किराया कम किया। सरकार ने चतुराई करके डीज़ल और पेट्रोल को जीएसटी के बाहर कर दिया, जिससे प्रांतीय सरकारें मनमाने दाम लगाती रहीं। अब ये महंगे हो रहे हैं, तो देखना होगा सरकार क्या नीति अपनाती है। ईंधन सस्ता होने पर ऐसे उद्योगों के उत्पाद, जहां लागत मूल्य में ढुलाई का अंश अधिक होता है, जैसे सीमेंट, स्टील, अन्य बिल्डिंग मटीरियल, खाद्य पदार्थ, खाद और बीज आदि ये सब उसी अनुपात में सस्ते होने चाहिए थे, नहीं हुए। तब कैसे पहुंचेंगे ग़रीब तक अच्छे दिन। सोचिए यदि कारों के दाम घट भी जाएं, तो आम आदमी के अच्छे दिन नहीं आएंगे। यदि स्कूटर, मोटर साइकिल के दाम घटेंगे, तो मध्यम वर्ग को कुछ राहत होगी और यदि साइकिल सस्ती हुई, तो गाँव के ग़रीब को

कुछ राहत मिलेगी। खाद और बीज के दाम घटेंगे, तो ग़रीब किसान का भला होगा। देश में आर्थिक विविधता के कारण सभी वर्गों तक समान रूप से अच्छे दिन पहुंचाना सरल नहीं है, फिर भी यदि आशा बंधी रहेगी, तो आत्मविश्वास का वातावरण बनेगा।

अच्छे दिनों का अनुमान कुछ हद तक उपभोक्ता मूल्य सूचकांक से लगाया जाता है। इसकी गणना में चीज़ों को कई वर्गों में बांटा जाता है। पहला वर्ग है खाद्य पदार्थों का जिसमें पेय पदार्थ और तम्बाकू आदि को भी सम्मिलित किया जाता है। दूसरे वर्ग में ईंधन और प्रकाश तथा तीसरे में भवन सामग्री सम्मिलित रहती है। चौथे वर्ग में कपड़ा, बिस्तर और पैरों का पहनावा, जबकि पांचवे वर्ग में अन्य विविध सामान आते हैं। अब यदि कंप्यूटर, एसी, टीवी, फ्रिज, सरिया, लोहा, सीमेंट सस्ते हो जाएं और सूचकांक गिर जाए, तो लगेगा कि मज़दूर और किसान के भी अच्छे दिन आ गए। लेकिन मज़दूर को यह सब ख़रीदना ही नहीं है, तो उसमें "फ़ील गुड" यानी अच्छा एहसास नहीं होगा। ग़रीब के अच्छे दिन तब आएंगे, जब उसके उपयोग की चीज़ें सस्ती होंगी। अख़बार और टीवी बताते रहते हैं कि महंगाई कम हो रही है, परंतु जब बाज़ार जाते हैं, तो ऐसा लगता नहीं। इसका कारण है कि थोक मूल्य सूचकांक और अच्छे दिनों के लिए प्रासंगिक, उपभोक्ता मूल्य सूचकांक एक ताल नहीं चलते। हमारे देश में "थोक मूल्य सूचकांक" की गणना करते समय बिचौलियों की भूमिका को ध्यान में नहीं रखा जाता। थोक व्यापारी को लाभ मिलता है, परंतु वह लाभ नीचे ट्रांसफर नहीं होता, क्योंकि बिचौलिए समीकरण बिगाड़ देते हैं। ऐसा नहीं कि शहरों के संपन्न लोग ही अच्छे दिन अपने पास रख लेते हैं, गाँव के समृद्ध लोग भी ग़रीबों के साथ अच्छे दिन नहीं बांटते। गाँवों में जिसके पास ट्रैक्टर है, वह महंगे डीज़ल के नाम पर 400 रुपए प्रतिघंटा जुताई के लिए किसानों से किराया लेता था, परंतु जब डीज़ल सस्ता हो गया, तो भी वही रेट चलता रहा। ऐसे असंगठित कारोबार पर कोई नियंत्रण भी संभव नहीं। पहले बैलों से खेती होती थी, तो ग़रीब किसान पर ट्रैक्टर की मार नहीं पड़ती थी।

राजनैतिक पार्टियां अपने वोट बैंक तक अपना चिंतन सीमित कर देती हैं, पूरे समाज के अच्छे दिनों की चिंता नहीं करतीं। उत्तर-प्रदेश की योगी सरकार ने किसानों द्वारा बैंक से लिया गया क़र्ज़ माफ़ कर दिया है, इससे किसानों में क़र्ज़ा चुकाने का संकल्प कमज़ोर होगा। चुनावी वादे पूरा करने के लिए मुफ़्त में बिजली और पानी के वादे किए जाते हैं, और किसान समझता है कि कटिया लगाकर ले लो बिजली तो मुफ़्त की है। ये समाज के लिए अच्छे दिनों का संकेत नहीं हैं। ओड़िशा की सरकार ने छाते बांटे, इसके पहले तमिलनाडु में टीवी और कंप्यूटर बंट चुके हैं और आंध्र-प्रदेश तथा उत्तर-प्रदेश में साइकिलें बांटी जा चुकी हैं। महिलाओं को साड़ियां, बच्चों को स्कूल ड्रेस, दोपहर का भोजन बांटने का मतलब है, अभी भी हमारा समाज भूखा और नंगा है। ख़ैरात के भरोसे अच्छे दिन कभी नहीं आएंगे। आज से पचास साल पहले मज़दूर दिन भर मज़दूरी करके शाम को तीन किलो गेहूं घर लाता था, अब वही मज़दूर 10 किलो गेहूं शाम को घर लाता है। सच यह है कि राजनैतिक पार्टियां ख़ैरात देकर बदले में वोट चाहती हैं, यह रिश्वत के अलावा कुछ नहीं। किसान की क्रयशक्ति बढ़ाने से आएंगे अच्छे दिन।

लक्ष्य होना चाहिए समाज को भय, भूख, अशिक्षा और रोग से मुक्ति दिलाना, यदि इस नज़रिए से देखें, तो अच्छे दिन अभी काफ़ी दूर हैं। समाज में भय का वातावरण है, हम अपने को न तो घर में सुरक्षित पाते हैं और न सड़कों पर। आए दिन लूट, खसोट, बलात्कार और मर्डर होते रहते हैं, रेलगाड़ियों में डकैतियां होती हैं और घरों में कभी कच्छा-बनियान वाले, तो कभी असलहाधारी डकैत घुस आते हैं। लोगों में लालच इतना बढ़ गया है कि दूसरों की संपत्ति को अपनी समझने लगे हैं। बड़े शहरों की कालोनियों में बुज़ुर्ग दम्पति की सेवा के लिए लगाए गए नौकर ही दौलत के लालच में उनकें ख़ून के प्यासे हो जाते हैं। शहरों में भय का वातावरण है, तो गाँवों में भूख की चिंता।

अच्छे दिन लाने के लिए सरकार ने उद्योगों पर ज़ोर दिया है, लेकिन इनमें से कितने उद्योगपति गाँवों से कच्चा माल उठाकर वहीं उद्योग लगाएंगे

और कितने कारीगर गाँवों में ही काम पाएंगे। देश की 70 प्रतिशत आबादी की ज़रूरतों के लिए ये प्रश्न महत्वपूर्ण हैं। यह मान भी लें कि औद्योगीकरण से उत्पादन बहुतायत में होगा, परंतु क्या यह उत्पादन बहुसंख्य द्वारा भी होगा। पूंजी निवेशकों के सम्मेलन यदि जल्दी आरंभ हुए होते, तो कुछ लाभ हो सकता था। कुपोषण से इंकार नहीं किया जा सकता, लेकिन इसे क्षेत्रीय समस्या मानकर इसको जाति-धर्म से न जोड़ा जाए तो ठीक होगा। रोज़गार का अवसर देते समय स्थानीय लोगों को प्राथमिकता देनी चाहिए, जब तक विशेषज्ञता का सवाल न हो।

प्राथमिक शिक्षा, स्वास्थ्य और कुटीर उद्योगों का पूरी तरह पंचायत स्तर तक विकेंद्रीकरण होना चाहिए। ऐसा कुछ दिखाई नहीं दे रहा है। अच्छे दिन आने पर गाँवों से ख़ैरात की अर्थनीति समाप्त होगी, बिजली, पानी, लगान, बैंकों का क़र्ज़ा, शिक्षा, कुछ भी ख़ैरात में नहीं मिलेगा, बल्कि गाँव वालों की क्रय शक्ति इतनी होगी कि उन्हें इसकी ज़रूरत नहीं पड़ेगी। बेरोज़गारी भत्ता से भी अच्छे दिन नहीं आएंगे, क्योंकि इस भत्ते का मतलब है कि कोई व्यक्ति काम करने की क्षमता रखता है, परंतु सरकार या समाज के पास काम नहीं है। उदाहरण के लिए आप शिक्षित हैं और आप को टाइपिंग, कंप्यूटर, डाटा एंट्री, सर्वे करना आदि आता है अथवा साइकिल बनाना, मोटर मेकैनिक, कारपेंटरी, लोहारगिरी, राजगिरी, पुताई अथवा, सिलाई आती है, परंतु समाज या सरकार आप को एक हज़ार रुपए यानी तीस रुपए प्रतिदिन का भी काम नहीं दे सकती, तो आप बेरोज़गारी भत्ता के हक़दार हैं। और यदि ख़ैरात की रक़म में गुज़ारा करना सीख लिया, तो बेहतर जीवन के लिए संघर्ष करना भूल जाएंगे।

देश की युवाशक्ति में स्वाभिमान जगाने की ज़रूरत है, ताकि वे ख़ैरात का बेरोज़गारी भत्ता नकार दें और काम की मांग करें। अपनी योग्यता और क्षमता के हिसाब से काम और काम का पूरा दाम। शिक्षित बेरोज़गारों को मनरेगा से भी कम भत्ता देना उनका अपमान है। यदि बैंकों से भ्रष्टाचार और दफ़्तरों से लालफ़ीताशाही कम हो जाए, तो उद्यमशील और स्वाभिमानी

युवा अपना रोज़गार स्वयं खड़ा कर लेंगे, ख़ैरात का इंतज़ार नहीं करेंगे। इसलिए ज़रूरी है कि बजट में ख़ैरात नहीं उद्यम और व्यापार के लिए धन का पर्याप्त आवंटन हो।

किसानों द्वारा उगाया गया अनाज ख़रीदा जाता है, जो कभी क्रय केंद्रों पर, कभी रेलवे स्टेशनों पर, तो कभी सरकारी गोदामों में सड़ता रहता है। इस बात को हमारे देश की उच्चतम अदालत ने संज्ञान में लिया था और एक बार सरकार से कहा भी था कि अनाज को गोदामों में सड़ाने से बेहतर है, इसे ग़रीबों में मुफ़्त में बांट दिया जाए। लेकिन क्या सड़ा हुआ अनाज इंसानों के खाने लायक होगा अथवा यह शराब फैक्टरियों को दिया जाता है। अच्छे दिनों के लिए खाद्य सुरक्षा गारंटी स्कीम चलाई गई है, जिसमें कहा गया कि ग़रीबों को पौष्टिक आहार मिलेगा, उनका स्वास्थ्य सुधरेगा आदि। लेकिन ग़रीबों को मिलेगा गेहूं, चावल और मोटे अनाज जो किसान हर साल पैदा करता है और खाता है। मज़दूर भी आज पर्याप्त अनाज मज़दूरी करके लाता है। जो अनाज दिया जाएगा, वह किसान और मज़दूर के परिवारों की कैलोरी नहीं बढ़ाएगा, पेट भरेगा, भुखमरी मिटाएगा। पहले से हीं स्कूलों में मिड-डे मील योजना, आंगनवाड़ी और बालवाड़ी की दलिया और पंजीरी, तथा ग्रामीणों को सस्ता अनाज आदि मिल रहे हैं। ऐसी योजनाएं एक सरकार द्वारा चलाई जाती हैं और सरकार जाते ही समाप्त भी हो जाती हैं।

कुछ समय पहले प्याज़ की कमी पड़ी, तो तत्कालीन मनमोहन सरकार ने पाकिस्तान से प्याज़ ख़रीदने का एलान किया। लानत है ऐसे प्याज़ पर। भारत के देशभक्तों को प्याज़ खाना छोड़ने में देर नहीं लगेगी, यदि सच्चे दिल से अपील की जाए। क्या लालबहादुर शास्त्री की एक आवाज़ पर 1965 में देश ने सोमवार शाम का खाना छोड़ा नहीं था। राजनेता प्याज़ के महंगा होने का कारण पता लगाने का नाटक कर रहे थे। महंगा केवल प्याज़ नहीं, बाक़ी सब कुछ भी हुआ था। रोचक बात यह है कि प्याज़ की पैदावार केवल 5 प्रतिशत कम हुई थी और भंडारण में मामूली कमी आई थी। यदि कोई कमी थी, तो सरकार की इच्छाशक्ति में। यदि ज़ख़ीरेबाज़ों को मजबूर नहीं कर

सकते प्याज़ बाहर निकालने के लिए, तो आयातित प्याज़ भी ज़ख़ीरेबाज़ों के गोदामों में चली जाएगी। सरकार की नीतियां ऐसी हैं कि बिचौलिए लाभ उठाते हैं और किसान बर्बाद होता है। अब मोदी सरकार ने बिचौलियों पर नकेल कसने के लिए अध्यादेश पेश किए हैं, लेकिन स्वार्थी राजनेता देश में कोहराम मचा रहे हैं।

जब प्याज़ अथवा आलू की पैदावार अधिक हो जाती है, तो निर्यात का निर्णय लेने में सरकार कई महीने लगा देती है। किसान मजबूर होकर औने-पौने भाव में बिचौलियों को बेच देता है। सरकार यदि चाहे, तो ज़ख़ीरेबाज़ों पर रहम न करके खाद्य सामग्री ज़ब्त करे और बाज़ार में उतार कर बनावटी अभाव को दूर करे। वैसे प्याज़ के लिए इतनी हाय-तौबा भी नहीं होनी चाहिए, आयात जैसी बातें ठीक नहीं, अब जीएसटी लागू हो जाने के बाद खाद्य पदार्थों के लाने, ले जाने पर कोई प्रतिबंध नहीं है और आशा की जानी चाहिए कि आयात और निर्यात संबंधी निर्णय त्वरित होंगे। उत्तम तो यह होगा कि हम अपनी भोजन की आदतें थोड़ी लचीली रखें।

किसान को यदि उसकी पैदावार का उचित दाम मिल सके और खेती लाभकर बन सके, तो किसान भी अपने बच्चों को शहर भेजकर अच्छे स्कूलों में पढ़ाना चाहेगा, उन्हें अच्छे कपड़े पहनाना और अच्छा भोजन खिलाना चाहेगा, वह अच्छे मकान में रहना और अच्छे अस्पतालों में इलाज कराना चाहेगा, परंतु यह सब तभी हो सकता है, जब उसके पास नियमित और भरोसे की आमदनी होगी। वह हमेशा से धान, गेहूं, दालों और तेल वाले अनाजों की खेती करता आया है, परंतु इससे उसे अपना पेट भरने के बाद कुछ नहीं बचता था। आज के युग में पूंजी वालों ने खेती को एक उद्योग की तरह बना दिया है, जिसके लिए पूंजी की आवश्यकता होती है। ग़रीब किसान के पास पूंजी नहीं है, इसलिए बड़ी पूंजी के साथ कुछ किसान संपन्न हो रहे हैं, वहीं ग़रीब किसान मज़दूरी करके परिवार का पेट पाल रहे हैं।

किसान को उन्नत बीजों के लिए दूसरों पर निर्भर रहना होता है, लगभग ग़ुलाम जैसा। बीज, खाद, मज़दूरी और सिंचाई में महंगाई के कारण पैदावार

की लागत बहुत बढ़ गई है। धान की फ़सल पैदा करने में लगभग 15000 रुपए प्रति एकड़ का ख़र्चा आता है और धान पैदा होता है 15 क्विंटल। इससे उसकी लागत तो वसूल हो जाती है, परंतु अगली बुवाई के लिए बचता कुछ नहीं। घर के ख़र्चों के लिए मज़दूरी के अलावा कोई रास्ता नहीं, लेकिन सरकार भी मनरेगा में केवल 100 दिन की ही मज़दूरी देती है, बाक़ी 265 दिन क्या करे। गेहूं की फ़सल बोने वालों का हाल इससे कुछ ही बेहतर है। दाल और तेल वाली फ़सलों से कुछ लाभ हो सकता है, परंतु उन पर भरोसा नहीं किया जा सकता। आख़िर किसान क्या बोए, गन्ने के दाम समय पर नहीं मिलते, तो मेंथा और अफ़ीम बोने पर मजबूर है किसान, यही कारण है दालों और तेल की कमी का।

किसान जिन चीज़ों को बेचना चाहता है, वह सस्ती हैं और जो ख़रीदना चाहता है, वह महंगी हैं यानी महंगाई सब चीज़ों पर एक समान नहीं आई है। अब से क़रीब 40 साल पहले शादी ब्याह के लिए किसान ढाई क्विंटल गेहूं बेचकर 10 ग्राम सोना ख़रीद सकता था, लेकिन अब उतना ही सोना,ख़रीदने के लिए उसे 20 क्विंटल गेहूं बेचना होगा। उसे मकान बनाने के लिए ईंट, सीमेंट और लोहा ख़रीदने के लिए तब की अपेक्षा अब कई गुणा गेहूं बेचना पड़ रहा है। किसान आज से नहीं ज़माने से अच्छे दिनों का इंतज़ार कर रहा है। शहरीकरण के कारण कृषि भूमि घट रही है और मशीनों के प्रयोग और जीवन शैली में बदलाव से डीज़ल, पेट्रोल और गैस की ज़रूरत बढ़ी है और उसी अनुपात में पैदावार की लागत भी बढ़ी है। भारत के 600,000 गाँवों के अधिकांश घरों में खेती और सामान ढोने के लिए दो बैलों की जोड़ी हुआ करती थी। पिछले 10-15 साल में कामकाजी जानवरों की आबादी बहुत घटी है और ट्रैक्टरों ने बैलों को खेतों से बाहर कर दिया है, जिससे बड़ी मात्रा में किसानों को मुफ़्त मिलने वाली खाद और ऊर्जा मिलनी बंद हो गई है। सत्तर के दशक के बाद से किसान क़र्ज़ा ख़ूब लेता है और सरकारों ने क़र्ज़ा माफ़ी की परंपरा भी डाली है। क़र्ज़ा माफ़ी की आशा में किसानों की ऋण चुकाने की आदत कमज़ोर हो गई है और आज की तारीख़ में किसान केवल

क़र्ज़दार ही नहीं उसके खेतों की नीलामी और उसके आत्महत्या करने तक की नौबत आती है। किसान आज भी मजबूरी में गाँव के छुटभैया साहूकरों से क़र्ज़ा लेता है।

किसानों को आर्थिक संकट से निकालने का एक ही उपाय है कि गाँवों में स्थाई रोज़गार के अवसर मुहैया कराए जाएं। ऐसे उद्योग लगाए जाएं, जहां किसानों द्वारा उगाई गई फ़सलों का कच्चे माल की तरह उपयोग हो और किसानों के परिवार को उन उद्योगों में नियमित नौकरी मिले। उनके अच्छे दिन न तो मनरेगा से आएंगे और न ही मिड-डे मील या ख़ैरात से। उन्हें चाहिए आर्थिक स्वावलंबन। कोई एक रिपोर्ट कहती है भारत के लोग सर्वाधिक आलसी हैं, लेकिन उसका कारण है कि उनके पास काम नहीं है। एक समय था जब चीन के लोग आलसी और अफ़ीमची कहे जाते थे, अब नहीं।

हमारे देश में सरकार ने गाँवों में प्राथमिक स्वास्थ्य केंद्र खोले हैं, जिनकी हालत सरकारी प्राथमिक स्कूलों से बेहतर नहीं है। फिर भी गाँव वालों को अपने इलाज के लिए इन्हीं प्राथमिक चिकित्सा केंद्रों की नर्सों और दाइयों पर निर्भर रहना पड़ता है। एम.बी.बी.एस. डिग्री हासिल कर रहे डॉक्टर तो गाँवों को जाने के इच्छुक नहीं। डॉक्टरों को शहरों में जीवन की सुविधाएं, सुपर स्पैशलिटी हॉस्पिटलों में काम करने के मौक़े, मरीज़ों से अच्छा पैसा और ख़ुद के बच्चों की अच्छी शिक्षा उपलब्ध है। चिकित्सा के लिए यदि नए अस्पताल और मेडिकल विश्वविद्यालय शहरों के बजाए टाउन एरिया में भी खोले जाएं तो कुछ राहत मिल सकती है। यदि गाँवों के लिए और कुछ नहीं कर सकते, तो एलोपैथी, आयुर्वेद और होमियोपैथी का बंटवारा समाप्त करके ऐसे डॉक्टर तैयार करें, जो गाँवों में काम करने के इच्छुक हों। गाँवों में डॉक्टरों की कमी का एक कारण यह भी है कि कई एम.बी.बी.एस. डॉक्टर आई.ए.एस. और पी.सी.एस. प्रतियोगिता में कामयाब होकर प्रशासनिक अधिकारी बन जाते हैं या विदेश चले जाते हैं। यदि उन्हें आई.ए.एस. की नौकरी अधिक भाती है तो एम.बी.बी.एस. क्यों किया, ग़रीब देश का इतना पैसे क्यों ख़र्च कराया। यदि डॉक्टर पैसे के लालच में विदेशों में जाकर नौकरी

करते हैं, तो उन्हें अपने पर हुए सरकारी ख़र्च की पूर्ति करनी चाहिए। यह सच है कि प्राइवेट प्रैक्टिस से उन्हें शहरों की अपेक्षा गाँवों में कम आमदनी है, फिर भी उन्हें अपने पेशे में रखने की ज़रूरत है। दूसरे देशों को जाने से, दूसरे व्यवसाय में जाने से रोकने की ज़रूरत है। जब तक विशेष आकर्षण नहीं होगा, गाँवों को डॉक्टर स्वतः नहीं जाएंगे। और जब तक अच्छे डॉक्टर वहां जाएंगे नहीं, गावों को अच्छे दर्जे का इलाज नहीं मिलेगा। किसान स्वस्थ न हुआ, तो अन्नदाता देश को अन्न भी नहीं दे पाएगा।

काल के कपाल पर

पुराने नेता समाज के बीच में जाकर काम करते थे, फिर चाहे नेहरू या शास्त्री हों या अटल जी हों, जिन्हें अपने देश के लोगों से डर नहीं लगता था। लेकिन आज के बहुत से राजनेताओं को ज़ेड प्लस सुरक्षा चाहिए, जिसमें 36 सशस्त्र लोगों का सुरक्षा कवच रहता है।

आज़ाद भारत में राजनेताओं को ही देश का कर्णधार मान लिया गया, क्योंकि उन्हीं के हाथ में देश का ख़ज़ाना था और है। लेकिन ऐसे नेता कुछ समय के लिए होते हैं, लेकिन देश के मार्गदर्शक नहीं हो सकते। इसके विपरीत यदि हम स्वामी विवेकानंद, दयानंद, कबीर और गांधी के विषय में सोचें, तो इनके हाथ में ख़ज़ाना तो नहीं रहा, लेकिन आज भी इन्हें मार्गदर्शन के लिए याद किया जाता है और इनके बताए रास्तों में अपना मार्ग खोजने का प्रयास होता है। ऐसे लोग कौटिल्य और समर्थ गुरु रामदास की तरह देश के कर्णधारों का सृजन करते हैं। उच्च आदर्शों के लिए निजी स्वार्थों को त्यागने में विलंब नहीं करते।

आज़ाद भारत की शुरुआत में प्रत्येक गाँव में कोई न कोई ऐसा व्यक्ति था, जो आज़ादी की लड़ाई और उस लड़ाई के आदर्शों के विषय में जानता था। हर आदमी में जोश बाक़ी था और देश के लिए काम करने का जज़्बा तब तक समाप्त नहीं हुआ था। लोगों को त्याग और बलिदान का मतलब मालूम था। नमस्ते, जयराम और पैलग्गी के साथ ही 'जयहिंद' उनका अभिवादन हुआ करता था। हम लोग आज़ादी के बाद भी बचपन में जब स्कूल जाने के लिए इकट्ठे होते थे, तो जय हिंद से ही एक दूसरे का अभिवादन करते थे और अलग होने पर घर जाते समय भी जय हिंद करके विदा लेते थे।

आज़ादी की लड़ाई के दौरान कुछ मुस्लिम नेता अपने लिए अलग मुल्क़ चाहते थे, जबकि बाक़ी अधिकांश लोग पूरे देश को अखंड रखना चाहते थे। आज़ादी के ठीक पहले कुछ बड़े नेताओं ने देश के तीन टुकड़े

बना लिए और गांधी जी कहते रहे 'देश का बंटवारा मेरी छाती पर होगा।' आज़ादी की लड़ाई में अशफ़ाक़ उल्ला ख़ाँ जैसे नेताओं को रामप्रसाद बिस्मिल के साथ कंधे से कंधा मिलाकर अंग्रेज़ों के ख़िलाफ़ लड़ने में परहेज़ नहीं था। लेकिन, तमाम मुस्लिम जिन्ना और लियाक़त अली जैसे नेताओं के साथ हो लिए थे। शायद कुछ हिंदू नेताओं को भी हुकूमत करने की जल्दी थी, इसलिए हज़ारों साल पुराना राष्ट्र बंट गया। बंटवारे के बाद कुछ लोगों का सोचना था, पाकिस्तान मुसलमानों के लिए, तो हिंदुस्तान हिंदुओं के लिए होना चाहिए, परंतु भारत की जनता ऐसा नहीं सोचती थी। भारत में पाकिस्तान से भी अधिक मुस्लिम आबादी उसी तरह रुकी रही, जैसे बाक़ी आबादी। पाकिस्तान में हिंदुओं का क्या हुआ, यह दर्दभरी कहानी है। भारतीय मुसलमानों ने पाकिस्तान हासिल कर लेने के बाद भी देश नहीं छोड़ा। मेरे गाँव से एक भी मुसलमान गाँव छोड़ कर कहीं नहीं गया। गोल टोपी और तिलक का विवाद ज़बरदस्ती अलग पहचान बनाने की क़वायद है। देश की आबादी को भोजन, पहनावा और पूजा के मामले में अकेला छोड़ देना चाहिए, जब तक दूसरों की भावनाएं आहत न हों। एक बार पूर्व उपराष्ट्रपति हामिद अंसारी ने कहा था और अपने पद से विदाई के बाद दोहराया कि मुसलमानों की पहचान मिट रही है। भारत में हिंदू, मुसलमान, सिख, ईसाई सभी की एक ही पहचान होनी चाहिए, हिंदुस्तानी होने की पहचान।

लेकिन यदि अलीगढ़ी पायजामा, सिख की पगड़ी और हिंदू की धोती और तिलक की बात हो, तो उस पर कोई आंच नहीं आई है। मुसलमानों की अलग पहचान उसी दिन समाप्त हो जानी चाहिए थी, जब उन्होंने जिन्ना का साथ छोड़कर इस्लामिक पाकिस्तान जाने के बजाए सेक्युलर भारत में रहने का फ़ैसला किया था। विश्वास मानिए अलग पहचान की ख़ुराफ़ात उत्तर भारतीय शहरों में ही होती है। गाँवों में तो अधिकतर लोग धोती या लुंगी पहनते हैं, सिवाय त्योहारों के मौक़े पर। गाँव के लोगों ने न तो बंटवारे के समय ख़ून-ख़राबा किया और न अब झगड़ते हैं।

शहर के सेक्युलरवादी नेताओं ने मुसलमानों के लिए अलग बैंक बनाएं, अलग वित्त आयोग बने, अलग कमीशन बने, नौकरियों में आरक्षण के क़ानून बने। पिछले 70 साल में हमारे राजनेता अल्पसंख्यक हितैषी होने के नाम पर मुस्लिम समाज को गोलबंद करते रहे हैं। यह अलग पहचान ही तो है, जिसके कारण देश का बंटवारा हुआ और हिंदुओं की होली और मुसलमानों की ईद चुनौती बनकर आते हैं। ताज़िए और मूर्तिविसर्जन के समय रास्ते को लेकर झगड़े होते हैं। यदि सभी भारतीय सहज भाव से संविधान का पालन करें, तो आबादी में हिंदू और मुसलमान गिनने की आवश्यकता ही नहीं पड़ेगी, लेकिन नेतागण ऐसा होने नहीं देंगे। ताज़ियों को दफ़नाने अथवा मूर्तियों के विसर्जन के समय रास्ते को लेकर तनाव केवल शहरों में होता है।

कुछ हिंदुओं को चिंता है कि मुस्लिम समाज अपनी आबादी और ताक़त तेज़ी से बढ़ा रहा है और संविधान से अलग अपने क़ानूनों के हिसाब से जीवन बिता रहा है। ऐसे हिंदू नेता हिंदू आबादी बढ़ाने की बात करते हैं। क्या करेंगे इतनी हिंदू आबादी लेकर जब वर्तमान आबादी ही सनातन मूल्यों और आदर्शों में विश्वास नहीं करती। यह सच है कि देश में आबादी का विस्फ़ोट हो रहा है, जिसके लिए रोटी, कपड़ा, मकान, दवाई, शिक्षा की व्यवस्था की ज़िम्मेदारी सरकार की होती है। ज़रूरत है आबादी घटाने की और किसी धर्म के धार्मिक क़ानून यदि देश हित में आएं, तो सरकार को सोचना चाहिए कि आवश्यक क़दम उठाए।

त्याग और बलिदान के उदाहरण हैं चंद्रशेखर आज़ाद, भगत सिंह, सुखदेव, राजगुरू, राम प्रसाद बिस्मिल, अशफ़ाक़ उल्ला खां, मदन लाल धींगरा, राजेंद्र लाहिड़ी, पूना के चाफेकर बंधु, नेताजी सुभाष चंद्र बोस और न जाने कितने वीर, जिन्होंने देश के लिए अपना सर्वस्व समर्पित कर दिया और बदले में कुछ नहीं चाहा। सरकारों ने देश के इन बलिदानियों के घरों को स्मारक नहीं बनाया, उनकी मूर्तियां नहीं लगीं। इसी तरह रानी लक्ष्मीबाई, तात्या टोपे, गोपाल कृष्ण गोखले, बाल गंगाधर तिलक, चंद्रशेखर आज़ाद,

बटुकेश्वर दत्त, हेमू कलानी, विपिन चंद्र पाल, ऊधम सिंह सहित भारत माता के अनेक सपूतों ने इसलिए बलिदान नहीं दिया था कि इतिहास बार-बार दोहराया जाएगा।

नेताजी सुभाष चंद्र बोस को अंग्रेज़ी हुकूमत में आई.सी.एस. का बड़ा ओहदा मिल सकता था, क्योंकि वह आई.सी.एस. की परीक्षा पास कर चुके थे। दो बार कांग्रेस के अध्यक्ष चुने गए थे, देश के नौजवानों के चहेते रहे, देश और विदेश में रहकर आज़ादी की लड़ाई लड़ी और अंग्रेज़ों के छक्के छुड़ा दिए। उन्होंने भारतीय राष्ट्रीय सेना बनाई और जर्मनी, जापान और रंगून होकर कोहिमा आकर आज़ादी का द्वार खटखटाया। पहली आज़ाद भारत की सरकार ने उन्हें क्या सम्मान दिया, उनके परिवार की ख़ुफ़ियागिरी कराती रही।

एक और नाम है विनायक दामोदर सावरकर, जिन्होंने अंग्रेज़ों के घर में रहकर अंग्रेज़ों की नाक में दम कर दिया था। आज भी लंदन के इंडिया हाउस में लिखा है "भारत का देशभक्त दामोदर सावरकर यहां रहा था"। वह 1857 की लड़ाई को प्रथम स्वतंत्रता संग्राम मानते थे, हिंदू राष्ट्र की स्थापना चाहते थे, जाति प्रथा के बहुत ख़िलाफ़ थे, बंदी बनाकर भारत लाया जा रहा था, तो अथाह सागर में कूद कर फ्रांस के तट पर निकल गए थे और उन्हें आज़ादी की लड़ाई में भाग लेने के लिए 50 साल की क़ैद हुई थी। उन्होंने 1966 में शरीर त्याग दिया। ऐसे महापुरुषों को आज़ाद भारत ने क्या दिया? आज़ादी के तुरंत बाद शांति और अहिंसा नहीं, बल्कि इंक़लाब ज़िन्दाबाद की तरंगें उठती थीं। धीरे-धीरे नौजवानों के दिलों में देशभक्ति की चिंगारी बुझती चली गई। पुराने नेता समाज के बीच में जाकर काम करते थे, फिर चाहे नेहरू या शास्त्री हों या अटल जी हों, जिन्हें अपने देश के लोगों से डर नहीं लगता था। लेकिन आज के बहुत से राजनेताओं को ज़ेड प्लस सुरक्षा चाहिए, जिसमें 36 सशस्त्र लोगों का सुरक्षा कवच रहता है। कुछ अन्य को ज़ेड सुरक्षा, जिसमें 22 तथा अन्य को वाई अथवा एक्स श्रेणी की सुरक्षा प्रदान की गई है, जिनमें क्रमशः 11 और 2 का कवच होता है। लाखों सुरक्षाकर्मी जो देश और समाज की रक्षा में लगे होने चाहिए थे, वे राजनेताओं की रक्षा में मुस्तैद रहते हैं। आम आदमी

निहत्था है, बेसहारा है और पुलिस भी संकट की घड़ी में मदद नहीं कर पाती। नेताओं की सुरक्षा में लगे लोग स्पेशल प्रोटेक्शन ग्रुप (एसपीजी), नेशनल सिक्योरिटी गार्ड (एनएसजी), इंडो तिबेतन बॉर्डर पुलिस (आईटीबीपी) और सेंट्रल रिज़र्व पुलिस फ़ोर्स (सीआरपीएफ़) के प्रशिक्षित जवान हैं। इन सभी की सेवाओं का विशेष प्रयोजन है, जहां इनकी आज भी आवश्यकता है, लेकिन इनका उपयोग कैसे-कैसे नेताओं की सुरक्षा में किया जा रहा है।

आम आदमी जब कभी आतंकवादियों, डकैतों अथवा पुलिस वालों की गोली से मारा जाता है, तो उसके परिवार को कुछ लाख रुपए का मुआवज़ा दिया जाता है। यदि राजनेताओं की जान की क़ीमत अधिक है, तो उनके परिवारों को मुआवज़े के रूप में कुछ अधिक रुपए दिए जा सकते हैं। यदि सुरक्षाकर्मी मुंबई हमले के समय नेताओं के साथ नहीं होकर "गेटवे ऑफ़ इंडिया" के पास, जहां से आतंकवादी गुज़रे थे, मौजूद होते तो शायद दुर्घटना टल सकती थी। राजनेताओं का यह सोचना कि कमांडो उन्हें बचा लेंगे उनका भ्रम है। आख़िर इंदिरा गांधी और राजीव गांधी के पास भी कमांडो मौजूद थे। आवश्यकता है पूरे समाज की सुरक्षा के विषय में गंभीरता से सोचने की, जिसमें नेताओं की भी सुरक्षा स्वतः शामिल है। प्रधानमंत्री मोदी और जापान के प्रधानमंत्री आबे को खुलीं जीप में सवार होकर रोड शो शताब्दियों बाद देखने को मिला था। तत्कालीन प्रधानमंत्री नेहरू को खुलीं जीप में निकलते हुए बहुत बार देखा था, कनाडा और अमेरिका में तो नेताओं का खुले आम अपनी गाड़ी चलाकर निकलना आम बात हुआ करती थी।

देश के राष्ट्रपति रहे अब्दुल कलाम भारतीय जीवन दर्शन को लेकर चलने वाले महापुरुष थे। उन्होंने भगवद् गीता के संदेश को अपने जीवन में उतारा था, उसे जिया था। "कर्मण्येवाधिकारस्ते" यानी कर्म ही तुम्हारा अधिकार है, इस आदर्श के लिए अपनी अंतिम सांस और ख़ून की अंतिम बूंद तक जिए। वैसे तो अब्दुल कलाम ने कभी अपनी धार्मिक पहचान बनाने की कोशिश नहीं की, फिर भी कोई कह नहीं सकता कि वह इस्लाम को जानते और मानते नहीं थे। आज उनके न रहने पर मुसलमान सोचता है कि

अब्दुल कलाम उनके अपने थे, क़ौम की शान थे। उन्हें केवल मुसलमानों की नहीं, बल्कि पूरे हिंदुस्तान की चिंता थी। उन्होंने अपने विचारों और जीवन से साबित कर दिया कि मज़हबी दीवारें नासमझी का नतीजा हैं। अब्दुल कलाम 2020 तक भारत को विश्व के शिखर पर ले जाना चाहते थे। नरेंद्र मोदी भी ऐसी ही कल्पना करते हैं और कलाम को कई बार अपना मार्ग दर्शक कहा हैं। आशा की जानी चाहिए कि मोदी की सरकार अब्दुल कलाम को ऐसी श्रद्धांजलि देगी, जिससे उनके सपने को पूरा किया जा सके। अब्दुल कलाम का वैज्ञानिकों और भावी प्रबंधकों पर ध्यान देना आज की परिस्थितियों मे विशेष प्रासंगिक है।

मरणोपरांत जिन नेताओं को समाधिस्थल के लिए ज़मीन मिली है, उनमें महात्मा गांधी को राजघाट – 44.35 एकड़, जवाहर लाल नेहरू को शांतिवन – 52.6 एकड़, इंदिरा जी को शक्तिस्थल – 45 एकड़, बाबू जगजीवन राम का समता स्थल – 12.5 एकड़, तथा लाल बहादुर शास्त्री का विजयघाट – 40 एकड़ है। यह बात अलग है कि सन् 2000 की वाजपेयी सरकार ने निर्णय लिया कि आगे से किसी नेता के लिए अलग से समाधिस्थल नहीं होगा। सांसदों में फ़िरोज़ गांधी जो नेहरू के दामाद और इंदिरा गांधी के पति थे, प्रेस की आज़ादी और जन सूचना अधिकार के लिए लड़ने वाले अग्रणी नेता थे। आज़ाद भारत में भ्रष्टाचार के ख़िलाफ़ जंग छेड़ने वाले पहले सांसद थे। लखनऊ से छपने वाले अंग्रेज़ी अख़बार नेशनल हेराल्ड और हिन्दी दैनिक नवजीवन के प्रबंध निदेशक ही नहीं, उनके माध्यम से जनता की आवाज़ बुलंद करने वाले थे। फ़िरोज़ जहांगीर गांधी को पूरी तरह नज़र अंदाज़ किया गया है। अफ़सोस की बात है कि जिस फ़िरोज़ गांधी के ससुर, पत्नी और बेटा प्रधानमंत्री बने, वह स्वयं आज तक देश में गुमनाम हैं। फ़िरोज़ गांधी को परिवार और प्रेस तो भूला ही, अल्पसंख्यकों के नाम पर राजनीति करने वाले सेक्युलरवादी नेताओं को भी कभी उनकी याद नहीं आई। भारतीय राजनीति में अटल जी का व्यक्तित्व अलग ही रहा है, हमेशा प्रशंसनीय। उन्हें भारत रत्न देने

में इतनी देर नहीं लगनी चाहिए थी, परंतु जब कोई उपाधि देने वाले लोगों और प्राप्त करने वाले लोगों पर भी तर्क-वितर्क होने लगे, तो अटल जी जैसे व्यक्तित्व के लिए ऐसा सम्मान व्यर्थ होता। अटल जी का मार्ग रहा है 'हार नहीं मानूंगा, रार नहीं ठानूंगा' और वे 'काल के कपाल पर लिखते मिटाते' चले गए। अटल जी ने कभी सेक्युलर जामा पहनने की कोशिश नहीं की, परंतु मुसलमानों की हज सब्सिडी बढ़ाई, पाकिस्तान जाने के लिए पहली बार मुसलमानों को वीज़ा देना आरंभ कराया, लाहौर बस चलवाई और ख़ुद लाहौर गए। जब 1980 में उन्होंने गांधीवादी समाजवाद को तरजीह दी, तो बहुतों को आश्चर्य हुआ था कि एकात्ममानववाद क्यों नहीं।

संसद का शीतकालीन सत्र समाप्त हुआ, पास हुए बिलों में नागरिकता संशोधन विधेयक सबसे महत्वपूर्ण दिखाई पड़ा, क्योंकि इसके दूरगामी परिणाम होंगे। टीवी पर बहस देखकर ऐसा लगा कि 48 वक्ताओं में से अनेक तो बिल का आलेख ही पढ़कर नहीं आए थे, क्योंकि उनका फ़ोकस शरणार्थियों के बजाए भारतीय नागरिकों, विशेषकर मुस्लिम आबादी पर केंद्रित हो गया। एक सांसद प्वाइंट ऑफ़ ऑर्डर तो उठा रहे थे, लेकिन किस नियम के अंतर्गत यह नहीं बता पाए। अनेक सांसद बार-बार भारतीय संविधान की धारा 14 सहित अन्य धाराओं की याद दिलाते रहे, मानो हमारा संविधान पाकिस्तान, बांग्लादेश और अफ़ग़ानिस्तान के नागरिकों पर लागू होता है, जो प्रताड़ित किए गए और भागकर सरकारें देखती रहीं। वर्तमान सांसदों के भाषण सुनकर और देखकर देश की जनता याद करती होगी डॉक्टर श्यामा प्रसाद मुखर्जी, हीरेन मुखर्जी, भूपेश गुप्ता, महावीर त्यागी, फ़िरोज़ गांधी, राम मनोहर लोहिया, एन. जी. रंगा और अटल बिहारी वाजपेयी के भाषण। कहते हैं, अटल जी के भाषण की प्रशंसा तो नेहरू जी ने भी की थी। उनके भाषणों को सुनकर और शैली को देखकर छात्र अपने में उसे उतारने का प्रयास करते थे। तब प्रखर वक्ता विपक्ष में ही हुआ करते थे, कांग्रेस वक्ताओं के सामने चुनौती नहीं थी। आशा है अपने को अप्रासंगिक होता देख वर्तमान सांसद भी चुनौती स्वीकार करेंगे और सुधार लाएंगे।

पहले शौचालय फिर देवालय

जब "वसुधैव कुटुम्बकम" की बात कही जाती है तो कोई भी व्यक्ति उस कुटुम्ब से बाहर नहीं रहता।

आदमी अपने स्वार्थों की सिद्धि के लिए आस्था का सहारा लेकर अपनी जमात को बढ़ाता और लामबंद करता है। ऐसे लोगों को आबादी विस्फ़ोट के घातक परिणाम दिखाई नहीं देते। वह भूल जाता है कि आस्था बदलती रहती है, इसलिए हमारे देश के मनीषियों ने संख्याबल पर ज़ोर नहीं दिया और कहा, "वर्मेको गुणी पुत्रो, न च मूर्खाः शतान्यपि" अर्थात गुणवान पुत्र एक ही श्रेष्ठ है, सैकड़ों मूर्ख नहीं। यदि करोड़ों की संख्या में भूखे, नंगे, अनपढ़ हिंदू पैदा हो भी गए, तो भेड़-बकरी की तरह मारे जाएंगे। विश्व हिंदू परिषद जैसी संस्थाओं का दायित्व है कि वर्तमान हिंदू समाज की कमज़ोरियों को दूर करके हिंदू समाज में ज्ञान, समृद्धि और शौर्य पैदा करें, न कि उनकी संख्या बढ़ाने की चिंता करें।

जो हिंदू आज मौजूद हैं, उनमें विश्वबंधुत्व की कौन कहेगा, हिंदू बंधुत्व भी नहीं है। आवश्यकता है "व्यक्ति निर्माण के माध्यम से राष्ट्र निर्माण" की। अफ़सोस के साथ कहना पड़ता है कि सभी हिंदूवादी संगठन अनुकूल वातावरण की खोज में राजनीति में अधिक रुचि ले रहे हैं। यदि वे चाहें तो अपने लिए अनुकूल वातावरण का निर्माण स्वयं कर सकते हैं। जिसे हम आस्थाओं का टकराव समझते हैं, वह स्वार्थ और अहंकार का टकराव होता है, जिसमें बेहतर टेक्नोलॉजी वाला विजयी होता है। आस्थाएं बदलती रहती हैं, कभी स्वेच्छा से तो कभी मजबूरी में। ध्यान रहे, हमलावर बाबर के पास केवल 12 हज़ार सैनिक थे, परंतु उसके पास तोपख़ाना था। उसके सामने मैदान में थे शूरवीर राणा सांगा, जिनके पास एक लाख की सेना थी। परिणाम जो इतिहासकार बताते हैं विजयी बाबर हुआ। देश की आज़ादी के समय

बाबर की आस्था को मानने वालों की संख्या जिन्ना के साथ कितनी थी, हम नहीं बता सकेंगे। इसलिए आबादी की संख्या पर नहीं, उसकी योग्यता, क्षमता पर ध्यान होना चाहिए।

हमारे समाज में आज भी छुआछूत, छोटे-बड़े का भेदभाव, कन्याभ्रूण हत्या, नारी उत्पीड़न, लिंगभेद जैसी अनेक समस्याएं मौजूद हैं। आज का हिंदू अपने इतिहास को, अपने पूर्वजों को, अपनी परंपराओं को नहीं जानता और आपस में छोटी-छोटी बातों पर लड़ता है, तो पांच-पांच बच्चे पैदा करके वे या तो आपस में लड़ मरेंगे अथवा भूख से मरेंगे।

आजकल एक कार्यक्रम चला है घर वापसी का, जिसके नाम पर थोड़ा हवन किया, तिलक लगाया, रामनामी दुपट्टा कंधे पर डाल दिया, खिचड़ी खिलाई और हो गई घर वापसी। कभी यह नहीं सोचा कि ये लोग घर छोड़कर गए ही क्यों थे? वे सवर्णों के बराबर बैठ नहीं सकते थे, एक साथ भोजन नहीं कर सकते थे, मंदिर में प्रवेश नहीं कर सकते थे, मंदिर के सामने से गाजे-बाजे के साथ नहीं निकल सकते थे, बारात में दूल्हे घोड़े पर सवारी नहीं कर सकते थे, लिस्ट बहुत लंबी है। मुसलमान या ईसाई बनते ही यह सब कर सकते थे और समस्या हल हो जाती थी।

घर वापसी के रास्ते में अनेक बाधाएं भी हैं, उदाहरण के लिए यदि राजस्थान का एक मुस्लिम, जिसके पूर्वज धर्मांतरण के पहले राजपूत थे, उसके वंशज घर वापसी करें, तो उसे घर में कहां जगह मिलेगी? क्या हिंदू राजपूत उसके साथ रोटी-बेटी का संबंध कायम करेंगे? हमें स्वीकार करना चाहिए कि ब्रिगेडियर हमीद जैसा देशभक्त मुस्लिम भला है, न कि अंभी और जयचन्द जैसे देशविरोधी हिंदू। इसलिए बेहतर होगा कि घर वापसी पर समय और पैसे लगाने के बजाए पहले अपना घर ठीक किया जाए और मुस्लिम समाज में भारतीयता और भारतीय संस्कृति के भाव भरे जाएं। हम हिंदू राष्ट्र बनें या न बनें, सही अर्थों में भारत राष्ट्र बन जाए।

कहने की ज़रूरत नहीं कि हिंदू धर्म एक चिंतन पर आधारित जीवन पद्धति है और इस अवधारणा को मंदिर, मस्जिद या गिरिजाघर की दीवारों

के अंदर सीमित नहीं किया जा सकता। यह अवधारणा हज़ारों साल में विकसित हुई है, इसकी कोई एक पुस्तक नहीं, कोई एक पैग़ंबर नहीं, निश्चित पूजा विधि नहीं, इसलिए यह सवाल सार्थक है कि हिंदू की परिभाषा क्या है? यदि कोई आदमी बिना कुछ आडंबर किए सड़क पर खड़े होकर एलान कर दे कि आज से मैं हिंदू हूं और हिंदू जीवन शैली अपनाता हूं, तो क्या कोई धर्म का ठेकेदार उसे रोक सकता है या धर्म से निकाल सकता है। उसके लिए घर वापसी की औपचारिकता की भी ज़रूरत नहीं।

हमारे नेताओं ने हिंदू घर्म की वर्णश्रम व्यवस्था के वर्ण को जाति का रूप देकर ऊंच-नीच और छुआछूत का जामा पहनाया, जो अब नाकारा हो गया। बचा था आश्रम जिसके अनुसार ब्रह्मचर्य, गृहस्थ, वानप्रस्थ और संन्यास आश्रम के नियमों का पालन करना था, लेकिन अब तो साधुवेशधारी महिलाएं मंत्री बनने की चाहत रखती हैं। कहना कठिन है कि गेरुआ कपड़े पहने कितने लोग वर्णाश्रम को जानते और मानते हैं। उन्होंने शायद ही सोचा हो कि संन्यास आश्रम में राजनैतिक तिकड़मबाज़ी अमान्य है।

बहुत से लोग धर्म निरपेक्ष होने का दावा करते हैं, जिसका मतलब है कि किसी धर्म से लेन-देन नहीं होता और सर्वधर्म समभाव का मतलब होता है, सभी धर्मों को एक नज़र से देखना। शायद ये विचार व्यावहारिक नहीं हैं, भाषणों और पुस्तकों की शोभा बढ़ा सकते हैं, लेकिन जीवन में उतारना कठिन है। सर्वधर्म समभाव के लिए दुनिया में हर जगह मंदिर, मस्जिद, गिरिजाघर, गुरुद्वारा और बौद्ध मठ बनाने की खुलीं छूट होनी चाहिए, लेकिन है नहीं। कितना अच्छा होता कि अफ़ग़ानिस्तान में महात्मा बुद्ध की दुनिया की सबसे बड़ी मूर्ति न टूटती और कोणार्क तथा खजुराहों की मूर्तियां खंडित न होतीं। विध्वंसकारी लोग सेक्युलर शब्द का अर्थ न तो जानते होंगे और न जानने की जिज्ञासा ही उठाई। वेबस्टर डिक्शनरी के अनुसार सेक्युलरवाद ऐसे विचारों की व्यवस्था है, जो हर प्रकार के धर्म या पूजा पद्धति को रिजेक्ट करती है। लेकिन, हमारा देश तो दुनिया भर की सभी पूजापद्धतियों को स्वीकार करता है, किसी को रिजेक्ट नहीं करता। इसलिए यह देश कभी भी सेक्युलर नहीं हो सकता।

इसी तरह धर्मनिरपेक्ष वह है, जो मानता है कि ईश्वर निराकार सहित अनेक रूपों में हो सकता है और उसकी प्राप्ति के लिए एक से अधिक पूजा पद्धतियां संभव हैं। ऐसी सहनशीलता वहीं संभव है, जहां मत-मतांतर का सम्मान होता हो, और जहां इंसानियत का लम्बे समय तक विकास हुआ हो। भारत ने सभी धर्मों के लिए अपना दरवाज़ा खुला रखा, उनकी पूजा विधियों और पूजा स्थानों का सम्मान किया और किसी के पूजा स्थानों को नहीं तोड़ा, परंतु सेक्युलर की डफली नहीं बजाई।

पश्चिमी देशों में मतांतर को सहज रूप से स्वीकार नहीं किया गया। सुकरात को ज़हर पीना पड़ा, गैलिलियो को प्रताड़ित होना पड़ा और ईसा मसीह को सूली पर चढ़ना पड़ा। ऐसी विचारधाराओं से विकसित धर्मों में अपने से अलग पूजा पद्धतियों के लिए समभाव कैसे हो सकता है? उदाहरण के लिए इंग्लैंड में ईशनिंदा अर्थात ब्लास्फेमी की सज़ा तभी मिलती है, जब कोई व्यक्ति ईसाई धर्म या धर्मस्थान को अपमानित करता है। किसी मंदिर अथवा मस्जिद को अपमानित करे, तो उस पर यह क़ानून लागू नहीं होता। इंग्लैंड में न तो सेक्युलरवाद है और न ही सर्वधर्म समभाव अथवा पंथनिरपेक्षता। अधिकांश ईसाई बहुल अथवा इस्लामिक देशों में यही स्थिति है।

इसके विपरीत जब एक भारतवासी कहता है "सर्वे भवन्तु सुखिनः" तो हिंदू, मुसलमान, ईसाई सहित सभी के सुख की कामना रहती है। जब "वसुधैव कुटुंबकम" की बात कही जाती है, तो कोई भी व्यक्ति उस कुटुम्ब से बाहर नहीं रहता। इस प्रकार भारतीय सोच इंसान और इंसान में भेद नहीं करती और प्राचीन भारतीय मानसिकता समन्वयवादी रही है। इसी उदात्त मानसिकता के कारण ही यहां सेक्युलर संविधान बन सका। मज़हबी आधार पर भारत का बंटवारा हिंदू मानसिकता के ख़िलाफ़ था, क्योंकि भारत में सर्वधर्म समभाव का सोच सनातन रहा है और यहां शक, हूण, यवन, मुस्लिम, पारसी और न जाने कितने धर्मों के मानने वालों ने सम्मान पाया है और रह रहे हैं। बंटवारे के मामले में गांधी जी और राजेंद्र बाबू के विचार भारतीय सोच को दर्शाते हैं और जिन्ना

तथा दूसरे लोगों की सोच इसके विपरीत है। इतिहास गवाह है कि हिंदुओं ने कभी भी, कहीं भी अपने लिए अलग देश नहीं मांगा।

कुछ लोग सेक्युलर का एक और अर्थ बताते हैं, सरकार का कोई धर्म नहीं होगा, यह तो संभव है, लेकिन जब कोई नेता सरकार बनाएंगा या चलाएगा तब उसका कोई धर्म नहीं होगा, परंतु जब घर आएगा तो उसका धर्म होगा। सोचकर देखिए यदि कोई व्यक्ति मूर्तिपूजा का घोर विरोधी है, तो उसे कार्यालय में मूर्तियां और फ़ोटो कैसे लगते होंगे। वह मूर्तिपूजा करने वालों के प्रति समभाव कैसे रख सकता है। सेक्युलरवाद की एक ही परिभाषा संभव है "सर्वधर्म सहिष्णु भाव" यानी सभी धर्मों को बर्दाश्त करना और यही कारण है कि भारत में अनेक धर्मावलंबी आए और बसते गए।

इस्लाम के मानने वाले किसी देश को या तो दारुल-इस्लाम या फिर दारुल-हरब मानते हैं। पहले का अर्थ है, जहां इस्लामिक क़ानून चलते हैं और दूसरे का मतलब जहां इस्लाम के विपरीत व्यवस्था है। लेकिन भारत की धार्मिक सहिष्णुता के कारण मौलाना अबुल कलाम आज़ाद ने इस देश को दारुल-अमन कहा था। भले ही यह दारुल-इस्लाम न हो, लेकिन दारुल-हरब भी नहीं है। बंटवारे के बावजूद हमारे मन में मुस्लिम बच्चों के लिए कोई कड़वाहट नहीं थी, पाकिस्तान में हिंदू बच्चों के प्रति क्या भाव था हमें पता नहीं। भारत के मुसलमान यहां सेक्युलर व्यवस्था के बावजूद सहज भाव से रहते रहे और शरिया क़ानूनों के अनुसार जीवन बिताने तक की आज़ादी रही है। अब आए दिन आतंकवादी घटनाएं हो रही हैं। सनातन जीवन मूल्यों को दुनिया भर में फैले आतंकवाद द्वारा समाप्त किया जा रहा है।

आतंकवादियों की पैदाइश और ट्रेनिंग के स्थान रहे हैं पाकिस्तान, अफ़ग़ानिस्तान, सीरिया, इराक़, ईरान, टर्की और मध्यपूर्व के अधिकांश देश, जहां इस्लाम के मानने वाले रहते हैं और उन्हीं परिवारों में जन्मे बच्चे आगे चलकर आतंकवादी बन गए। वहां स्वस्थ मान्यताओं पर आधारित प्रजातंत्र के अभाव में शासन की क्रूरता और दमन कुछ हद तक आतंकवादी पैदा करते हैं। आश्चर्य है कि आतंकवादी लोग इस्लाम और क़ुरान शरीफ़ की दुहाई देते हैं।

शायद आतंकवादी इस्लाम का मतलब भी नहीं जानते हैं। आतंकवादियों द्वारा नरसंहार और ख़ून-ख़राबे को कई बार जिहाद या धर्मयुद्ध की संज्ञा दी जाती है। इस्लाम के जानने वाले इस ख़ून-ख़राबे को ग़ैर-इस्लामी मानते हैं। अतीत में भले ही इस्लाम का विस्तार तलवार के बल पर हुआ हो, लेकिन अब कहीं नहीं हो रहा है। अब संभव भी नहीं है। आतंकवादियों का काम जिहाद तो कतई नहीं है। जिहाद तो धर्म की रक्षा के लिए होता है, लेकिन आजकल किसी धर्म पर संकट नहीं है। दुनिया के ऐसे तमाम देश जहां पर हुकूमत बेहद कठोर रहती है या फिर जहां लोगों को इंसाफ़ नहीं मिलता हो, तो प्रतिक्रिया हो सकती है। कड़वी सच्चाई है कि न तो कोई एक इंसान और न ही कोई एक देश आतंकवाद के राक्षस को मिटा पाएगा, भले ही त्रेतायुग में राम ने कहा हो, "निश्चरहीन करौं महि, भुज उठाय प्रण कीन"। आज के युग में यदि सभी देश मिलकर संयुक्त राष्ट्रसंघ को इतना बलशाली बना सकें कि वह आतंकवाद का विनाश कर सके, तो बात बन सकती है।

हिंदू सोच के अनुसार किसकी पूजा होनी चाहिए और किसकी नहीं इसका फ़तवा जारी करने की परंपरा नहीं है। इसी तरह कौन हिंदू है, कौन नहीं इसका निर्णय भी हिंदू धर्माचार्य नहीं करते, जैसे दूसरे धर्मावलंबी करते हैं। हिंदू धर्म से बाहर निकालने की भी परंपरा नहीं है। गाँव का अनपढ़ किसान एक चबूतरे पर थोड़े से पत्थर रखता है, शंकर मानकर उनपर जल चढ़ाता है और पूजा आरंभ कर देता है। यह उसकी आस्था का विषय है। मेरे गाँव में एक चबूतरे पर ऐसी ही पत्थर की बटियां शंकर जी का रूप मानी जाती हैं और उस चबूतरे पर न जाने कितने फ़ैसले और आयोजन होते रहे हैं। अब वहां एक छोटा मंदिर बन गया है। हमारे गाँव के मुसलमान, जो नाई का काम करते हैं, उन्होंने एक मस्जिद और एक मज़ार बनाई है, कोई उनका अनादर नहीं करता। हर साल वे ताज़िए रखते और दफ़नाते हैं कभी कोई फ़साद नहीं। शहरों से कितना भिन्न है यह सब।

पूजा, अर्चना के विषय में इतने विवाद की आवश्यकता नहीं। हमारे देश की सनातन मान्यता में तो मछली (मत्स्य) और शूकर (वराह) को भी

भगवान का अवतार माना गया है और पीपल तथा बरगद के पेड़ों की पूजा होती है। यहां माता, पिता और गुरु को ईश्वर का रूप माना गया है। यहां तो जड़, चेतन सब को राम मय माना जाता है, पता नहीं विवाद कब और कैसे आरंभ हो गया। वास्तव में अधिकांश लोग मानते हैं कि हिंदू धर्म एक जीवन शैली है और उस जीवन शैली को कोई भी अपना सकता है, उसे किसी के आदेश की आवश्यकता नहीं होती। रहीम, रसखान, कबीर और साईं बाबा ने सत्य की खोज के लिए हिंदू जीवन शैली का सहारा लिया। हिंदू समाज का लक्ष्य तब प्राप्त होगा, जब जड़ता समाप्त होगी। कुरीतियों, जातीय ग़ैर-बराबरी, महिलाओं पर अत्याचार, दहेज, यौन उत्पीड़न, बाल विवाह जैसी कुप्रथाओं का अंत होगा और विधवा विवाह के पक्ष में आवाज़ उठेगी।

धार्मिक भाईचारे को लेकर पूर्व उपराष्ट्रपति हामिद अंसारी का यह कहना कि मुसलमानों के साथ भेदभाव हो रहा है, उनकी पहचान मिट रही है और उनकी हालत दलितों से भी बदतर है, किसी तरह वाजिब नहीं है। हिंदू, मुसलमान, सिख, ईसाई सभी की एक ही पहचान है - हिंदुस्तानी होने की पहचान और यह पहचान मिट नहीं रही है। एक बार गुजरात के तत्कालीन मुख्यमंत्री और देश के प्रधानमंत्री नरेंद्र मोदी ने गोल टोपी नहीं पहनी, इस बात पर बिहार के मुख्यमंत्री नीतीश कुमार ने कहा कि यहां टोपी भी पहननी पड़ती है और तिलक भी लगाना पड़ता है, परंतु कितने मुसलमानों ने तिलक लगाया? टोपी और तिलक का विवाद ज़बरदस्ती अलग पहचान बनाने की क़वायद है। मज़हबी पहचान को अकेला छोड़ देना चाहिए, जब तक दूसरे वर्ग की भावनाएं आहत न हों।

जवाहर लाल नेहरू ने भारतीय समाज को हिंदू और मुसलमान के तौर पर देखा और हिंदुओं के लिए 1954 में "हिंदू कोड बिल" बनाया और मुसलमानों को शरीयत के क़ानून पर चलने दिया। सभी भारतीयों के लिए एक क़ानून बनाने का प्रयास ही नहीं हुआ।

राजनेताओं ने मुसलमानों के लिए अलग बैंक बनाएं, अलग वित्त आयोग बने, अलग कमीशन बने, नौकरियों में आरक्षण के क़ानून बने, यहां तक कि

देश के पूर्व प्रधानमंत्री मनमोहन सिंह ने कहा कि देश के संसाधनों पर पहला हक़ अल्पसंख्यकों का है। यदि आज़ादी के साथ ही यह सब किया होता, तो देश न बंटता। मुस्लिम आबादी को अलग करके देखना ही द्विराष्ट्रवाद है।

पिछले 70 सालों में हमारे राजनेताओं ने अल्पसंख्यक और बहुसंख्यक की अलग पहचान के नाम पर राजनैतिक दल बनाएं और मुस्लिम समाज को गोलबंद करके वोट बैंक बनाया, इससे किसी का भला नहीं हुआ। यह अलग पहचान ही है जिसके कारण हिंदुओं की होली और मुसलमानों की ईद, क़ानून व्यवस्था के लिए चुनौती बनकर आते हैं। अफ़सोस की बात है कि अपना मतलब बनता है, तो संविधान की याद आती है, फिर सब भूल जाते हैं।

अयोध्या की चौरासी कोसी परिक्रमा और संकल्प यात्रा को प्रतिबंधित करना असंगत लगता है। ऐसा लगता है कि न तो वीएचपी परिक्रमा करना चाहती थी और न ही यूपी की समाजवादी सरकार उसे रोकना चाहती थी। केवल क़वायद हो रही थी। अच्छा हुआ कि नरेंद्र मोदी का बयान सुनकर विश्व हिंदू परिषद ने अपनी सीमाएं समझ लीं, इसलिए प्रवीण तोगड़िया को छोड़कर किसी ने मोदी की इस बात का प्रतिवाद नहीं किया कि पहले शौचालय फिर देवालय। वास्तव में वीएचपी के अध्यक्ष स्वर्गीय अशोक सिंघल ने तो मोदी की बात का समर्थन किया था। लगता है वीएचपी के पास अयोध्या की गणेश परिक्रमा करने के सिवाय कोई दूसरा कार्यक्रम नहीं बचा। अंततः उसका समाधान हो ही गया।

हमारी सरकारों को धार्मिक स्थानों में इकट्ठा होने वाले जमावड़े पर नियंत्रण करना चाहिए। यदि सरकार भीड़ से डरती है और उसे संभाल नहीं सकती, तो चुनावी रैलियां अथवा सड़कों पर इबादत और महाआरती प्रतिबंधित हो। मंदिर, मस्जिद अथवा गिरिजा में यह भाव होना चाहिए कि किसी वर्ग को विशेषाधिकार नहीं है और किसी वर्ग के साथ भेद-भाव भी नहीं है। सभी के लिए संविधान सर्वोपरि होना चाहिए, धार्मिक क़ानून बाद में। यदि ऐसा हो सके, तो आबादी में हिंदू और मुसलमान गिनने की आवश्यकता ही नहीं पड़ेगी।

कड़क सरकार

राजनैतिक दल चाहे पक्ष हो या विपक्ष, काले धन का चन्दा लेने में कोई संकोच नहीं करते और इस पर अंकुश नहीं लगाना चाहते।

बात 1977 की है जब मैं मध्यप्रदेश में भू-वैज्ञानिक के पद पर कार्यरत था और रीवा में पोस्टेड था। मेरा फ़ील्ड सहायक मुन्नालाल एक दिन बोला "साहब सरकार कहां रहती है?" मुन्नालाल की जिज्ञासा देख मैंने इस अटपटे सवाल का जवाब देने का पूरा प्रयास किया, लेकिन वह संतुष्ट नहीं दिखा। मैंने उसे राजतंत्र, तानाशाही और प्रजातंत्र को सरल भाषा में बताने की कोशिश की, लेकिन वह सन्तुष्ट नहीं दिखा। मुन्नालाल को लगा था कि सरकार कोई फिज़िकल एन्टिटी है—उनका मतलब शायद महारानी विक्टोरिया अथवा महारानी एलिज़ाबेथ जैसों से रहा होगा, लेकिन हमारे देश की सनातन परंपरा में रामराज्य के बाद जनमत पर आधारित प्रजातंत्र को माना जाता है, जो सर्वसम्मत अथवा बहुमत के आधार पर चलता है। यह व्यवस्था प्रत्येक गाँव में आज़ादी के पहले तक चलती रही थी। आज़ादी के बाद भी सरकार ने इस सनातन व्यवस्था को चलाने का प्रयास किया और इसे पंचायती राज कहा। इसके अनुसार ग्राम, नगर और क्षेत्र के लिए पंचायतें बनाई गईं। प्रदेश के लिए विधानसभा और सारे देश के लिए लोकसभा बनी। गाँव के लोगों ने यह सब आसानी से समझ लिया।

मुझे याद है हमारे गाँवों में आम सहमति से सभी निर्णय लेने की परंपरा थी और गाँव का मुखिया इसको सुनिश्चित करता था। आज़ादी के बाद बहुमत के आधार पर फ़ैसले होने लगे। मुझे यह भी याद है जब पचास के दशक में सरपंच का चुनाव चारों तरफ़ से बंद छत्रपाल सिंह के अहाते में हुआ था। सभी औरतें और आदमी इकट्ठे किए गए थे और बारी-बारी से

उम्मीदवारों के नाम पुकार कर हाथ उठवाकर वोटों की गिनती सरकारी अधिकारी कर रहे थे। गणना के बाद उसी दिन प्रधान का नाम घोषित कर दिया गया था। विधान सभा और संसद के चुनावों में पर्ची दी जाने लगी, जिसे चुनाव चिह्न से अंकित बक्सों में डालना होता था।

देश की राजनैतिक पार्टियां अपने नामकरण और चुनाव चिह्नों के चयन में काफ़ी माथापच्ची करती थीं। पार्टी के नाम से लगना चाहिए कि वह किस क्षेत्र या वर्ग का प्रतिनिधित्व करती है और चुनाव चिह्न उसके विचारों का प्रतीक होना चाहिए। अधिकांश आबादी गावों में रहती है, इसलिए हमारे नेताओं ने गाँव से जुड़ी वस्तुओं तथा प्रतीकों को अपना चुनाव चिह्न बनाया। विदेशों में चुनाव चिह्न को लेकर इतना दिमाग़ नहीं खपाते, जैसे अमेरिका की डिमोक्रेटिक पार्टी का चुनाव चिह्न है गधा और रिपब्लिकन पार्टी का चील। भारत में अशिक्षा और ग़रीबी के बावजूद प्रजातंत्र सफ़लतापूर्वक काम कर रहा है, इसमें हमारी परंपरा के साथ ही चुनाव चिह्नों का भी योगदान है।

हमारे देश की सबसे पुरानी पार्टी कांग्रेस का चुनाव चिह्न था दो बैलों की जोड़ी। यह चुनाव चिह्न देश के ग्रामीणों और किसानों को ध्यान में रखकर निर्धारित किया गया होगा। उन्हीं दिनों गठित भारतीय जनसंघ का चुनाव चिह्न था दिया-बाती यानी जलता हुआ दीपक। जब कांग्रेस से टूट कर किसान मज़दूर प्रजा पार्टी बनी और बाद में जे.बी. कृपलानी की प्रजा सोशलिस्ट पार्टी में विलीन हो गई, तो उनका चुनाव चिह्न था झोंपड़ी। स्पष्ट है ये सभी चुनाव चिह्न गाँव से जुड़े हुए थे।

सच यह है कि राजनैतिक पार्टियां अपने नाम के आगे भारतीय अथवा अखिल भारतीय लगाना नहीं भूलतीं और गाँवों के साथ अपना जुड़ाव बताना भी नहीं भूलतीं।

चुनाव के प्रारंभिक दिनों में भारत में बैलट पेपर पर चुनाव चिह्न नहीं छपते थे, बल्कि बैलट बॉक्स पर चुनाव चिह्न छपे रहते थे। आप जिस चिह्न वाले बक्से में चाहें अपना मतपत्र डाल सकते थे। गाँव के किसान और मज़दूर कई बार अपने वोट अपनी पसंद के बक्से के ऊपर ही डाल आते थे

और किसी होशियार वोटर की बारी आई और वह अंदर जाकर बक्सों पर पड़े सारे बैलट पेपर अपनी पसंद के बक्से के अंदर डाल आता था। सभी मतपत्र एक जैसे होते थे, न उन पर पार्टी का नाम और न प्रत्याशी का। चुनाव चिह्न वाले बक्से में मौजूद मतपत्र ही एक मात्र आधार होते थे हार-जीत को निश्चित करने के लिए। इधर का उधर करना आसान था, इसलिए समय के साथ सुधार की ज़रूरत पड़ती गई।

अब चुनाव प्रणाली में बहुत सुधार हुए हैं। मतपत्र पर प्रत्याशियों के नाम और उनके चुनाव चिह्न छपे रहते हैं और उसी पर मुहर लगानी होती है या फिर उसी के सामने का बटन दबाना होता है। लेकिन अभी भी मत गणना के लिए मतपेटियों को, मतगणना केंद्र तक ले जाया जाता है, जहां उनकी सुरक्षा करनी पड़ती है, जब तक गणना न हो जाए। अब गाँव वालों को चुनाव के लिए इलेक्ट्रॉनिक कनेक्शन स्थापित करना है, जब वोटिंग और गणना साथ-साथ चलेगी, जैसा पश्चिमी देशों में होता है। दुबारा वोट डालना रोकने के लिए वोट डालते समय उंगली पर न मिटने वाली स्याही का निशान बनाया जाने लगा, जो अभी तक प्रचलित है।

दुनिया के प्रजातांत्रिक देशों में प्रजातंत्र अनेक रूपों में प्रचलित है। अमेरिका और फ्रांस की राष्ट्रपति प्रणाली और इंग्लैंड की संसदीय प्रणाली प्रमुख हैं। हमारे देश में अतीत में प्रजातंत्र के उदाहरण मौजूद हैं, लेकिन हमने आज़माया नहीं और शायद अब देर हो चुकी है। पिछले 70 साल में ही हमारे देश ने प्रजातंत्र के बहुत से उतार चढ़ाव देखे हैं। आपातकाल भी देखा है, जब प्रजातंत्र का गला घोंटा गया। दलबदल का आयाराम-गयाराम का ज़माना आया और प्रजातंत्र का मखौल उड़ा। आवश्यक सुधार हुए हैं और दूसरे देशों ने भी अपने ढंग से प्रजातंत्र में परिपक्वता हासिल की है। एक तरफ़ है मध्यपूर्व का हृदयहीन शासन और दूसरी तरफ़ पश्चिमी देशों की लिबरल व्यवस्था। इनके बीच से निकलता है हमारा रास्ता जिसमें हज़ारों साल का अनुभव भी शामिल है।

उत्तम यह होगा कि अधिकाधिक लोगों की पसंद की सरकार बने, जो आम सहमति से बन सकती है, वह गाँव में तो संभव था, प्रान्त या देश में व्यावहारिक नहीं है।

आम सहमति का विकल्प है प्रजातांत्रिक ढंग से चुनाव हो और वोट पार्टियों को दिए जाएं, वह भी वरीयता क्रम में, न कि व्यक्तियों को। बाद में पार्टियां अपने प्रतिनिधि संख्याबल के अनुपात में संसद और विधानसभा भेजें। तब यह नौबत कभी नहीं आएगी कि सरकार न बन सके, आयाराम-गयाराम, गुटबाज़ी और अनुशासनहीनता की समस्या भी नहीं रहेगी। लेकिन इस में कठिनाई यह है कि सरकार पर संगठन हावी रहेगा और प्रतिनिधियों की व्यक्तिगत आज़ादी नहीं बचेगी। अभी तो अल्पमत में होते हुए भी सबसे बड़े दल को सरकार बनाने का संविधान में प्रावधान है, जिससे सरकार के ऊपर अस्थिरता की तलवार लटकती रहती है।

अमेरिका और फ्रांस जैसे देशों में अधिकारों और कर्तव्यों में संतुलन है। उनका राष्ट्रपति अपने देश के जनमानस का प्रतिनिधित्व करता है, सर्वशक्तिमान राजनेता होता है, इसलिए खींचतान नहीं होती। यह व्यवस्था हमारी प्राचीन मुखिया जैसी है, परंतु उसका कार्यक्षेत्र छोटा होता था। अब हमने अंग्रेज़ों से संसदीय प्रणाली जैसी की तैसी ले ली, हमने इसे विकसित नहीं किया था, इसलिए जब हम प्रजातांत्रिक ढांचों के गुण दोषों पर विचार करते हैं, तो इसमें हमारे प्राचीन गणराज्यों और पंचायतों का इतिहास कहीं नहीं रहता। यदि मतदान वरीयता के आधार पर हो, यानी आनुपातिक प्रतिनिधित्व—बहुमत के लिए यदि कोई उम्मीदवार पहली प्राथमिकता की गिनती में ही 50 प्रतिशत या अधिक वोट हासिल कर ले, तो विजयी घोषित कर दिया जाए अन्यथा दूसरी वरीयता वाले वोट गिने जाएं और पहली वरीयता वाले वोटों में जोड़ दिए जाएं। गिनती का यह क्रम तब तक चलता रहे, जब तक कोई उम्मीदवार आधे से अधिक वोट हासिल न कर ले।

देश में सत्तर के दशक तक प्रदेशों और पूरे देश के चुनाव एक साथ हुआ करते थे और आज की तुलना में समय और ख़र्चा बहुत कम आता था।

महंगाई, भ्रष्टाचार, गुंडागर्दी भी अगर होती थी, तो पांच साल में केवल एक बार। मुझे याद है 1967 के चुनाव जब सत्तासीन कांग्रेस पार्टी अनेक प्रदेशों में हार गई थी और कांग्रेस का विभाजन हुआ था। विचार मंथन के बाद सत्तर के दशक में उस समय की प्रधानमंत्री इंदिरा गांधी ने तर्क दिया कि प्रांतीय और राष्ट्रीय मुद्दे अलग-अलग होते हैं, इसलिए दोनों के चुनाव अलग-अलग होने चाहिए। एक समय आया जब हर साल कहीं न कहीं चुनाव होते रहते थे। झंडा, डंडा, बैनर, असलहे और किराए के बलवान हर समय उपलब्ध रहने लगे। प्रांतों में क्षेत्रीय पार्टियों का वर्चस्व हुआ और केंद्र कमज़ोर होता गया।

एक समय ऐसा भी आया, जब भले लोगों ने अराजक तत्वों का समर्थन लेने में परहेज़ छोड़ दिया, उनकी मदद से चुनाव जीतने लगे। फिर क्या था, अराजक लोगों ने स्वयं अपने को प्रतिनिधियों के रूप में पेश करना आरंभ कर दिया। न्यायालय के हस्तक्षेप के कारण कुछ सुधार हुआ है, परंतु बहुत कुछ बाक़ी है।

राजनैतिक दल चाहे पक्ष हो या विपक्ष, काले धन का चंदा लेने में कोई संकोच नहीं करते और इस पर अंकुश नहीं लगाना चाहते। वे अपने को सूचना के अधिकार के दायरे में नहीं लाना चाहते। पारदर्शिता की बातें तो करते हैं, परंतु व्यवहार में पारदर्शिता नहीं लाना चाहते। दलबदल विरोधी क़ानून के चलते अब आयाराम-गयाराम का ज़माना तो नहीं रहा, लेकिन यदि उच्चतम न्यायालय का आदेश मानते हुए अराजक तत्वों पर प्रभावी अंकुश लगे और पश्चिमी देशों की तरह दो दलों की प्रणाली विकसित हो, तो परिपक्वता आ सकती है। राजनैतिक दलों की संख्या अधिक होने का कारण यह है कि आज़ादी के पहले कांग्रेस की भूमिका एक राजनैतिक आंदोलन की थी, आज़ादी हासिल करने के लिए, शायद इसलिए महात्मा गांधी ने कहा था कि कांग्रेस पार्टी को भंग कर देना चाहिए, क्योंकि उसका काम पूरा हो चुका था। कांग्रेस के नेताओं ने गांधी जी का रचनात्मक सुझाव नहीं माना। अब राजनैतिक दलों की हालत यह है कि 2009 के चुनाव में

367 पार्टियों ने चुनाव लड़ा था और अब तो 1400 राजनैतिक दल चुनाव आयोग के पास पंजीकृत हैं।

विचित्र बात यह है कि यह सभी राजनैतिक दल सूचना के अधिकार अधिनियम से बाहर रहना चाहते हैं। क्या छुपाना है इन्हें? स्पष्ट है कि ये दल काला धन जुटाने और ख़र्च करने के लिए बनते हैं और यही छुपाना है इनको। यदि सरकार संविधान संशोधन करना ही चाहती हो, तो सूचना के अधिकार अधिनियम 2005 को कुंद करने के बजाए राजनैतिक दलों का परिवार नियोजन करने का संशोधन पास करे, जिसमें राजनैतिक दलों का पंजीयन इतना आसान न रहे। अमेरिका, इंग्लैंड, फ्रांस और जर्मनी जैसे तमाम प्रजातांत्रिक देशों में राजनैतिक पार्टियों की संख्या नियोजित हैं—बस दो या तीन, और उनका प्रजातंत्र आराम से चलता है। उन देशों में पार्टियां विचारधारा पर आधारित होती हैं और विचार धाराएं सैकड़ों की संख्या में नहीं हो सकतीं। हमारे देश में भी पचास के दशक में विचारधारा के हिसाब से कांग्रेस, कम्युनिस्ट, समाजवादी, सोशलिस्ट पार्टी और भारतीय जनसंघ ही थीं। आज अधिकतर पार्टियां या तो व्यक्तियों अथवा परिवारों द्वारा संचालित हैं, अतः उनकी कोई सीमा नहीं हो सकती। इतना तो लगता है कि जिस अनुपात में देश में काला धन बढ़ा है, उसी अनुपात में राजनैतिक दलों की संख्या बढ़ी है।

वर्तमान व्यवस्था में जनता कड़क सरकार चाहती है। जब 2014 के चुनाव में मोदी के आलोचक उन्हें तानाशाह कहते थे, तो भारत का नौजवान इसे दुर्गुण नहीं मानता था। लोग इंदिरा गांधी को इसलिए पसंद करते थे कि उनमें निर्णय लेने की क्षमता थी, लागू करने का बूता था।

पांचवें आम चुनाव में 1972 में पूरे विपक्ष को हराकर भारी बहुमत से इंदिरा गांधी विजयी हुई थीं। इंदिरा गांधी ने 1975 में व्यक्तिगत आज़ादी समाप्त करते हुए आपातकाल लगा दिया। जब मोदी ने 2014 का चुनाव जीता, तो व्यक्ति की प्रमुखता एक बार फिर सामने आ गई। चुनाव में अन्य मुद्दों के साथ स्थिर सरकार का मुद्दा भी प्रमुखता से उठाया, जिसे जनता ने

स्वीकारा। चुनाव आयोग ने अनेक सुझाव दिए हैं, जिन्हें मानने से चुनाव प्रक्रिया और भारतीय राजनीति पर दूरगामी प्रभाव पड़ेगा। यह सुझाव कि आयकर में छूट केवल राष्ट्रीय पार्टियों को ही मिले। इसे मानने में सरकार को कोई कठिनाई नहीं होनी चाहिए और काले धन के ख़िलाफ़ लड़ाई को बल मिलेगा। इससे चुनाव आयोग का काम घटेगा और सरकार का ख़र्चा, तथा प्रशासनिक दबाव भी कम होगा। चुनाव आयोग का सुझाव कि राजनैतिक पार्टियां अपने चंदे का ऑडिट कराएं और आयोग के पास जमा करें। यदि चुनाव में शुचिता और पारदर्शिता होगी, तो सरकार आम जनता की होगी और यदि बाहुबली, जातिगत आधार और क्षेत्रवाद हावी रहा, तो सरकार कहां और किसकी होगी पता नहीं।

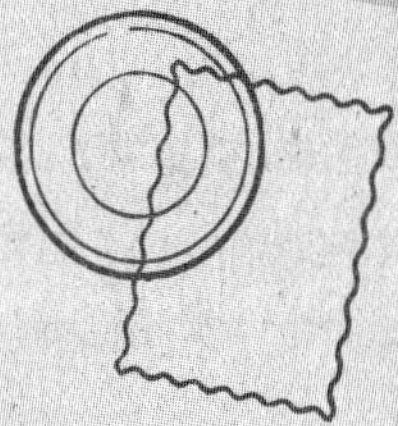

सर्वर डाउन है

हमारे गाँव में चकबंदी चल रही थी तो परिवार वालों ने मुझसे कहा था, 'भैया लेखपाल से मिल लेना, उसी के हाथ में है सब कुछ।'

देश का ग़रीब और अमीर यह सुनकर गर्व का अनुभव करता है कि भारत ने पाकिस्तान को घुटनों पर ला दिया, कश्मीर का पक्के तौर पर भारत में विलय हो गया, मुस्लिम महिलाओं पर लटक रही तीन तलाक़ की तलवार हट गई, भारत ने चंद्रयान भेज दिया, राम मंदिर का निर्माण हो रहा हैं, विदेशों में भारत और भारतवासियों का मान बढ़ा है लेकिन ग्रामीण किसानों और मज़दूरों को दूसरी समस्याओं से जूझना पड़ता है जिनके हल होने से ग्रामीण जीवन आसान हो सकता है। गाँव के किसानों का सरोकार रहता है लेखपाल, बिजली कर्मचारी, प्राथमिक चिकित्सक, स्थानीय बैंकर, प्राथमिक स्कूलों के शिक्षक और ग्राम प्रधान से। कहना कठिन है कि इनमें से कौन ग्रामीण ग़रीबों को अधिक दुखी कर रहा है।

ग्रामीणों के साथ सरकारी लेनदेन में बैंकों के माध्यम से लंबी छलांग लगाने की चाहत है। मज़दूरों को मनरेगा की मज़दूरी बैंक में जानी है, सब्सिडी और अनुदान किसानों के खाते में जाना है, गैस और सोलर पर अनुदान बैंक में सीधे जाएगा, मंडी से पैसे और मुआवज़ा भी सीधे खातें में जाता है। बिचौलियों की छुट्टी हो गई है और सेठ साहूकारों का भी कोई काम नहीं। यह सब सुनने में बहुत अच्छा लगता है लेकिन किसान के जीवन में बैंकों की भूमिका बढ़ने के साथ बढ़ी हैं किसान की समस्याएं। न तो प्रत्येक गाँव में बैंक हैं और न प्रत्येक पंचायत में इसलिये किसान को निकट के क़स्बे तक जाना ही पड़ता है। सत्तर के दशक में जब बैंको का राष्ट्रीयकरण हुआ, तो बैंकें शहर से बाहर निकलीं और क़स्बों में आकर रुक गईं वहीं पर टिकी हैं। किसान जब सुदूर गाँव से क़स्बे में

पहुंचता है तो उससे कहा जाता है सर्वर डाउन है कुछ काम नहीं होगा। उसे पैसे जमा करने, निकालने, क़र्ज़ा लेने या किश्त चुकाने, सब्सिडी और मुआवज़े का पता लगाने, बच्चों का वज़ीफ़ा निकालने या खाता खोलने, विधवा पेंशन और वृद्धावस्था पेंशन के लिए कितनी बार जाना पड़ता और निराश होकर लौटना पड़ता है, उससे पूछिए। पैसे जुटाकर यदि सावधि जमा बनाना चाहता है अथवा खाते का स्टेटमेंट लेना है या पासबुक अप-टू-डेट करानी है तो प्रिंटर काम नहीं कर रहा है। किसान को कैसे पता चले बिना क़स्बे को गए कि सर्वर और प्रिंटर काम नहीं कर रहे हैं या कंप्यूटर के पीछे बैठा आदमी अधिक जानकार होना चाहिए। बिजली विभाग की हालत और भी कष्टप्रद है। अभी तक बिजली के मीटर गाँवों में नहीं थे, लेकिन अब मीटर हैं तो बिल नहीं आता, जमा करने की तारीख़ मोबाइल पर बता भी दी गई और विच्छेदन की धमकी भी साथ में। यदि एक बार चेक बाउंस हो जाए, तो नक़द जमा करने का निर्देश फिर चाहे बीस हज़ार से अधिक का भुगतान हो। जो चेक बाउंस हुई वह है कहां, देखने तक को नहीं मिलेगी कि किसकी ग़लती से बाउंस हुई। शायद बिजली विभाग नक़द भुगतान चाहता है, परंतु बिना बिल दिए क्या विच्छेदन भी कर सकते हैं यह क़ानूनी सवाल है। ऐसे में यदि लोग कटिया लगाते हैं, तो उनका क्या दोष? कहा जाता है आप सोलर पैनल लगवाएं, बिजली बनाएं और अधिक है तो ग्रिड में वापस दे दें आप के खातें में क्रेडिट हो जाएगी। सोलर पर सब्सिडी की तो बात ही छोड़िए, ग्रिड से जो बिजली मिलती है उसका वोल्टेज इतना घटता बढ़ता है कि सोलर इनवर्टर काम नहीं करता तो सोलर बिजली बनेगी कैसे।

यदि किसान को ज़मीन बेचनी या ख़रीदनी हो अथवा ज़मीन पर अपना मालिकाना हक़ प्रमाणित करना हो, तो ख़सरा और ख़तौनी की ज़रूरत पड़ती है, जो लेखपाल द्वारा दिया जाता है और जिसकी वैधानिक फ़ीस दो रुपए निर्धारित है। लेखपाल अनेक बार दौड़ा कर सौ रुपए तो ले ही लेता है बिना रसीद के। किसानों को मुआवज़ा, सब्सिडी, बीपीएल सत्यापन, भूमिहीनों को ज़मीन का पट्टा, दाख़िल-ख़ारिज, विविध योजनाओं का लाभ और भूमि संबंधी अभिलेख ऑनलाइन मिल भी जाएं तो लेखपाल के

हस्ताक्षर के बिना अमान्य होंगे। अपनी संतुष्टि के लिए ऑनलाइन अभिलेख निकाल सकते हैं उनकी वैधानिकता नहीं है।

लेखपाल तो वेतनभोगी, सरकारी कर्मचारी है, लेकिन प्रधान की उन सभी कामों में भूमिका है, जिनके लिए किसान को लाभ लेने के बदले कमीशन देना पड़ता है और कोई प्रधान से पंगा नहीं ले सकता। प्रधान को रुचि नहीं कि प्राथमिक स्कूल खुला या नहीं, अध्यापकों की उपस्थिति का क्या हाल है, प्राथमिक चिकित्सा अथवा पुष्टाहार योजना कैसी चल रहीं है? उसकी रुचि किसान को ज़मीन का पट्टा दिलाने, शौचालय बनवाने, आवास के लिए अनुदान दिलाने और पुलिस से समझौता कराने में अधिक रहती है। शायद प्रधानों को और किसानों को भी पता ही नहीं कि प्रधान के कर्तव्य और अधिकार क्या हैं। उसकी पंचायत में ग्राम समाज की कितनी ज़मीन है और उसका क्या उपयोग हो रहा है। स्कूल, चरागाह, खलिहान, खेल का मैदान या अन्य उपयोग के लिए कितनी ज़मीन प्रयोग हो रही है। सच यह है कि भू-माफ़िया और दबंग किसान तालाबों और बंजरात का उपयोग करते हैं। ऐसे आंकड़े पंचायत स्तर पर हमेशा उपलब्ध रहने चाहिए।

सबसे अधिक कठिनाई होती है जब किसान के परिवार में किसी की जान पर बन आती है। प्राथमिक चिकित्सालय में चिकित्सक रात में नहीं मिलेगा और शायद दिन में भी नहीं। यदि कोई गर्भवती महिला प्रसव पीड़ा से तड़प रही है, नर्स उसे अस्पताल तक शहर पहुंचवाने में मदद तो करेगी लेकिन इन नर्सों को उचित प्रशिक्षण देकर स्थानीय स्तर पर मदद मिल सकती थी। ऐसे में झोला छाप डॉक्टरों के अलावा कोई विकल्प नहीं, लेकिन वे महिलाओं की मदद नहीं कर सकते। यह सच है कि 100 नंबर पर फोन करने से पुलिस तो आ जाती है, लेकिन एम्बुलेंस बुलाने में इतनी सरल व्यवस्था नहीं है।

अंग्रेज़ी डॉक्टर गाँवों में रहना नहीं चाहते, बल्कि गाँवों में पोस्टिंग भी नहीं चाहते। गाँवों के लिए अलग चिकित्सा व्यवस्था होनी चाहिए और वह तभी संभव है जब क़स्बों में डॉक्टरी प्रशिक्षण उपलब्ध होगा।

किसान के बच्चों को पढ़ाने के लिए स्कूल भवन बनवाने में प्रधानों ने रुचि दिखाई थी और प्रत्येक पंचायत में बने भी हैं, लेकिन कहीं-कहीं अध्यापकों की जगह 'शिक्षामित्र' तैनात हैं, वे भी क़ानूनी दांव पेंच में फंसे हैं। यह वैसा ही था जैसे आप कंपाउंडर और वार्डब्वाय नियुक्त कर दें और कहें जाओ डॉक्टर की जगह काम करो। अध्यापकों की नियुक्ति के लिए चयन आयोग बनेगा, लेकिन कब बनेगा पता नहीं और जब तक चयन आयोग नहीं बनेगा, अध्यापक नियुक्त नहीं होंगे। रिक्त जगहों को भरने में अदालती बाधा आ जाती है। अभी जल्दी ही 68000 पदों के चयन पर रोक लग गई अकेले उत्तर-प्रदेश में। प्राथमिक शिक्षा की ज़िम्मेदारी पंचायतों पर छोड़नी चाहिए और परिषदीय तथा एडेड स्कूलों में खाना बंटता है परंतु मान्यता प्राप्त स्कूलों के बच्चों को भी भूख तो लगती होगी। किताबें, पोशाक, वज़ीफ़ा समय पर मिल सकें, तो उनका उपयोग हो सकेगा लेकिन ऐसा होता नहीं। स्थानीय प्रशासन का सर्वर कहां-कहां डाउन है उसकी लिस्ट बहुत लंबी है और समाधान खोजने का प्रयास नहीं।

एक ही समाधान है कि प्रशासन का पूर्ण विकेंद्रीकरण हो पंचायत स्तर तक। पंचायत प्रशासन पंचायतघर से चलाया जाए जिसके प्रांगण में भू-लेख, बैंक, स्कूल, स्वास्थ्य सुविधा, बिजली कार्यालय तथा अन्यान्य किसानोपयोगी कंप्यूटरीकृत जानकारी मिल सके। अनेकानेक सिंचाई, नहरों, नलकूपों , समर्थन मूल्य, खाद, बीज आदि की समस्याएं भी यहां हल हो सकें। यह सब ग्राम प्रधान की देखरेख में चले जिसे वैधानिक ज़िम्मेदारी दी जाए और ज़रूरी हो तो कुछ मानदेय भी। अभी तो प्रधान के पास अधिकार तो हैं दायित्व नहीं। पंचायती राज एक्ट में सुधार की आवश्यकता है। यह सब काम निरक्षर प्रधानों से नहीं होगा इसके लिए उनकी योग्यता निर्धारित की जानी चाहिए। एक बार 2012 में प्रदेश के मुख्यमंत्री 'भारतीय ग्रामीण विद्यालय' के प्रांगण में आए थे, तो उन्होंने अपना एक संस्मरण सुनाया था, जिससे लेखपालों की ताक़त का एहसास होता है। मेरे जैसे अदना इंसान को लेखपाल के अक्षरों को ब्रह्मा के अक्षर और क़िस्मत का खेल मान लेना चाहिए, लेकिन मन नहीं मानता और शुरू कर देते हैं इंसाफ़ की लड़ाई।

कुछ साल पहले जब मैं नैनीताल में प्रोफ़ेसर था, जाड़े की छुट्टियों में अपने गाँव आया था। हमारे गाँव में चकबंदी चल रही थी, तो परिवार वालों ने मुझसे कहा था 'भैया लेखपाल से मिल लेना' उसी के हाथ में है सब कुछ। मेरे नाम एक ज़मीन गाटा संख्या 54 ग्राम कुनौरा, तहसील बक्शी-का-तालाब, ज़िला लखनऊ में थी, इसलिए कहा होगा। मैं इसका मतलब नहीं समझा था परंतु संयोगवश एक दिन लेखपाल मायाराम से इटौंजा में मिल ही गया था। सामान्य शिष्टाचार और बातचीत हुई थी, बातों-बातों में मैंने अपना परिचय देते हुए बता भी दिया था कि मेरी ज़मीन का एक चक है कुनौरा में, जिसकी चकबंदी नहीं करनी पड़ेगी, कोई उत्तर नहीं मिला था। संक्षिप्त बातचीत के बाद मैं लखनऊ चला गया था।

मुझे कठिनाई की कोई आशंका नहीं थी फिर भी मैंने सहायक चकबंदी अधिकारी एस. के. पाण्डे से लिखित निवेदन भी कर दिया था कि मेरे चक को चकबंदी से पृथक रखा जाए, क्योंकि पहले से ही चक बना हुआ है। मुझे आश्चर्य हुआ जब लेखपाल और चकबंदी अधिकारी ने मेरे निवेदन को नज़र अंदाज़ करते हुए बने बनाएं चक के छः टुकड़े कर दिए। मेरी आपत्ति को मनमाने ढंग से निपटा दिया गया और लेखपाल ने उन छः टुकड़ों में से पक्की सड़क के किनारे वाला क़ीमत का एक टुकड़ा मेरे चक से हटाकर पड़ोसी किसान को दे दिया। ऐसा तो मैं सोच भी नहीं सकता था, क्योंकि यह भूमि का अधिग्रहण तो था नहीं और न ज़बरदस्ती करने का अधिकार चकबंदी वालों को था।

मैंने फिर लिखित आपत्ति लगाई कि छः टुकड़े करने का कोई औचित्य नहीं है, मेरी ज़मीन पर लगे पेड़ और वहां बना नलकूप दर्ज नहीं किया गया है और छः टुकड़ों में से एक टुकड़ा जो पड़ोसी को दिया गया है मुझे वापस किया जाए। कुछ नहीं हुआ। चकबंदी विभाग की ज़बरदस्ती और मनमानी से त्रस्त हो चुका था और ज़िंदगी के चौथे चरण में मैंने चकबंदी दफ़्तरों के चक्कर भी लगाए परंतु उन्होंने एक दिन अदम पैरवी में या जिस कारण से मेरा निवेदन ख़ारिज कर दिया। अंततः मैंने दिनांक 1-10-2012 को

लोक शिकायत के अंतर्गत मुख्यमंत्री उत्तर प्रदेश से फ़रियाद की। मुख्यमंत्री कार्यालय से श्री योगेंद्र दत्त त्रिपाठी, अनु सचिव, मुख्य मंत्री द्वारा दिनांक 8-10-2012 को ज़िलाधिकारी लखनऊ को जांच के लिए शिकायत पत्र अग्रसारित किया गया और ज़िलाधिकारी श्री अनुराग यादव ने चकबंदी अधिकारी क्षेत्र सदर लखनऊ से प्रार्थना पत्र में उल्लिखित तथ्यों के संबंध में 'बिन्दुवार तथ्यात्मक आख्या उपलब्ध कराए जाने हेतु निर्देशित' किया।

मुझे आशा थी कि अब 74 साल की उम्र में मुझे न्याय अवश्य मिल जाएगा, लेकिन चकबंदी अधिकारी ने अपना नाम न लिखते हुए जो आख्या माननीय मुख्यमंत्री को अपर ज़िलाधिकारी प्रशासन के माध्यम से भेजी, वह और भी चौंकाने वाली थी। इस आख्या में न केवल लेखपाल और सहायक चकबंदी अधिकारी द्वारा किए गए अन्याय को न्यायोचित बताया गया, बल्कि शिकायत को ही निराधार कहा गया। चकबंदी अधिकारी जिन्होंने अपना नाम तो नहीं लिखा है उन्होंने माननीय मुख्यमंत्री को अपर ज़िलाधिकारी प्रशासन के माध्यम से अपने पत्र दिनांक 11-10-2012 के प्रस्तर 8 में लिखा है कि "शेष क्षेत्रफल शिकायत कर्ता के नई ख़तौनी के खाता सं 284 में कुल क्षेत्रफल 3.056 हे. बदस्तूर दर्ज है"। ज्ञातव्य है कि यह प्रकरण अदालत के माध्यम से अब निस्तारित हो गया है और शिकायतकर्ता को न्याय भी मिल गया है।

अब आप समझ सकते हैं कि चकबंदी अधिकारी की आख्या सत्य का गला घोंट रही थी। क्योंकि न तो खाता संख्या 284 मेरा खाता है और न खाता 284 में 3.056 हे. कुल क्षेत्रफल दर्ज है। इस खाते में केवल 0.0230 हे. भूमि दर्ज है। फिर भी चकबंदी अधिकारी ने आख्या दिया कि "शिकायत निराधार है"। अभिलेख तैयार करने का इससे बड़ा ग़ैर-ज़िम्मेदाराना तरीक़ा और कुछ हो ही नहीं सकता।

चकबंदी अधिकारी ने इसी पत्र के प्रस्तर 3 में स्वीकार किया है कि "गाटा सं 54 के छः बटे बनाएं गए हैं" और प्रस्तर 4 में चकबंदी अधिकारी ने माना कि गाटा सं 54/1 "यह बटा दूसरे के चक में प्रविष्ट हो गया है" यह

तो चकबंदी नहीं, क्योंकि चकबंदी में तो छोटे खेतों को एकजाई किया जाता है न कि बने बनाएं चक के टुकड़े-टुकडे किए जाएं। चकबंदी अधिकारी को शायद यह पता होगा कि उनका जवाब मुख्यमंत्री जी कभी पढ़ेंगे नहीं, इसलिए जो चाहा लिख दिया। माननीय मुख्यमंत्री को अपर ज़िलाधिकारी के माध्यम से दी गई आख्या में चकबंदी अधिकारी ने प्रस्तर 3 में लिखा है 54/5 मौक़े पर रास्ता है। वास्तव में यह पक्की सड़क है जो भूचित्र में स्पष्टतया देखी जा सकती है। फिर भी चकबंदी!! अधिकारी ने सड़क को रास्ता बताते हुए आख्या दी है कि इसमें "कोई अनियमितता नहीं है"।

पंचायती राज व्यवस्था के अंतर्गत पंचायतें हमारे समाज की सशक्त इकाई हो सकती थीं, लेकिन गाँवों में प्रधान बनकर पैसे कमाना लोगों के जीवन का एकमात्र अरमान हो गया है। प्रधानी पाने का उद्देश्य यह नहीं कि अपने गाँव, अपनी जाति या अपने खानदान का भला करेंगे, बल्कि अपने और अपने बच्चों के लिए कई पीढ़ी का इंतज़ाम कर लेंगे। अब प्रधानी के चुनाव में कई लाख का ख़र्चा आता है और उसे पूरा करने के लिए आवास पाने वाले से 20 हज़ार और ज़मीन का पट्टा पाने वाले से एक एकड़ का एक लाख मिल जाता है। अनेक बार साल भर में कार और अपना पक्का मकान तो बन ही जाता है। राजनैतिक दलों से जुड़ाव का लाभ अलग।

महिलाओं के सशक्तिकरण के लिए सरकारों ने सोचा था कुछ पद उनके लिए आरक्षित कर दिए जाएं। आरक्षित हुए भी लेकिन काम वे करते हैं जिन्हें प्रधानपति या प्रधानपुत्र कहा जाता है। क्षेत्र विकास समितियों में भी वे उपस्थित रहते हैं। कुछ समर्पित भाव से काम करने वाली महिला प्रधानों को छोड़ दें, तो इस माध्यम से महिलाओं का सशक्तिकरण नहीं हो रहा है। अनुसूचित जातियों के लिए पदों का आरक्षण एक सीमा तक प्रभावी रहा है, लेकिन वे प्रधान अपने दरवाज़े पर डॉक्टर अंबेडकर की मूर्ति लगाने के अलावा अपने समाज का कुछ भला नहीं कर पाए। साथ ही प्रत्येक गाँव में जातीय आधार पर समाज का बंटवारा हो चुका है और जातीय संघर्ष होते रहते हैं।

पंचायती राज व्यवस्था के बाद न्याय पंचायतों के माध्यम से गाँवों के मसले गाँव में ही हल हो सकते थे और अदालतों पर से बोझा घट सकता था। पुराने समय में देश में अनुसूचित जातियों में "टाट बैठता" था जहां आपसी मसले हल हो जाते थे और सवर्णों में कुछ बुज़ुर्ग मिल बैठकर बिना टाट के ही मसला हल कर लेते थे। अब एक दूसरे की कोई सुनता नहीं और बात-बात में हर आदमी अदालत दौड़ता है। ग्राम पंचायतों के साथ ही न्याय पंचायतों की कल्पना की गई थी लेकिन वह भी सफ़ल नहीं हुई। छोटी-छोटी बातों के लिए पुलिस थाना चले जाते हैं और पुलिस किस तरह मसले को निपटाती है सभी जानते हैं। पंचायतें अपनी भूमिका निभा सकती हैं यदि उनकी चुनाव प्रणाली में वांछित सुधार हो सकें।

ग्राम प्रधानों को शायद पता ही नहीं कि उनकी अहमियत क्या है और उनसे समाज को अपेक्षा क्या है? उनकी पंचायत में स्कूल कब खुलता है, कब बंद होता है और पढ़ाने कोई आता भी है या नहीं इससे उनका कोई मतलब नहीं, लेकिन स्कूल भवन बनना हो, मिड-डे मील की व्यवस्था हो, राहत का बंटवारा हो, आवासों का आवंटन और बीपीएल की लिस्ट बनानी हो इसमें सहयोग के लिए तत्पर रहते हैं। गाँवों में पंच और प्रधानों के फ़ैसले कोई सुनता नहीं, क्योंकि उनमें निर्णय करने की क्षमता नहीं और वे निष्पक्ष भाव से निर्णय भी नहीं कर पाते। प्रधानों के लिए शैक्षिक योग्यता और सामाजिक मान्यता ज़रूरी है। पंचायत के गठन के लिए वर्तमान प्रधान के साथ ही पिछले तीन प्रधानों को नामित किया जाए भले ही इससे निर्णय में देरी होगी लेकिन सरकार के सामने सच्चाई आ जाएगी। अभी प्रधान नैतिक ताक़त रखते नहीं और वैधानिक ताक़त का प्रयोग नहीं करते क्योंकि उसी गाँव में रहना है।

आख़िर उपाय क्या है? पंचायती राज व्यवस्था हमारे देश की बहुत पुरानी और जांची रखी व्यवस्था है, जिसके अनुसार हज़ारों साल से समाज चलता आया है। उस व्यवस्था में पैसे का लालच नहीं था, केवल सम्मान था। आज भी यदि योग्य प्रधान हो और उसे मौक़ा दिया जाए तो वह प्राइमरी

अध्यापकों, शिक्षामित्रों, कृषिमित्रों, लेखपालों, आशा बहुओं, प्राथमिक स्वास्थ्य केंद्रों आदि के काम पर नज़र रख सकते हैं और ग्राम विकास में अहम भूमिका निभा सकते हैं। चुनाव की वर्तमान प्रणाली काम नहीं करेगी और परस्पर विद्वेष को बढ़ाती रहेगी। पंचायतें वहीं गठित हों जहां सर्वसम्मत चुनाव हो सके या केवल दो उम्मीदवार हों। दोष पंचायती राज व्यवस्था में नहीं प्रधानों और पंचों की क्षमता योग्यता में है।

पंचायतें हमारे गाँवों की सशक्त प्रशासनिक इकाई बन सकती थीं, क्योंकि उसके पास पंचों की संसद तो है लेकिन दिखावे की। पुराने ज़माने का गाँव का मुखिया इससे कहीं अधिक कल्याण के काम कर लेता था। आज भी यदि सभी प्रधान अपनी-अपनी पंचायतों में आदर्श व्यवस्था कायम कर दें, तो सारा देश आदर्श बन सकता है। पचास के दशक में जब पंचायती राज अधिनियम लागू हुआ, तो प्रधानों के पास पैसे नहीं था, लेकिन नैतिक बल था। क्योंकि उनमें निस्वार्थ भाव था। तमाम आपसी झगड़े निपटाना और तमाम सामुदायिक काम श्रमदान से कराना संभव होता था। कालांतर में सरकारों ने प्रधानों के माध्यम से तमाम धन मुहैया कराना आरंभ किया और आरंभ हो गया कमीशन का व्यापार।

प्रधानों के काम का कभी ऑडिट नहीं होता और धन का ऑडिट होता होगा सरकारी कर्मचारियों द्वारा। तत्कालीन प्रधानमंत्री राजीव गांधी ने अस्सी के दशक में मर्ज़ तो पकड़ा था और कहा भी था हम एक रुपया भेजते हैं, तो किसान तक पंद्रह पैसे ही पहुंचते हैं। ग्राम प्रधान अपनी पंचायत को अपनी निजी जागीर समझने लगे हैं और तथाकथित समितियां निष्प्रभावी हैं, फिर चाहे शिक्षामित्रों की नियुक्ति हो या खड़ंजा का स्थान, प्रधानी तो धनोपार्जन का साधन मात्र है। अब मोदी सरकार ने मर्ज़ का निदान और उपचार शायद खोज लिया है, लेकिन तंत्र तो यथावत चलेगा। अब प्रधानों की संपत्ति का हिसाब-किताब देखने का प्रस्ताव है। शायद भ्रष्टाचार पर अंकुश लगे।

धनोपार्जन की संभावनाओं के कारण प्रधानी का चुनाव बेहद ख़र्चीला हो गया है। पता नहीं चुनाव आयोग ने प्रधानी के चुनाव में ख़र्चों की क्या

सीमा निर्धारित की है? लेकिन ग्राम प्रधान अपने चुनाव में शराब, धोती, कंबल और पैसे बांटता है और कई लाख रुपए तक ख़र्च करता है। यही कारण है कि प्रधान वही बन पाता है, जो पैसे पानी की तरह बहाता है या उसके पास बाहुबल अथवा जातिबल होता है। आरक्षण के माध्यम से दलितों को भी पद और धन कमाने का अवसर तो मिल जाता है लेकिन इससे अधिक कुछ नहीं।

पंचायतों की हालत यह है कि ज़िलाधिकारी ने बेनामी ज़मीन ख़ाली कराकर ग्राम-समाज में निहित कर प्लेग्राउंड घोषित किया, लेकिन प्रधान द्वारा ग्रामीण बच्चों के खेलकूद के लिए मैदान विकसित नहीं किया जा सका। पंचायतों के पास न चरागाह हैं और न खेल के मैदान, ग्रामीण स्कूलों के पास भी खेल के मैदान नहीं, वे खेल प्रतियोगिताओं में कैसे भाग ले सकेंगे? प्रधान की चिंता का विषय यह नहीं कि प्राथमिक स्कूल में मास्टर-मास्टरनी आते हैं या नहीं, प्राथमिक स्वास्थ्य केंद्र में चिकित्सा व्यवस्था है या नहीं, सफ़ाई कर्मचारी आता है या गंदगी का ढेर लगा है, वृक्षारोपण, आदमियों और जानवरों का टीकाकरण हुआ या नहीं, और स्वच्छ गाँव बनाने में कोई योगदान देता है या नहीं। प्रधान की चिंता के विषय हैं ज़मीन आवंटन, प्रधानमंत्री आवास या मुआवज़ा या विधवा पेंशन और वृद्धावस्था पेंशन दिलाना, बीपीएल सूची बनवाना आदि और कमीशन नहीं मिला तो उसमें भी रुचि नहीं। सरकार सोचती है कि बैंक में पैसे सीधे भेजने से ग़रीबों को पूरा लाभ मिल जाएगा लेकिन लाभार्थियों का चयन तो ग्राम प्रधान करेगा अपना हक़ एडवांस में मिलने के बाद। सरकारी पैसे बाद में लाभार्थी के खाते में आता रहेगा

सरकार ने महिला आरक्षण की व्यवस्था शायद यह सोच कर की होगी कि महिलाओं का सशक्तिकरण होगा, लेकिन उल्टे पुरुषों को अधिक बल मिल गया। महिला प्रधान का पति पूरा काम करता है और "प्रधानपति के अलंकरण" से जाना जाता है, शायद बीडीसी की बैठकों में भी इसी अधिकार से भाग लेता होगा। इसी प्रकार अनुसूचित जातियों को शायद

आरक्षण देने का कारण रहा होगा कि सामाजिक सामंजस्य कायम होगा, लेकिन अभी तक ऐसा नहीं हुआ कि अनुसूचित प्रधान के घर सवर्ण जाए भोजन करने या पानी पीने। चुनाव के समय उपजा जातीय विद्वेश जाता नहीं। वह उच्च जाति के लोगों का फ़ैसला न कर पाएगा और न उसे लागू करा पाएगा, अदालती चक्कर बदस्तूर जारी रहेंगे।

बाराबंकी जिले की करुवा पंचायत का प्रधान ग्राम सभा की ज़मीन पर मंदिर बनवाकर उस पर शिलापट लिखाकर अपना क़ब्ज़ा कर सकता है, भीम चबूतरा बनवा सकता है। चकबंदी के समय ग्राम समाज की ज़मीन को बिखेर कर किसानों को बिना पट्टा ही क़ब्ज़ा दे देगा, तालाब की पटाई कराकर खेत बनवा देगा अथवा भू-माफ़ियाओं का क़ब्ज़ा करा देगा। ग्राम प्रधान पंचायत के फ़ैसले तो नहीं कर सकता, लेकिन अंतर्जातीय वैमनस्य, कलह और ख़ून-खराबा के लिए ज़िम्मेदार हो सकता है। संक्षेप में पंचायती राज व्यवस्था पूरी तरह असफल रही है या प्रतिगामी रही है। इसमें ख़र्चे के ऑडिट मात्र से काम नहीं चलेगा, प्रधानों की जवाबदेही निश्चित करके आमूल-चूल परिवर्तन की आवश्यकता है।

SLOW IMPRINT

स्लो इंप्रिंट एक हिस्सा है नीलेश मिसरा द्वारा स्थापित “द स्लो मूवमेंट” का, एक अभियान जिसकी कोशिश है कि साफ़-सुथरे कॉन्टेंट, उत्पादों और अनुभवों के माध्यम से अपने सदस्यों को ठहराव, सहजता और मन की शांति दे। नीलेश मिसरा की रेडियो और डिजिटल माध्यमों पर सुनाई गई कहानियां, गाँव कनेक्शन के ज़रिये गाँव से सरोकार बढ़ाना, स्लो बाज़ार के माध्यम से ग्रामीण उत्पादों को शहरी लोगों तक पहुंचाना, स्लो म्यूज़िक के ज़रिये लोक संगीत और लेखन-प्रमुख संगीत को आगे बढ़ाना, इस प्रयास का हिस्सा हैं।

स्लो इंप्रिंट किताबों की एक शृंखला है जो फ़िक्शन और नॉन-फ़िक्शन साहित्य आप तक पहुंचाएगी। इसमें काल्पनिक कहानियां, गीत-कविताएं, साक्षात्कार, यात्रा वृतांत और बाल-साहित्य शामिल होंगे।

नीलेश मिसरा की दुनिया से जुड़ने के लिए स्कैन
करें नीचे दिया गया QR कोड

स्लो इंप्रिंट की अन्य किताबें

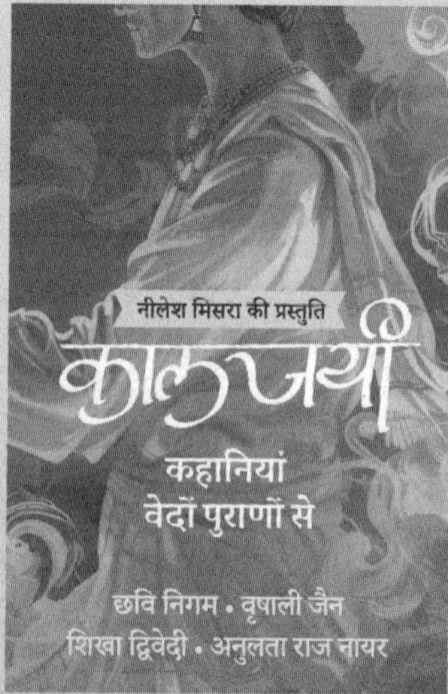